立花隆の書棚

立花隆

薈田純一 写真

中央公論新社

まえがき

本書はもともと、著名人の書棚をくまなく撮影してそれを本にする、「○○の書棚」という中央公論新社のシリーズの一冊として企画されたものである。

人の書棚というものに、異常なほどの興味を持った写真家の薈田純一《わいだじゅんいち》さんが開発した、「精密書棚撮影術」が鍵となっている。まず、書棚の一段一段を、レーザー墨出し器を用いて、精密に撮影する。そうしてから、書棚全体を表現するために、すべての棚の写真を面《つら》合わせして完全な平面を再構成するという手法である。書棚全体をポンと一発撮影するのではない(一見するとそう見える部分が少なくないが)。

一棚一棚カメラを移動し、真正面からギリギリのピン合わせをする。こうして別撮りした写真を最後に統合する。六段の棚の全景写真は六枚の個別の棚の合成写真であり、一〇段の棚の写真であれば、それは一〇枚の合成写真なのである。合成はコンピュータによる精密な面合わせでやっているから、よほど拡大しない限り、接続部分はわからない。

こうすることで、本の表面あるいは背中の細かい文字も、細かな傷や汚れも、ほぼ完全に記録される。多くの棚を一回で撮ろうとすると、上段や下段の部分は少しずつ歪んでしまうが、この方法なら、歪みも出ない。

ただ、手間は驚くほどかかる。棚の数だけカメラを移動し、ピントを修正し、シャッターを押す必要があるからだ。実は私は、自分の蔵書の数をちゃんと把握してはいない。薈田さんに、「どれくらいシャッターを切ったのですか」と聞いてみた。「まあ、ざっと一万回ですね」と薈田さんはこともなげに言った。一棚一〇冊として一〇万、二〇冊として二〇万になる。まあ、そんなところだろうと思った。

二〇年前にネコビル（これが私の自宅兼仕事場）を作ったとき、ざっと数えるには数えた。といっても、棚数を数えただけだった。目算だったが、一棚に入る冊数をそこにかけて、三万五〇〇〇冊と見積った。その後も本は増える一方だったから、一〇万から二〇万の間は妥当な数だと思った。

しかし、このように書棚の全容をパチパチ撮られるというのは、あまり気持ちがいいものではない。自分の貧弱な頭の中を覗かれているような気がする。さして美しくもないからだのヌード写真を撮られているような気がしてきたりもする。

ということで、あわてて若干のことを付け加えておかなくてはならない。

これが蔵書のすべてというわけではない。これはあくまで書棚の写真であって、実は書棚に入れてない本や資料が、相当数ある。どこにあるかと言えば、床の上で、これが一番多い。各フロアー全部、特に仕事机の周辺の床の上は、積み上げられた本でいつもいっぱいだが、それは撮られていない。次は、目的別に区分けした資料で、それぞれを大きな段ボールの中に入れて、あちこちに置いてあるが、これも撮られていない。もう一つ大きなカテゴリーで抜けているものは、インターネット上の情報のプリントアウト類である。最近は、頭へのインプットは、書物経由ばかりではなくて、インターネットによることも多いのだが、それも、この書棚の中には入っていない。

この企画が持ち上がったとき、実は私は必ずしも乗り気ではなかった。書棚は、毎日毎日生きて動いている。一番使う部分こそ、休みなく動いている。もともとそういう性格を持った書棚を、スナップショット的に撮ることにどんな意味があるのだろうと思った。しかし、この撮影とその後の本作りに付き合っているうちに、これはけっこう面白いことだと気づいた。

一つは、書棚を見ると自分の「メイキング・オブ」が見えてくるということだ。私は比較的本を処分しない人間である。高校生時代に買った本が今も数冊あるし、大学生時代に買った本は数百冊どころか、一〇〇〇冊くらいあるかもしれない。それらの本の背中を見ただけで、自分がその本を買って読んだ時期の思い出が次々によみがえってくる。その頃、何を考え、何に悩み、何を喜びとしていたのか、本の姿とともによみがえってくる。自分の怒りや苦悩が、本とともにあったことを思い出す。どうしようもなく汚れた、きたない本ほど捨てがたいのは、その本を繰り返し読んで、線を引いたり書き込みをした思い出がそこにいっぱい詰まっているからだ。写真だけではわからないだろうが、そういう本が書棚のあちこちにある。

書棚というのは面白いもので、一つ一つのブロックが、特定の思いで形作られていることがよくわかる。他の人には何の意味もないブロックに見えるかもしれないが、実際には、そのときどきの思いに導かれて、一群の本を集めた結果としてそこにあるのだ。

この本の作り方について一言述べておこう。まず、書棚の写真撮影が着手された。精密に書棚の写真を撮っていくという作業に、相当の時間が費やされた。本の背表紙を前面に出した上で、カメラの引きの空間を確保するため、写真家と助手と編集マンは、通路などに積み上げてあった本をよけなければならなかった。撮影が済むと、よけてあった本をまた元に戻すのである。この肉体労働の時間が長かった。

その作業には私はほとんど立ち会っていない。それは大変な時間を要したから、私は彼らに鍵を渡して、好きなようにやらせた。休日などに行くと、必ず彼らがいたから、作業は、大変な時間にのぼったと思う。それは、労働の対価を考えた場合、絶対に引き合わない仕事だったと思う（写真家にとっても、中央公論新社にとっても）。このプロジェクトに関わった人のすべて（私も含めて）に、半分は趣味的な気持ちがあったから、こんな本が作れたのだと思う。

このように、作業の半分は、書棚の写真を淡々と撮っていくことに費やされたが、後半は私がその書棚の前に立って、その辺がどういうかたまりで、ある本がなぜそこにあるのかを、質問に答えながら語っていった。これはやってみると、やさしいようでなかなか難しかった。自分の頭ではすぐにわかることであっても、いざそれを人にわかるように話すのは簡単ではないのだ。

どの一冊にも買った理由がある。特に若い頃はあまり金がなかったから、一冊一冊、買おうか買うまいか、悩みながら買った。読むのも大切に読んだ。しかし、年をとって、経済的にあまり悩むことがなくなり、「これ面白そう」と思った本は、気軽に買えるようになった。そうなってから後の、本の買い方、書棚の作り方は、まったく違ったものになっていった。読み方もまったく違ったものになった。昔は、買った本はすべてはじめから終わりまで丁寧に読まないと損だと思っていた。しかし、気軽に本が買えるようになってからは、くだらない本を一冊一冊はじめから終わりまで読むくらい、馬鹿げた時間の使い方はない、そういう本は一刻も早く読み捨てにすることこそが大切だ、と思うようになった。

さらにこれだけ年をとってくると、考えることがある。今後、熟読するに足る本に、何冊、出会えるだろうか。そんなことが期待できる本は、もう何冊も出るまいと思う。昔読んだいい本で、後でもう一回読み返したいと思っていた本を読み直すのと、どちらを優先させるべきだろうと迷ったりもする。もしかしたら、もう新しい本を漁るのをやめて、かつて読んだいい本の読み返しに熱中したほうがいいのかもしれない。

しかし、やっぱりそれは誤りだと思う。やはり、若い才能というのはあるもので、昔のいい本にもう一度出会うのも悪くないが、若いブリリアントな才能に出会うほうが、ずっとワクワクする。自分が若いときは、若いブリリアントな才能の持ち主と出会うことは嫉妬の対象にこそなれ、なかなか賛嘆の対象にはならなかった。しかし、七十を過ぎて、素直に、何でもよいものはよい、と言いたくなった。

もう一つ、書棚を見ながら発見したことは、いろんな時期にいろんなことを考えて、書く予定にしていたが、まだ書いていない本というのがけっこうあるということだった。数え方にもよるが、ざっと一〇冊くらいはあると思う。たぶんそのすべてを書く時間は残っていないと思うが、やはり、やりかけたままで途中になっている仕事は、ぜひ果たしておきたいと思う。

しばらく前に、東大の立花ゼミの学生たちと一緒に作った『二十歳の君へ』(文藝春秋)という本がある。その中に、これから書く予定にしている本のリストが載っている。タイトルが九つばかり並んでいるが、その中の「インディオの聖像」のことは、この本の中でかなり詳しく語った。ネコビルの二階の書棚の上に、そのための資料がドカッと数十冊あって、それに関して、かなり話をした。

リストの一番最後の本のタイトルは、「形而上学」である。「形而上学」（メタフィジクス）は本来、「フィジクス」（自然学、物理学）の上に乗る（メタ）学問だから、「メタフィジクス」と名づけられたはずなのに、その後の現実の形而上学は、物理学とは、縁もゆかりもないような方向に発展してしまった。現代の形而上学は、物理学者が読むと、まったく理解不能な方向に行ってしまっているから、それを本来の「メタフィジクス」、すなわち現代物理学が獲得した科学の最先端の知見の上の学問に、引き戻さなければならないという意味のことを、『二十歳の君へ』の中で述べている。

この本の中で、キリスト教の三位一体論を取り上げて、父なる神と、子なる神と、聖霊なる神が一体であるとはどういうことなのか、そしてそれに対する異論から、最初の異端、アリウス派が生まれたという話をした。「イエス・キリスト＝神」とする正統的な三位一体論に対して、歴史上、異論を唱える教派が何度も出ては、異端とされてきたのである。現代においても、アメリカで最も有力な教派（ユニテリアン）が同じ見解の下に集団を作っていて、彼らはアリウス派の現代版と目されるということを指摘した。

もう一つの現代版三位一体論を考えるなら、今こそ、神学と物理学と哲学の三位一体論をやるべきだと思う。それは、光とエネルギーと物質の三位一体論であり、これは物理学の公式で書き表せば、$E=mc^2$ のアインシュタインの相対論と、$E=h\nu$ のプランクの量子力学から導き出せる。これがこの本を書きながらたどり着いた一つのことである。

ただ、実はこれとほとんど同じことを、数年前に開催された、自然科学研究機構の第二回シンポジウム「爆発する光科学の世界――量子から生命体まで」のオープニング・リマークの中でも述べている。光とエネルギーと物質は、結局は同じものであり、われわれ自身も、われわれを作ったものも、われわれが作り出してきたものも、すべてこの三位一体の中にあるのである。

こういう話だから、この書棚を前にして、言葉は、境界を超えてとめどもなく広がり、語り始めると止まらなかった。さらに、その語りをまとめたテキストに、一旦校正の赤を入れ出したら、今度は加筆しながら思考はとめどもなく広がり、この本はいつ終わるのかわからないほどになっていった。やっとのことで、ここで止めたのである。

二〇一三年一月

立花　隆

装幀◆大久保裕文＋柏木葉名子（Better Days）
編集協力◆井之上達矢

目次

第一章 ネコビル一階――〇二一

第二章 ネコビル二階——一二九

第三章 ネコビル三階——一八五

本書は、立花隆氏が書棚の前で蔵書について語ったものです。

ネコビル全図

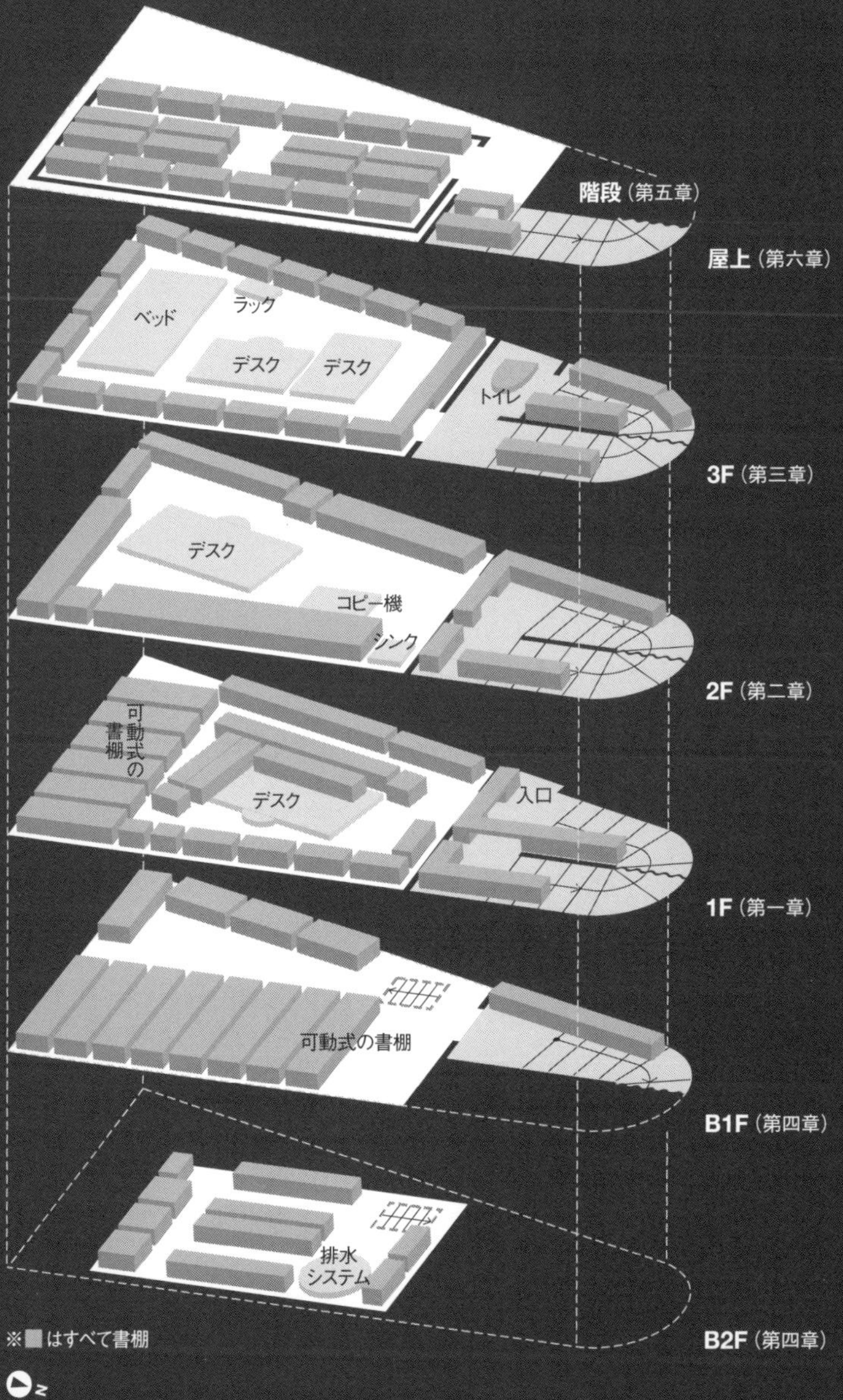

階段（第五章）
屋上（第六章）
ベッド
ラック
デスク
デスク
トイレ
3F（第三章）
デスク
コピー機
シンク
2F（第二章）
可動式の書棚
デスク
入口
1F（第一章）
可動式の書棚
B1F（第四章）
排水システム
B2F（第四章）
※■はすべて書棚
N

三丁目書庫

（第七章）

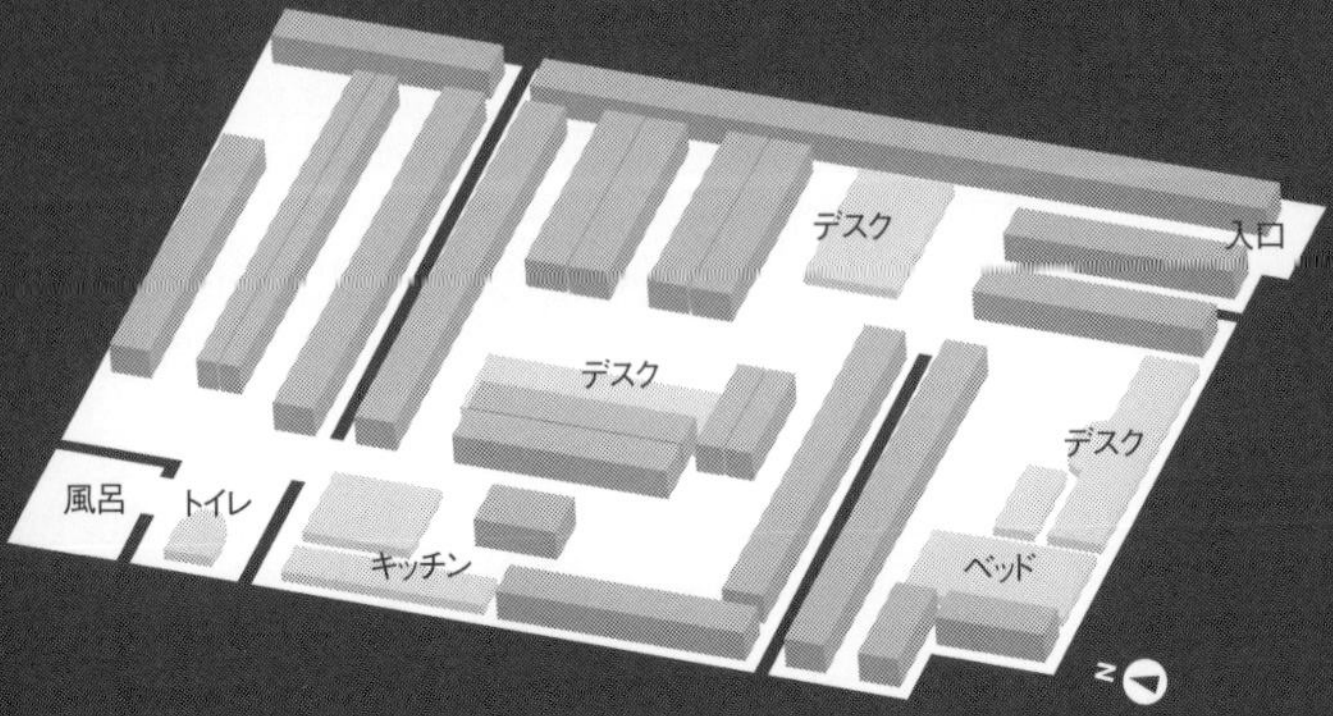

立教大学

（第七章）

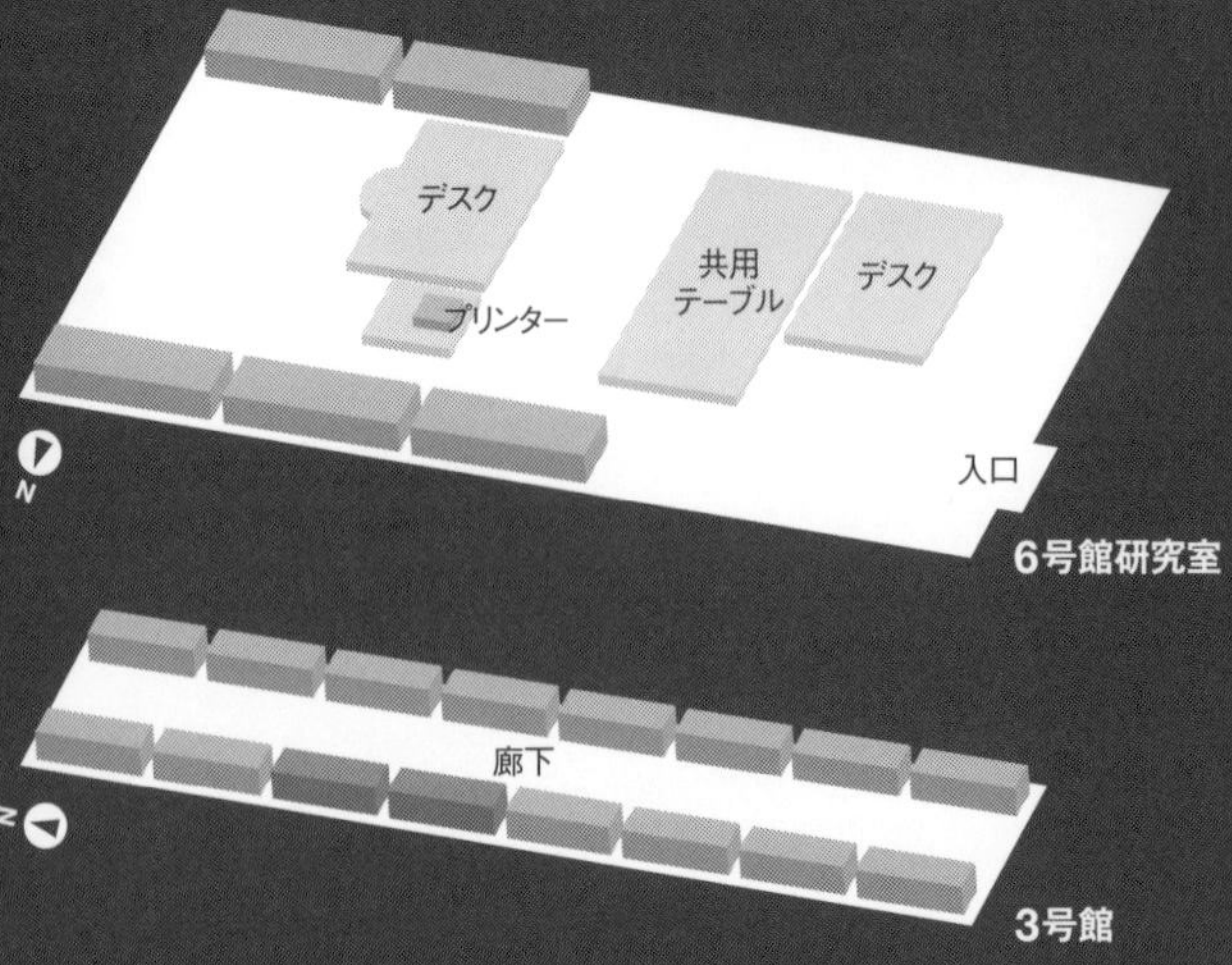

第一章

ネコビル一階

一階
西棚と机裏棚間の通路

四つ折り口絵2裏 拡大 ◆ iPS細胞をはじめ、現代生物学はどの分野をとっても面白い

向かって一番右側のラックには、人の死をさまざまな角度から検討する書籍をまとめています。安楽死や尊厳死についての本も並んでいます。例えば、有名な本としてはキューブラー・ロスの『死ぬ瞬間』（読売新聞社、一九九八）などですね。これは病気にかかって死ぬ間際にある人二〇〇人に医師であるキューブラー・ロスがインタビューをしたものをまとめた本です。彼女はこれを大学の授業の中でやったんです。教室に自分が近いうちに死ぬとわかっている患者を連れてきて、いつそれがわかったか、そのときどう感じたか、自分の死を受け入れられるようになったのはいつごろからか、それはどういうきっかけだったかといったことをストレートに聞いていったんです。

（第一章本文より抜粋）

四つ折り口絵2裏 拡大 ◆ 古典的な名著と言うべきエロ本が揃っています

パリと娼婦たち 1830-1930
中世娼婦の社会史
LA PROSTITUTION EN GRECE ET A ROME
娼婦の歴史
性器信仰の系譜
非常民の性民俗
赤松啓介
性と出会う
王たちのセックス
庶民たちのセックス
夜合戦記
Christianity, Social Tolerance, and Homosexuality
THE NEW TESTAMENT AND HOMOSEXUALITY
CASTLE BOOKS
性の民族誌
日本人の性
性の神々
日本人の性生活
守山聖真著

四つ折り口絵2裏 拡大 ◆ この人もあの人も、日本のサル学者の主たる人は、全員取材しています

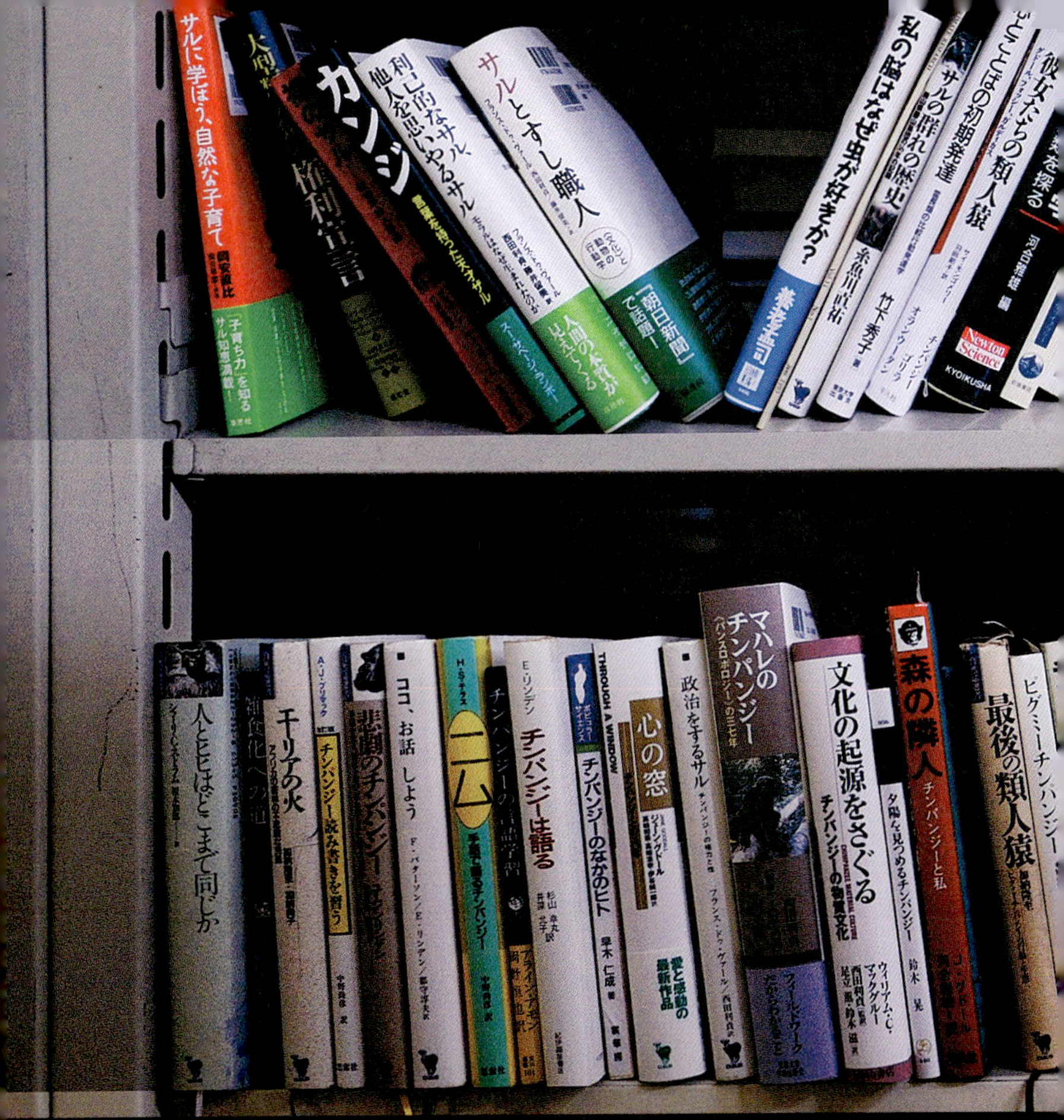

四つ折り口絵2裏 拡大 ◆ コンピュータを通じて、新しい科学技術の世界が広がっていくんです

P.34 拡大 ◆ 古いのはだいたい学生時代から使っていた辞書ですね

インターネットに入っている辞典ならば使い勝手がいいだろうと言われます。手書きで似たような文字を入力すれば、類似検索をしてくれますから。けれども、ぼくは現時点ではネットの辞典は使っていません。どうして使わないのかと言えば、知りたい情報が入っていないからです。ネットで検索できる辞典というのは、だいたい『広辞苑』（岩波書店）くらいまでだと思いますが、『広辞苑』程度の情報では仕事には使えません。

　職業として文章を書くようになってからは、岩波書店の『広辞苑』はほとんど使っていません。いや、正確にはある時期は使っていました。使ってはいましたけど、そんなに熱心には使っていない。

（第一章本文より抜粋）

P.34 拡大

一階　西棚と
机裏棚間の通路

一階 西棚

THE MAGUS
TOYNBEE-A STUDY OF HISTORY

一階机

字通
江戸語大辞典
The Great Geographical Atlas
文化人類学事典
MEGA
日本類語大辞典
1984
日本アルマナック

一階
机左側の棚

一階 机左側の
棚裏と南側ラック間の通路

P.39 拡大 ◆ アメリカのヒューストンには、宇宙関係の本を集めている古本屋があるんです

一階 机裏棚

THE NEXT Whole Earth Catalog
The Dream Machines
ODYSSEY
NASA

一階 北棚と東棚

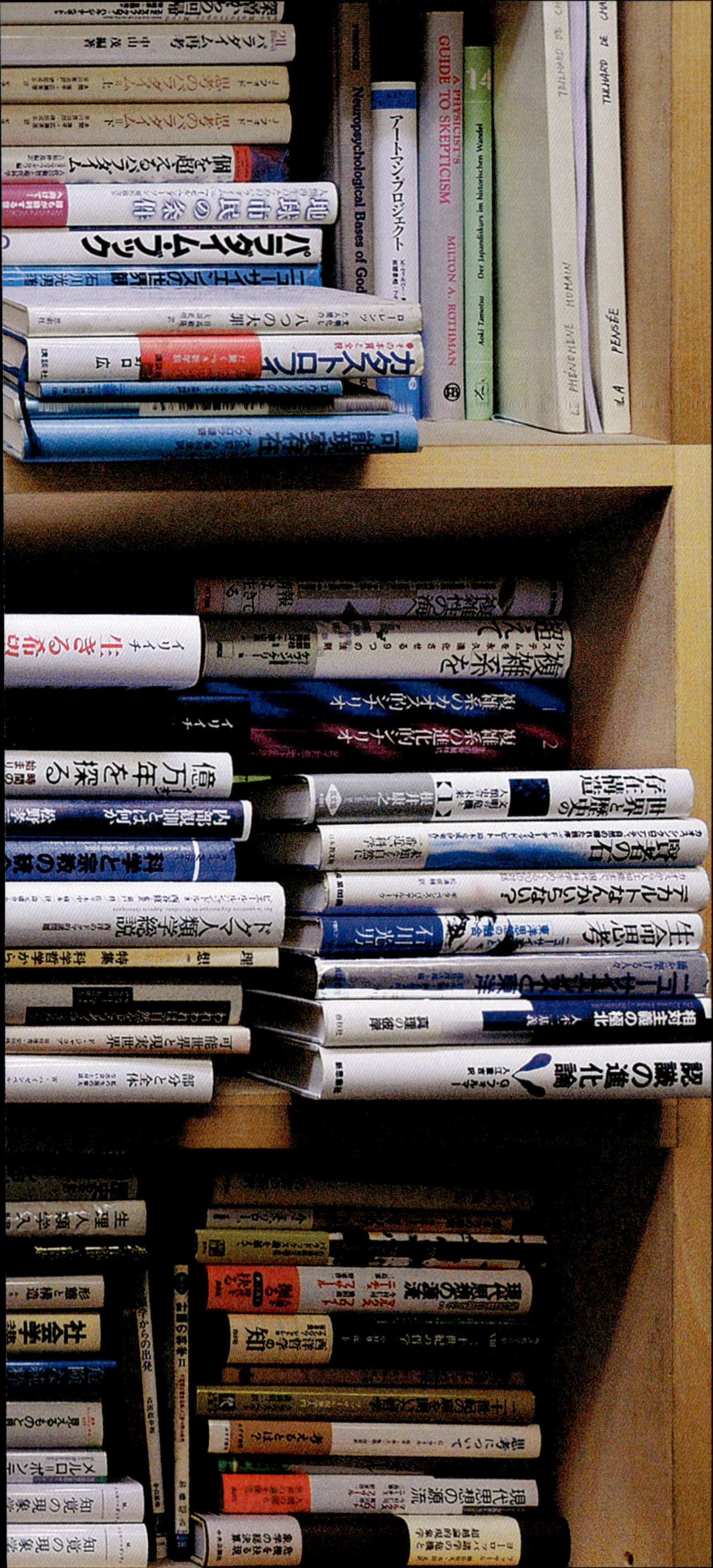

P. 40 拡大◆ポパーは学問世界全体を一まとめにして考えていくことができる稀有な人物です

ピエール・ベール伝
哲学入門
人類に未来はあるか
現代哲学基本論文集I
レヴィ＝ストロース
みる きく よむ
哲学事典
現代哲学基本論文集II
クワイン
クーン パラダイム
科学革命の構造
本質的緊張
考える物質
分子と記憶
倫理は自然の中に根拠をもつか
図解雑学 構造主義
人間であるために
内なる神
目覚める理性
科学とユートピア
人間と適応
パースの認識論
パースのプラグマティズム
パースの記号学
記号学 2
形而上学 3
現象学 1
パースの生涯
CHARLES S. PEIRCE THE ESSENTIAL WRITINGS
CHARLES SANDERS PEIRCE
ヴィーコ
現象としての人間
ある未来の座標 テイヤール・ド・シャルダン
神父と頭蓋骨
佐野眞一氏 絶賛の科学評伝!
実在論と科学の目的
開かれた宇宙
量子論と物理学の分裂
ポパーの科学論と社会論
客観的知識
カール・R・ポパー

P.41　拡大◆「脳は人間の肉体の中にある宇宙」とも言われていますが、実際は宇宙よりもわかっていません

「死」とは何か

ネコビルの書棚は、しょっちゅう入れ替わっています。その時、ぼくが取り組んでいる仕事によって本の場所も変わる。学生に本の整理を手伝ってもらったりしているうちに、ところどころ、本の流れがおかしいところも出てきてしまっています。まあ、そういうことも含めてぼくの仕事の軌跡を表していると言えるのかもしれません。ただ、この一階の奥のラックは、ネコビルの中でも古い時期に手を入れて、そのままになっている棚ですから、比較的まとまっています。ここから始めましょう。

向かって一番右側のラックには、人の死をさまざまな角度から検討する書籍をまとめています。安楽死や尊厳死についての本も並んでいます。例えば、有名な本としてはキューブラー・ロスの『死ぬ瞬間』（読売新聞社、一九九八）などですね。これは、病気にかかって死を目前にしている二〇〇人に、医師であるキューブラー・ロスがインタビューをしてまとめた本です。彼女は、これを大学の授業の中でやったんです。教室に自分が近いうちに死ぬとわかっている患者を連れてきて、いつそれがわかったか、そのときどう感じたか、自分の死を受け入れられるようになったのはいつごろからか、それはどういうきっかけだったか、といったことをストレートに聞いていった。この授業を受けた学生たちは大ショックを受けたようです。それが本の中にもあらわれています。

介護や痴呆も含めた「人の死に際」を考えるにあたって、非常に面白いのが、この山田風太郎による『人間臨終図巻』（上下、徳間書店、一九八六、八七）です。ここには九〇〇人を超える古今東西の著名人の死に様が淡々と描かれています。

一方、死について文化人類学的な考察をしたのが、この『死の儀礼――葬送習俗の人類学的研究』（P・メトカーフ、R・ハンティントン著、未來社、一九九六〔第二版〕）ですね。

「人の死とは何か」というのは、ぼくにとって、たいへん大事なテーマです。ただ、このテーマは調べていくと、非常に幅が広い。読まなくてはいけない本も多岐にわたります。医学書も資料として読みますし、エッセイや思想書も読む。「死」を考えるためには、バイオについての本も必要ですし、倫理についての本も不可欠です。それらをとりあえず、この場所に一かたまりにしてあります。

一言で死と言っても、さまざまな死があるわけですが、その中でも、脳死についての本がやはりたくさんありますね。

ぼくには『脳死』『脳死再論』『脳死臨調批判』（いずれも中央公論社、一九八六、八八、九二）といった著書がありますが、脳死は、ぼくの生命に関する仕事の中でも最初に取り組んだジャンルです。当時、かなりの時間をかけて丁寧に調べました。

実を言うと、もともと関心があったのは、心臓移植をはじめとする臓器移植でした。医師が臓器移植の手術をするにあたっては、できるだけ生きている状態に近い臓器を手に入れる必要がある。その「できるだけ生きている状態に近い臓器」を手に入れるためには、死んでからなるべく時間の経っていない人から提供してもらうのがいいわけです。しかし、死んでいない人の臓器をもらうわけにはいかない。そんなことをしたら、殺人ないし傷害致死になります。では、何がどうなったら、その人から臓器をもらって移植手術に使えるようになるのか。この問題を突き詰めて考える必要があるわけです。

これが、死の判定基準の問題です。日本の医学界でもその基準を作ろうと、厚生省に小委員会ができて、ああでもない、こうでもないと、大議論が始まった。これに興味を持って、ＮＨＫで何本かの番組を作り、雑誌『中央公論』を中心に執筆を続けるうち、何冊もの本ができたわけです。

そこを起点として興味が膨らんでいき、最終的に脳死というテーマにたどりつきました。一見、無関係に見える「臓器移植」と「脳死」ですが、突き詰めて考えていくと、これらは切っても切れない関係にあります。

何をもって、人の死を認めるかといえば、伝統的には、基準は心臓死の他にはありませんでした。つまり、心臓が止まったときをもって、死と認めていたわけです。しかし、医学が発達したことにより、自発呼吸ができなくなった人でも、呼吸器をつけて、人工的に呼吸を続けさせると、いつまでも心臓が動き続けるようになったのです。ところが、死後、その人を解剖してみると、脳細胞が死んで、融解しているケースもあった。ここに脳死という概念が出てきたのです。脳死をもって人の死とするほうが医学的には正しいし、そこを死と認めれば、臓器移植用の臓器が新鮮なうちに手に入る。

そしてこの問題は、バイオエシックス、日本語に訳すならば、「医の倫理」を考えることに直結します。バイオエシックスに関係した学会の資料も集めました。

結局、「死」という問題は、一つのことだけを専門的に調べても、それだけでは足りない。例えば、安楽死について考えるのであれば、安楽死が実際行なわれた事例だけを詳しく見るだけでは足りない。どうしても、安楽死に対するさまざまな宗教上の見解も見なくてはなりません。つまり、世の中にあるさまざまな宗教が持っている死生観も視野に入れて、研究しなくてはいけないのです。自殺やターミナルケア（終末期医療）の問題も同じです。いずれも、家族制度や経済と切り離せない問題です。

このように、人の「死」という一つの大きなテーマから、枝がどんどん広がっていく。その中でもとりわけ重要な枝がバイオエシックスです。

バイオエシックスの日本の第一人者は加藤尚武という人です。『バイオエシックスの基礎づけ』（H・T・エンゲルハート著、朝日出版社、一九八九）などを翻訳した他、著書、訳書も多く、彼の教え子たちが、日本のバイオエシックスにおいて最も大きな潮流を形作っています。実は、彼とは大学が一緒で、おまけに住まいが近いということもあって、今でもすごく親しくしています。その彼に頼まれて、二人でバイオエシックスに関するある叢書の監修を務めたこともありました。

ぼくが脳死について調べ始めた当時は、まだ日本においては、バイオエシックスは、れっきとした一つの学問領域として認知されていませんでした。このジャンルに関わっていくうちに、学問分野としても成熟をしてきた実感があります。また、その動きと歩を合わせて学会も拡充してきた。それは嬉しいことです。

自分の体験から興味が広がる

この棚には、薬学、心臓外科学、麻酔科学、病理学など、あらゆる医学関係の専門書籍が集まっています。出産に関する専門書もあります。

以前はがん関係の本もここに置いてあったのですが、がんについては、特に集中して勉強したので、あまりにも数が増えてしまって、今は別のところに移動しました。たぶんネコビル屋上の部屋か、小石川三丁目にある事務所のどこかにまとまっていると思います。

例えば、この『Grey's Anatomy』は、タイトルの通り、解剖学の本です。解剖学の標準的、古典的な教科書で、アメリカの医学生はみんなこの本から勉強を始める。最近アメリカでは、「Grey's Anatomy」をタイトルにした有名なテレビドラマのシリーズも生まれています。

そしてこちらにまとまっているのが、日本放送出版協会の『ＮＨＫサイエンス・スペシャル

驚異の小宇宙　人体』（全八巻、一九八九—九四）です。ＮＨＫの番組「サイエンス・スペシャル」の内容を書籍化したシリーズです。なぜ、ここに並んでいるのかといえば、昔、ぼくがこの番組の総合監修を引き受けたことがあるからです。

この手のサイエンス番組を次々に制作したのは、林勝彦さんというプロデューサーです。彼とは、脳死に関わる番組を何本も作ったので、長い付き合いになります。

そしてこの辺は、内視鏡検査に関する本です。『早期大腸癌内視鏡ハンドブック』『大腸内視鏡挿入法』などが並んでいます。以前、ぼくは大腸がんが疑われて、内視鏡検査を受けたことがあります。それをきっかけに、「内視鏡検査というのは、どのようなものなのか」を調べた。やはり自身で体験すると興味を持ちますから。

調べてみると、内視鏡を体内に入れる内視鏡挿入は、医療技術的に簡単なものではないことがわかりました。具体的には、肛門から入れた内視鏡を大腸の形に合わせて、鉤《かぎ》の手に曲げながら、患部まで押し入れていくわけですが、これがなかなか難しい。当然、上手い人と上手くない人がいて、下手なケースでは腸管を突き破ってしまうこともあることがわかりました。もちろん今は、内視鏡のサイズも小さくなって、昔よりは挿入するのもずっと簡単になり、医師の技量差はそれほど目立たなくなってきたようですが。

ちなみに、内視鏡を世界で初めて開発した東京大学医学部の医者とオリンパス光学のエピソードを小説にしたのが、吉村昭の『光る壁画』（新潮社、一九八一）です。先日、テレビドラマにもなっていました。今では当たり前のように使われる内視鏡検査ですが、開発当初は、反対派も多かった。

この本では、「上手くいくはずがない」と周囲から白い目で見られつつも、医師と技術者が手を組んで悪戦苦闘の末に成功に至る姿が描かれていて、すごく面白い話になっています。

ぼくがこれまで調べてきたテーマはたくさんありますが、このように、自分自身のからだから関心を持つようになったテーマも、けっこうあるのです。

日本近代医学の始まり

もう少し、医療関係の本が続きます。

世界で初めて内視鏡を開発した東大の医学部に関連して、ちょっと面白い本が、『医学生とその時代――東京大学医学部卒業アルバムにみる日本近代医学の歩み』（中央公論新社、二〇〇八）

です。東大医学部創立一五〇年の記念として、元東京大学医学部附属病院長である永井良三先生が中心となって、一五〇年祭が執り行われました。そのときに、ありとあらゆる資料や写真が集められたといいます。この本は、それらを取り入れて編纂された、東京大学医学部の歴史を網羅した記念出版物です。日本の近代医学の歴史そのものがすべてまとめられている、そんな貴重な一冊です。

話は幕末から始まっています。一八五八年、お玉が池の種痘所が、東京大学医学部の起源になります。このお玉が池の種痘所は、箕作阮甫《みつくりげんぽ》や伊東玄朴《いとうげんぼく》などといった歴史に残る蘭方医や川路《かわじ》聖謨《としあきら》などの幕府の開明派官僚が手を組んで作りあげたものです。

江戸時代、将軍様が病気にかかると、漢方医しか診察することができませんでした。幕末になって、初めて蘭方医が診察、治療を担当して、実際に病気を治してしまうわけです。たちまち幕府内に、将軍様を担当する専門医学チームができました。そこから日本の近代医学が始まっていく。そして、それが、そのまま東大医学部のスタートになるのです。

実は、この永井先生というのは、今、ぼくのからだを診てくれているお医者さんです。腕がいいのもさることながら、医学部の歴史にものすごく詳しい。ですから、病院へ行った際にはいろいろな話を聞かせてもらっています。そのうちに自然と、医学部の歴史、医学の歴史に詳しくなっていく。医師と患者という関係を超えて、そんな仲です。医学の歴史についての本はだいたいこの辺に集まっています。

一方、下のほうの棚には心臓移植の関係で、入沢宏の『心臓の生理学』(岩波書店、一九八二)などの本もあります。

分子生物学は、こんなに面白い

次のラックに移りましょう。ここにある本は、ある植物学の先生を取材する必要があったときに、その下調べをするために集めたものです。『植物の成長と分化』『植物の起源と進化』『近代植物学の起源』などがあります。

そこから細菌学、そしてウイルスの本へとつながっています。さらに、ウイルス関連ということで、エボラウイルス他さまざまな殺人ウイルスについての書籍が並びます。『レベル4——致死性ウイルス』(J・B・マコーミック、S・フィッシャー＝ホウク著、早川書房、一九九八)などですね。また、『黒死病』『グレート・インフルエンザ』のような大規模感染やらSARS、それから疫病や狂牛病に関わる本もここにあります。

この辺りはすごく古い本が並んでいます。例えば、この『光と視覚の話』（一九六八）は、昔、一九六〇年代にタイムライフインターナショナルが発行していた『ライフサイエンスライブラリー』というシリーズの中の一冊です。コンパクト版ですけれども、すごくいい本です。刊行されたのは昭和四十三年。もうずいぶん昔だから、内容的にはちょっと古くなっています。このライフサイエンスシリーズは、ありとあらゆるサイエンスの分野、それこそ数学から人類史のようなものまでカバーしていました。何か一つの分野について、まとまった知識を得ようと思ったときには、こういうシリーズものが役に立ちます。

その他、生命に関する本としては、『生命の起源』『生命の探究』『生命の起源と生化学』『生物学のすすめ』『生物精義』などが並んでいます。この辺りも古い本です。『生物学のすすめ』（渡辺格編、筑摩書房、一九六九）は、ぼくが大学に入った頃の、学問の入門シリーズの一冊です。『生物精義』（培風館）は高校生物の参考書です。物持ちがいいでしょう。二〇一二年にノーベル生理学・医学賞を受賞された山中伸弥さんのiPS細胞もそうですが、今は生命科学全盛の時代とも言えます。分子生物学、細胞生物学、発生生物学……、現代生物学はどの分野をとっても面白く、目が離せない。

高校、大学の頃は、ぼくもそんなにまじめに生物学の勉強をしていません。あの頃は生物というと、博物学の延長のような世界で、あまり面白くなかったのです。本格的に勉強を始めたのは、文春の仕事をするようになってからで、分子生物学の登場によって、生物学の様相がまったく変わってからです。『生物学の革命』（柴谷篤弘著、みすず書房、一九七〇〔改訂版〕）という本が評判になり、DNAとか、遺伝子が話題になり出しました。エエッ、分子生物学って、こんなに面白いんだと思いました。日本の分子生物学のゴッドファーザーみたいな人として、京都大学の渡辺格《いたる》先生がいるんですが、この人に、分子生物学についてしつこく聞くという企画があって、その準備の勉強で一挙に理解がすすみました。そしたら、一九八七年に、当時アメリカのMIT（マサチューセッツ工科大学）にいた渡辺さんのお弟子さんの利根川進さんがノーベル賞を受賞されたのです。それで、アメリカに行って、利根川さんのロングインタビューをやった。これが後に『精神と物質』（文藝春秋、一九九〇）という本になります。

「どういう研究に対して与えられたのか、さっぱりわからない」というのが、当時のマスコミでした。日本のマスコミは伝統的に一部の科学部員以外、サイエンスに極端に弱い人たちの集まりですから、ノーベル賞の対象となった研究の意義がちゃんと解説できない。それで、そこをとことん解説しようとしたら、本一冊分になってしまった。

病気について詳しく知ろうと思うと、生物学そのものについても知らなくてはいけません。ですから、ここのラックは、病気からバイオロジーの領域へ入っていき、ヒトゲノムや生命の秘密といったテーマの本につながっています。『ヒトの生化学』『ミトコンドリア・イブの贈り物』『発生の生物学』『生命の秘密』『人間の生物学』『人間はどこまで機械か』『バイオクラット』。怪しい本もいくつか混ざっています。

このような自然科学の系統で、わりといい本を揃えているのが、往年の中央公論社です。中公新書はもちろんですが、以前刊行されていた『自然選書』というシリーズは、水準がすごく高かった。中央公論社にはかつて『自然』という雑誌がありました。この雑誌がとてもレベルの高い記事を集めていたので、読みごたえのある書籍を刊行できていたのだと思います。今は、『自然』のような歯応えのある雑誌がまったくなくなってしまいました。その手の雑誌がなくなってしまうと、そうした範囲をカバーする編集者もいなくなってしまいます。著者との接触もうすくなってしまう。そうすると、結局、書籍も初学者向けのものばかりでつまらなくなる。それでも、ある程度そういう伝統が残っていたから、ぼくも『宇宙からの帰還』『脳死』『人体再生』などサイエンス系の本を中公から出しています。

春本の最高傑作

その向かい側は性についての本ですね。いわゆる春本からフロイトやユングの本まで揃っています。ぼくは七〇年代後半に、『アメリカ性革命報告』（文藝春秋、一九七九）を書きましたから、この分野についてもかなり調べました。風俗現象的なアプローチのものから文化人類学的なアプローチのものまで、いろいろと揃えています。

その中でも秀逸なのが、『壇の浦夜合戦記』。これは日本の春本の最古典です。源平の戦いの最終局面である壇ノ浦の合戦で、平家の敗北を覚悟した平清盛の娘である建礼門院は、幼少の安徳天皇を胸に抱いた平時子と共に入水しますが、源氏に救われて、剃髪し仏に仕えたといわれます。しかし、この本では、建礼門院は九死に一生を得た後、源氏の総大将源義経に言い寄られて情事に及び……といった話になっている。話の筋としては荒唐無稽ですが、とにかく読んでみると面白いんですね。舟の上でことに及ぶ展開がすごいんです。日本の春本の傑作と言われるものはたくさんありますが、これは最高傑作の一つでしょう。

まず文章がいいんです。ただ、もしかすると、ここにある版はテキストとしては必ずしも良くないものかもしれない。というのは、これは江戸時代に書かれたもので、別に、現代語訳が出版されています。原文は、もう普通の日本人では読めませんね。ただ、すべてを完全に読み込めないにしても、このオリジナル版の日本語がすごくいいのはわかる。だから、本当は原文を読むのがいいのだと思います。でもまあ、意味がわからなくては仕方がないから、ほとんどの人は現代語訳のほうで読むしかない。

他にもこの棚には、『むき玉子』や『乱れ雲』など、古典的な名著と言うべきエロ本が揃っています。こういった内容というか系統の本は、ここ以外にも、ネコビルの屋上と三丁目に相当数あります。

伝説の編集部

いわゆるエロ本的なものとは違う、性の歴史に関する本もあります。例えば、この『オルガスムの歴史』（作品社、二〇〇六）ですね。作品社は、『ヴァギナの文化史』『ペニスの文化史』『お尻とその穴の文化史』など、同じような体裁でいくつかこの手の本を出しています。どれも面白いですよ。

　また、直接的な女性器の解説書として出色の出来なのが、河出書房新社から出た『ヴァギナ』(二〇〇五)ですね。この本は人間の女性のヴァギナだけでなくて、ナンキンムシのヴァギナまで紹介しています。

　ゲイについての本もあります。『プライベート・ゲイ・ライフ』(学陽書房、一九九二)や『欲望問題』(ポット出版、二〇〇七)などがそうですね。著者の伏見憲明は、自らがゲイであり、ゲイ本のライターとしても有名な人です。慶應の法学部を出て、今はたしか新宿でゲイバーをやっています。この人には、『性という「饗宴」——対話篇』(ポット出版、二〇〇五)というインタビュー集があります。「性」をテーマに、安野モヨコや松尾スズキから、山田昌弘といった学者にまでインタビューした本で、これを読むと、現代の「性」が自然と浮かび上がってくる。

　アメリカで買ってきた洋書も何冊か置いてあります。この『日本版オールセックスカタログ』(一九七八)はミリオン出版が出した日本語版ですね。もともとはフランスで出て話題になりました。いわゆる「性」のカタログになっていて、風俗店から大人のおもちゃまでオール値段入りでた。

す。定価は二〇〇〇円となっています。

こちらにあるのは、歴史的にも非常に有名な、『血と薔薇』(一九六八—六九)です。澁澤龍彥が責任編集を務めたという、伝説の雑誌です。今この雑誌をネットで検索すると、ものすごい値段がつけられていて驚きます。出版社は天声出版です。この雑誌を刊行し始めたときに、実はぼく、この会社で編集の手伝いをやっていました。いわば、この伝説の雑誌の〝内輪〟の人間だったのです。

ちょうど文春をやめた直後の頃でした。たまたまこの雑誌の編集に関わっていた連中と親しくしていて、編集部に出入りしていたんですね。そんな経緯があって、手伝うことになりました。でも雑誌は三冊で終わってしまったんじゃないかな。定価は当時で一〇〇〇円でした。昭和四十三年から四十四年という刊行時期を考えれば、雑誌の値段としては前代未聞の価格です。こんな高い雑誌は他にはありませんでした。

この『血と薔薇』は、三島由紀夫が写真のモデルを務めたことでも有名です。撮影したのは写真家の篠山紀信でした。またその写真の内容がすさまじい。まずヌード。そして三島好みの「セバスチャンの殉教」のようなポーズで写真に収まっています。このような話題性もあって、今になっても古書市場では一冊一〇万円前後といった驚くべき値段がつけられているわけです。

とにかく、澁澤さんのある種の狂気みたいなものが出ている、それはそれは面白い編集部でした。少なくとも、文春とは全然違っていました(笑)。

ちなみに、この雑誌はもともと、康《こう》芳夫のプロデュースによって刊行が始まっています。康芳夫は、モハメド・アリとアントニオ猪木の「格闘技世界一決定戦」をプロモートした人物です。猪木が寝転がって戦った伝説の異種格闘技戦です。彼の事務所には、三島由紀夫が作った武装組織「楯の会」のメンバーが出入りしていました。それで三島との縁があったのです。

三島が市ヶ谷の自衛隊基地で切腹して死ぬときに、三島の首を介錯したのは森田必勝という男ですが、この森田とも、『血と薔薇』編集部で会ったことがあります。当時は、編集部によく来ていたので、ぼく自身、彼にインタビューして記事を書いたこともあります。

不思議な人脈

この康芳夫のような呼び屋稼業の世界に、神彰《じんあきら》という人がいました。戦後の復興期に、ソ連からボリショイ・サーカスやレニングラード・フィルハーモニーを呼び寄せた歴史に残る有名人です。康も、神さんの弟子になったところから呼び屋稼業を始めています。その神さんに奥さんがいたのですが、これが作家の有吉佐和子です。その後、呼び屋稼業は破綻してしまい、離婚するのですが、晩年になって、巨大居酒屋チェーン「北の家族」を成功させました。若い頃は、歌舞伎町にお店を出していて、まさに梁山泊といった感じで、すごい面子《メンツ》が出入りしていました。最後に居酒屋で成功したのも、そうした経験が生きたのかもしれません。

澁澤さんには妹がいたんです。そして、その澁澤さんの妹というのは、講談社出入りのライターだった。文春をやめてからしばらく、ぼくは講談社の『ヤングレディ』という女性週刊誌のアンカー（アンカーマンは、データマンによる取材に基づいて原稿を執筆する）をしていたのですが、当時の『ヤングレディ』の書き手の一人だったのが、澁澤さんの妹だったのです。ということもあって、わりとその辺の人々といろいろな交流があった。後になって、今度はぼくが新宿でバーをやることになるのですが、多少の時間のズレはありながらも、そんなこんなで人脈的にはつながっているのです。

中国房中術の深み

この辺には、『Sexual Symbolism』など、文化人類学的なアプローチで性の秘密に迫っていった本が集められています。この『ファロスの神話』(A・ダニエルー著、青土社、一九九六)もそうですね。

こちらは中国の性愛に関する本です。中国には、独特で、無視できないほど深く掘り下げられた性愛文化があります。例えば、この鈴木博という人が訳した『中国性愛文化』(劉達臨著、青土社、二〇〇三)、またこちらの『中国性愛博物館』(劉達臨著、原書房、二〇〇六)はともに必読書です。訳者の鈴木博は、実は東大教養学部のときの同級生です。卒業後も何度か会いましたが、彼の話はとても面白かった。中国の房中術の独特な歴史について、詳しく教えてもらいました。

今になって振り返ってみると、昔はこうしたエロスに関わる出版物は日本では出せなかったのに、ある時期から日本でも完全に自由に出版できるようになっています。

先ほどから挙げてきた書物も、戦前であれば、たぶんほとんどが発禁になってしまっていたと思います。しかし、今では、本当に「何でもＯＫ」になっています。例えば、浮世絵の活字本も、ある時期までは墨塗りだったものですが、今ではまったく修正がかかっていません。

この安田一郎訳の『日本人の性生活』（F・S・クラウス著、河出書房、一九五七）は、そういう古い時期の出版物ですね。この石川弘義の『日本人の性』（文藝春秋、一九八四）もそうですね。石川さんについては、何度も一緒にテレビに出たことがあるので、よく知っています。この人は、もともとは社会学者なのだけれども、ものすごく幅の広い分野をカバーしていて、その一つが性の問題ということなんです。

密教的な怪しい性愛術という意味では、立川流を外して語ることはできないでしょう。この『邪教・立川流』（真鍋俊照著、筑摩書房、一九九九）に、すべてが書かれています。性交を通じて即身成仏に至ろうとする真言密教の一派などと言っていますが、これは端的に言って、スケベな宗教ですよ。

この『医心方――房内篇』などもすごく有名ですね。中国の古典中の古典です。要するにセックスのやり方をいろいろまとめてある。「中国五〇〇〇年の性の文化史」といった本は、たいていこの本を紹介するところから始まっています。

フロイトはフィクションとして読む

その下の棚には、心理学や精神医学に関する本が集まっています。これも性と深いつながりがあります。まずはユングですね。『タイプ論』『個性化とマンダラ』『人間と象徴』『ユング自伝』などが並びます。

それからさらに広がって、今度は妄想に関する著作があります。フロイトの弟子の精神分析家ヴィルヘルム・ライヒのものはけっこう揃っています。『ライヒの生涯』『W・ライヒ著作集』『ライヒ――性の抑圧と革命の論理』など。

この辺りにあるフロイトの古い本は学生時代に買ったものです。『フロイド選集』(日本教文社)の中の『自我論』『自らを語る』『愛情の心理学』『性欲論』などがあります。ぼくは、フロイトの理論というのは、基本的に「フィクション」だと思っています。頭から信じている人には、『フロイト先生のウソ』(ロルフ・デーゲン著、文藝春秋、二〇〇三)という本を読むことをオススメしたい。若い頃には、「こんなものは科学の名に値しない」とバカにしていた時期もありましたが、今は「文学や芸術と同じものとして読んでみれば、けっこう楽しめる」というスタンスです。「フィクション」だと思って読んでも、面白くないものは面白くありませんからね。そういう意味で、フロイトは面白い。

ここから精神病の本へとつながっていき、さらにダニエル・キイスの『心の鏡』（早川書房、一九九三）などフィクションも押さえてあります。ダニエル・キイスのものは、本当のフィクションですが、こちらも面白い。

サルへのインタビューを試みた

次はサル学関係の棚です。サル学の取材はずいぶん長くやっていましたから、本の数も多いですね。サル学に関するあらゆる領域をフォローしています。

はじめは、かつて平凡社にあった『アニマ』という雑誌に、サル学者の連続インタビューを連載していたのです。一九八六年から五年くらい続いた記憶があります。サルの種類で言えば、チンパンジー、ゴリラ、ニホンザルなどあらゆる種類を紹介しました。また、サル学というのは、ほとんど人間についての科学と同じで、いわゆる動物行動学や生態学などにとどまらない広い研究分野を持っています。そして、脳科学、遺伝子学にも通じるのです。そうした研究手法についてもあらゆるものを押さえています。この連載をまとめたものが『サル学の現在』（平凡社、一九九二）という本になります。

なぜぼくがサルの研究にはまったのかと言えば、やはり、人間の研究とサルの研究が相互交通していると思ったからです。サルの脳の研究は、人間の脳の研究につながります。だから、サルの脳の研究がすすめば、人間の脳の研究もすすむ。もちろんサル自体にも興味があったのは間違いありませんが、脳や人間研究も含めて、二重に興味をくすぐられたのは大きかったと思います。

いくつか面白かった本を紹介しましょう。

まずはこの『Ape Language』です。著者のスー・サベージ＝ランボーは、ジョージア州立大学の先生でしたが、サルにコンピュータを使って言語を覚え込ませようと試みた人です。もう少し詳しく言うと、レキシグラムという絵文字パネルの入力装置とコンピュータを使って、一〇〇〇語もの英単語を教え込みました。絵文字パネルを押すことで、サルが意思を伝えられるように工夫してあるわけです。そうしてサルにも言語能力があるということを証明したのです。この実験を通じて、彼女自身も有名になりましたが、ボノボのカンジも有名になりました。この実験の経緯については、日米のテレビ放送で何度か流れています。ＮＨＫスペシャルでも放送されて、その番組内容をまとめた『カンジ——言葉を持った天才ザル』（一九九三）という本も出版されました。実は、この連載をしている最中に、アメリカまで行って彼女に取材をしたことがあるのですが、この『Ape Language』はそのときにもらったものなのです。

この『AMERICAN SIGN LANGUAGE: A Comprehensive Dictionary』はアメリカの手話の辞書です。なぜこんなものがあるのか。結局、言葉がわかるサルたちというのは、手をいろいろな形に動かすことで、人間相手に言葉を伝えるというか、意思の疎通を図るとされていました。いわゆる「手話」ができたのです。

当時のアメリカには、言葉を覚えたサルが、すでに何頭かいました。そこで、せっかく取材でアメリカまで来たのだから、そうしたサルたちにインタビューしたいと思ったのですね。ぼくが手話の知識を習得すれば、彼らと意思疎通ができるのではないかと考えた。念のため、手話のできる人を家庭教師に雇って、さらに人間を相手にするときと同じように、しっかり想定問答集まで作ってアメリカに乗り込んだのですが、実際は、上手くいきませんでした。相手のサルの調子が悪かったのかとも思いましたが、どうもそうではなくて、手話によるコミュニケーションは、すごく慣れた相手でないと難しいようです。『ココ、お話しよう』（F・パターソン、E・リンデン著、どうぶつ社、一九九五）で描かれているような関係になれば、親しく会話が成り立ったのかもしれませんが、突然あらわれた外国人のインタビュアーに心を開いてはくれませんでした。

『チンパンジーは語る』『チンパンジーの言語学習』『ニム』などは、みんなその取材のための資料です。

この『チンパンジー読み書きを習う』（A・J・プリマック著、思索社、一九七八）も同じ時期の資料ですが、これは手話ではなくて、記号を使って意思を伝えることができるチンパンジーに関する本です。日本のチンパンジー研究者の中に、松沢哲郎さんという方がいます。日本語を解する類人猿として有名になった、アイというチンパンジーの記録『おかあさんになったアイ』（講談社、二〇〇一）を著した彼は、今は京都大学の霊長類研究所の所長をしています。日本の霊長類研究の中核的な役割を担っていると言っていい。この松沢さんが当時アメリカにいて、このプリマックの研究所で共同研究に携わっていました。プリマックと松沢さんが何をしたかというと、手話を使わずにサルと人間が意思の疎通をするという研究です。

結局、サルが人間とコミュニケーションをとることができるという話が世間で有名になると、手話を通じて言葉をやり取りしているという点に、疑問がはさまれるようになりました。つまり、サルたちは、言語を理解しているのではなくて、ただ単に、人間の手の動きを真似ているだけではないか、という疑念が出てきたわけです。それに、いくらコミュニケーションがとれるといっても、手話では記録に残すことができません。そこでプリマックは、手話ではなくて、もっと記号的な伝達方法がないか考えた。それで使われたのが、色も形もそれぞれ違うプラスチックのかけらでした。それを単語の代わりに並べることで、コミュニケーションをとろうとしたのです。

このプリマックのところへ留学していたのが、松沢さんでした。ぼくがアメリカで取材をしたときには、松沢さんの家に泊まりこんで、詳細に取材をさせてもらったのをよく覚えています。

この『サルに学ぼう、自然な子育て』（草思社、二〇〇〇）の著者である岡安直比《なおび》さんは、『サル学の現在』の最初の章で紹介した人です。その頃、彼女はサル学の研究者としてのキャリアをスタートさせたばかりでした。この連載は、そうした若い研究者たちが実際に現場でどのように研究をスタートさせるのか、というところから始めたのです。こうして振り返ってみると、この人もあの人も、日本のサル学者の主たる人は、ほとんど取材していることになります。

ところで、サルの研究に限らず、自然科学の研究というのは、研究費が続かないと、すぐに駄目になってしまいます。研究費が切れると、研究の進捗状況にかかわらず、その研究はもう終わりになってしまうのです。アメリカでも日本でも、サルの研究をしているさまざまな人たちを片っ端から取材したのですが、実際、訪ねてみると、そこの研究所や大学ではサルの研究そのものがもう終わっている場合もありました。それこそ「ああ、あのサルは、どこに行ったのかしら」といった感じになっている。ですから、研究者本人に会うだけではなくて、研究対象としてのサル自体にも会って、サルと手話で直接語り合うみたいなことを期待して、いろいろ想像してはいたのだけれど、タイミングがうまく合わなくて、実際にはできませんでした。

こうしたサル学を修めた人間、特にサルからヒトへと至る類人猿の進化のようなテーマで研究している人たちのほとんどは、やはり人間に関心があるんですね。だから、「サル学」という名前はついているけれども、必然的に「人間学」になっていることが多い。もしお金を出す側がそうしたことを理解できずに、「サル」にお金をかけている場合ではない、という理由で研究費を削ったりしていたのであれば、それは大きな間違いだったと言えるでしょう。

河合隼雄さんとの酒

サルと人間をつなぐという意味では、霊長類学者の河合雅雄さんと、元文化庁長官で心理学者の河合隼雄さんが兄弟なのは面白いですね。隼雄さんは亡くなってしまいましたが、この兄弟とはとても親しい付き合いをしていました。著書も、著作集を含めてほとんどすべて持っています。河合隼雄さんとは、詩人の谷川俊太郎さんと三人で、『読む力・聴く力』(岩波書店、二〇〇六)という共著を出したこともあります。

隼雄さんは研究したテーマの幅がとても広かった。ユングの紹介から民話の分析まで、さまざまなことをしていました。また、隼雄さん自身が本当に幅の広い人でした。

よく酒も飲みました。あの人は普段の話もとても面白い人でしたけど、酔うと旧制高校の寮歌が次々と飛び出してきたりして、もっと面白くなる。

箱庭療法を薦められたので、やってみたことがあります。けれども、フロイトのところでお話ししたように、ぼくは精神分析の世界を基本的に信じていないから、正直あまりピンとはきませんでした。何と言うか、つけられた理屈があまりにもっともらしくて、いま一つ信用できない(笑)。ユングの考え方にもそういうところがありましたから、ぼくとしてはユングには距離を置いた付き合い方をしています。結局、精神分析の世界は、信じる人は深く信じるけれども、信じない人はさほど信じない。そういう世界のように思います。

アシモはラジコンに過ぎなかった

この辺りはガラリと趣向が変わって、ロボットやコンピュータ関連の棚です。『ノイマンとコンピュータの起源』『オンライン・コミュニティがビジネスを変える』『コンピュータの設計とテスト』『コンピュータには何ができないか』などが並んでいます。

一九九一年から九二年にかけて、『科学朝日』でスーパーコンピュータの連載（一九九三年に『電脳進化論』となる）をしていたこともあって、コンピュータについて、ソフト、ハードを問わず、さまざま角度から捉えた本が、ここには揃っています。ブレインマシンインターフェイス、人工知能、人工生命などに関する書籍もたくさんあります。

ぼくなりにコンピュータについていろいろと調べてきて、確実に言えることが一つあります。それは人間と同じような人工知能を作ることは当分の間、絶対にできないということです。

コンピュータと人間の脳はまったくレベルが違います。だから、コンピュータの人工頭脳が、人間と同じような思考をたどれるようになるなどということは、望んだところで、無理というものです。できることと言えば、あくまで大量の計算を高速度で処理すること。それくらいのことです。

だいたい、ユニットの数が違い過ぎます。脳細胞は一〇〇億単位ですが、そんなチップ数のコンピュータは、どうやっても作れません。物理的にとてもできない。最先端のスーパーコンピュータでもまったく足りません。人間の脳の働きを模倣するソフトを組むこともできないし、ハードとして脳と同規模の超複雑系回路を作ることもできない。

ロボット開発がある程度進んだ段階でロボット学者が言い出したのは、「三歳児と同じ知能を持ったロボットを早く作りたい」ということでした。けれども、さらに研究が進むことで、「三歳児レベルなんてとてもできない」というのがわかるわけです。三歳児どころか二歳児でも難しい。つまり、人間ができることと、人間がロボット的なものを作って実現できることとは、天と地ほどの違いがあるということがわかったのです。

人工知能でせいぜい可能なのは、ホンダの作ったアシモのようなロボットでした。けれども、アシモは見かけ上は、いかにもロボット自身が自発的にアクションしているように見えるけれども、実はすべて舞台裏で人間が操作しているのと同じ。言ってみればラジコンと同じです。もちろんラジコンよりは、レベルの高いことをしますが、原理的には同じです。舞台の上でロボットが動いていても、それはロボットが自発的に動いたわけではない。ましてやロボットの脳自体が何かを考えているわけではない。何かを考えているのは、舞台裏の人間なのです。

もちろん、「障害物が一定の距離まで近づいてきたらどちらかに避ける」といったプログラムをセットしておいて、その反射運動を連続させることで、なんとなく自律的に連続して動いているような感じを作ることはできます。けれども、それでは、想定外のことが起きたときには、対処することはできないことになります。

人間の脳とコンピュータをつないでしまう

ではどうするか。

今は、誰も人間と同じような人工知能を作ろうなどとはしていません。そうではなくて、むしろ人間の脳をそのまま、いわばロボットの部品として使ってしまおうという方向に進んでいます。

それがブレインマシンインターフェイスと呼ばれる技術です。ブレインマシン、つまり脳と機械を相互に接続してしまおうということです。神経接続とも言います。脳への入力は、身体各部にある感覚器官から感覚神経（視覚、聴覚、味覚の他に、触覚、平衡感覚、内臓感覚など）を通して送られてくる微弱な電気信号です。一方、脳からの出力は、運動神経によって身体各部に伝えられる運動信号（主として筋肉細胞を動かす筋電信号）です。脳に出入りする感覚神経と運動神経をモニターすれば、脳と身体各部をつなぐ情報を拾って解読することができる。次にその情報を元に、その情報回路を乗っ取ってしまうわけです。そして、脳から出てくる手足を動かす情報で、ロボットの手足を動かしたり、網膜から入ってくるはずの視覚信号を直接脳に入れたり、外部モニターにつないで、別の画像情報に変えたりと、いろんなことができるわけです。

何のためにそんなことをするのかというと、世の中には、脳の感覚系、あるいは運動系に障害を抱えた人がたくさんいることがあります。また、網膜に障害を抱えているため、見ることができない人がたくさんいます。その人たちの視覚神経路に、外界の視覚情報を与えることができれば、その人たちは見えなかったものが見えるようになるのです。

現在、そういう研究が世界中で行われています。まだまだきわめてプリミティブな段階ですが、ある程度の成果が上がりつつあります。例えば、数画素から数十画素程度の光点はすでに見せられるようになっている。いずれそれが数千、数万、数十万、数百万になっていくでしょう。そうなれば、文字が読めるようになります。ぼくは、ブレインマシンインターフェイスによって、数画素程度であっても見えるようになった患者を取材したことがありますが、これまで何もまったく見えない世界に生きてきて、初めて光が見えるようになった、この喜びはたとえようもなく大きいものだったと語りました。

その後も、こういう世界を取材することがありますが、その関係の書物がここにあるかと言ったら、実はまったくありません。最新の技術の世界は、それが何であれ、書物になるには時間がかかり、その間も技術の現場は日進月歩で進んでいきますから、本ができたときには現実とズレが生じてしまうのです。こうした世界は、ネットのほうが早くて正確な情報がたくさんあるので、情報交換の場はもう完全にネットに移行しています。刊行物で残っているのは、日刊紙、科学雑誌ぐらいでしょう。

医療、介護から軍事まで

とにかく、人工知能研究は、脳をワイヤーでロボットにつないでしまう方向に舵をきることになりました。もっと具体的に言えば、脳の中に電極を入れる。そうして脳のシステムを使うことで、外部のさまざまなハードウェアを操作する。この研究は、現在、大変な勢いで進んでいます。

前述のように、脳の働きを真似することはできません。もちろん脳そのものを作ることも、まったく不可能です。でも、脳が反応すれば、その反応を利用して、コンピュータやロボットを動かすことができる。実際に脳がどう働いているかは、よくわからないにしても。ですから、まだまだ部分的ではあるけれども、人間の身体を利用して、具体的には人間の身体のいろんな部分から信号を取り出して、ロボットを動かすということが進められているのです。言い換えれば、人間の身体のいろいろな部分をハードウェアで代替するという試みです。

例えば、筑波大学で山海《さんかい》嘉之さんが研究を進めている外骨格型ロボットなどは、まさにこのブレインマシンインターフェイスの応用です。普通に歩くことができなくなってしまった人の脳や四肢の末端から、電極などで信号を拾う。その信号を受信することで動く、義足代わりの装置を開発したりしています。もちろん、普通に動ける人が、より重いものを持ち上げることができるようにもなります。

山海さんの仕事は、NHKが「クローズアップ現代」で最初に取り上げられたときに、ぼくが介添え役として出演して、紹介した経緯があるんです。そういう縁もあって、山海さんの仕事はほぼフォローしています。この研究は、北欧諸国の政府が相当に注目していて、実際に医療現場をはじめとするさまざまな現場で使われるようになっています。日本も今、後追いしているところです。これは、産業としても、どんどん発展していくと思います。

というのも、介護の仕事をやってみるとよくわかりますが、人間というのはとても重い。例えば、長期にわたって同じ体勢で寝ていると床ずれができてしまいますから、寝たきりになったお年寄りの場合には、定期的に、横向きから仰向けになど、身体の位置を変えなくてはなりません。しかし、人間の身体を動かすことは簡単にできるものではないのです。ところが、山海さんの開発している装置の力を借りれば、それが軽々とできるようになる。日本のような高齢化社会では、介護は重要な産業になるはずですので、今後はさらに需要が増すと思います。

ただ、この研究は介護や福祉、あるいは医療的な側面だけを持っているわけではありません。人間の力を増すことができるわけですから、軍事利用もできます。その場合も、外部装置を操作するメインコンピュータの役割は人間の脳が担うわけです。やはりそれだけは、人間が作った人工知能では代替できないからです。実際、アメリカの国防総省がすごく興味を示しているそうですが、すでに対テロ戦争の現場では、似たようなものが使われています。

むろんそれは、山海さんがコミットしたものではないと思います。ただ、山海さんの研究にヒントを得て、アメリカのDARPA（国防高等研究計画局）が金を出して、ロボットを作っているといったことはあると思います。

イラク戦争では、多くの兵士が死にました。あのような犠牲者を減らすためにも、人間ではなくて、ロボット的なもので代用しようという方向に向かうのは自然なことです。

これからは、テロリストを無人飛行機で追いかけて攻撃するような感じで、戦争全体がロボット化していくのでしょう。実際に、無人飛行機の分野はものすごく発達しています。

原発事故現場に入ったロボットがアメリカ製だった理由

日本はロボットの分野では最先端を走っていました。けれども二〇一一年に原発事故が起きたとき、現場に入ったロボットはアメリカ製のものでした。これには国内だけでなく、世界中から、「日本はロボット大国なのに何をやっているのだ」という言われ方をされました。

これは研究費の配分の問題です。科学技術の世界は、基本的に研究に金がかかります。私費では研究できないから、どこからか研究資金をとってこなければならない。そこで研究計画書を書くわけです。一番多いのは文科省の科研費補助金という枠ですが、激しい競争があるから、研究者は、いかにこの研究が有用で社会の役に立つか、というメリットをたくさん並べ立てた計画書を書く。そして、自分が、その研究者としていかにいいキャリアを積んできたか、を書き、共同研究者としてどういう人がいるか、も書く。大きな研究はみなチームでやりますから、いいアイデアを出し、いい仲間を募るために、研究会から始めるというようなことが必要になります。実は、原発現場の作業ロボットは、もう何十年も前に「極限環境ロボット」という産官学連合の大プロジェクトが立ち上がり、その成果の一つとして、アメリカ製のものよりももっといいものを作っていたのです。ところが、原発ロボットなんて市場に出しても売れるものではなく、プロジェクトが終わったら、研究チームはみんな解散ということになったのです。あんなもの、予算さえつければ、日本でもすぐにできます。

最初はアップルのMacを使っていた

スパコンとロボット以外に、インターネットについての本もあります。『電脳進化論』や『インターネットはグローバル・ブレイン』(講談社、一九九七)などを書くために集めた資料です。

ぼくが東大の先端研(東京大学先端科学技術研究センター)にいた一九九五年から九七年が、日本のインターネット元年と言われた時代でした。九五年にちょうどWindows95が登場したんですね。Windows95が出る前は、少なくとも、コンピュータをよく利用する人たちの世界では、アップルが優位だったんです。ぼくもその時代にコンピュータに親しみ始めたから、最初はアップルのMacを使っていた。

そうこうしているうちに、インターネット元年を迎えたことに後押しされるようにして、『インターネットはグローバル・ブレイン』というインターネットに関する本を書くことになります。インターネット黎明期に、個人ページみたいなものを作った人たちの中には、この本に刺激されて作り始めたという人もけっこういたようです。

その頃は、モノにならなかったけど、第五世代コンピュータ〔編集部注：一九八二年に、通商産業省が立ち上げたプロジェクトは、従来のコンピュータを第四世代と名づけ、人工知能を搭載した第五世代コンピュータの開発に巨額の予算を投じた〕的な世界が、コンピュータの最前線でした。そして、それらに刺激を受ける形で、先端研などではバーチャルリアリティの世界が一気に盛り上がることになります。実際、日本に「バーチャルリアリティ学会」という本格的な学会ができるのです。その学会ができたのは、ぼくが先端研にいた年でした。ぼくは、そのバーチャルリアリティ学会の発会式で講演をしたのです。

この棚を見ていると、スーパーコンピュータを利用したシミュレーション、それから、人と人がつながるインターネット、そして人工的な世界を創造してしまうバーチャルリアリティと、コンピュータを通して、新しい科学技術の世界が広がっていくのが、よくわかりますね。さらにその流れから、マイクロマシンや人工生命にまでつながっていく。まだまだ先は見通せません。

ネットの辞典は使わない

この棚は、辞典がまとまっていますね。白川静の『字通』(平凡社)やら、大修館書店の『日本語大シソーラス』という類語辞典やらが置いてあります。

漢和辞典では、この『広漢和辞典』(大修館書店)をずっと使っているのですが、これは正直に言って、使いにくいです(笑)。だいたい漢和辞典というのは、使い方が難しい。目的のページにパッといければいいのですが、必ずしもそうではありません。読み方もわからない、部首もわからない、形もうろ覚えという場合には、探しようがなくなります。そういう場合、この『広漢和』では、まず別冊に収録されている索引の中から、熟語索引にあたることになります。この熟語索引は、使いやすくできています。使いやすいというか、わりと役に立つ。ただ、この索引を引いて「注の1264」などと書いてあるのを見てから、その注を引いて……といった手順を踏まなくてはならないので、やはり「使い勝手がいい」とは言えません。

その点、インターネットに入っている辞典ならば、使い勝手がいいだろう、と言われます。手書きで似たような文字を入力すれば、類似した文字を検索してくれますから。けれども、ぼくは現時点ではネットの辞典は使っていません。どうして使わないのかと言えば、知りたい情報が入っていないからです。ネットで検索できる辞典というのは、だいたい『広辞苑』(岩波書店)くらいまでだと思いますが、『広辞苑』程度の情報では、仕事には使えません。

職業として文章を書くようになってからは、『広辞苑』はほとんど使っていません。ある時期は使っていましたけど、そんなに熱心には使っていない。「『広辞苑』によれば」という表現を安易に使う人がいるけれども、もともと、あれが嫌いだったんですね。だから「『広辞苑』によれば」だけはやるまいと思っていました。ちなみに日本語辞書で面白いのは、やはり『新明解国語辞典』(三省堂)だと思います。文章で身を立てているのであれば、あれを読んで、「ああなるほど面白い」と思えないと駄目でしょう。

一方、漢字を調べるならば、白川さんの辞典か、『広漢和辞典』の元になった諸橋轍次の『大漢和辞典』（大修館書店）くらいの情報が必要です。『広辞苑』レベルでは足りないのです。

漢和辞典の場合は、膨大な数の異体字を無視するわけにはいかないので、電子化する際には、文字化けしないように処理するのが大変だと思います。その処理をしない限り、異体字はみんな「?・」と表示されてしまいます。それでは辞典の体をなしません。この辺り、中国ではどうしているのでしょうか。中国人も諸橋の『大漢和』を利用しています。台湾はまた違うのですが。

そうは言っても最近は、有料辞書サイト「ジャパンナレッジ（JapanKnowledge）」で『字通』が利用できるようになったり、ネットはどんどん進化しているので、近い将来はネットを使って調べることになるとけ思います。

汚れたラテン語の教科書

そしてこの辺りには、シンハラ語辞典、ピジン語辞典、イヌイット語辞典など、各国語の辞典があります。もちろんマイナー語だけではなくて、ラテン語もあるし、中国語もあります。古いのはだいたい学生時代から使っていた辞書です。シンハラ語とかピジン語というのは、特に意味があって買ったというより、ひょんなことから買ったものが多い。神保町を歩いていると、安売りコーナーに妙な本があって、興味を引かれてパッと買ってしまう……。そんなふうにして買った本の一つです。

この『ピジン語小辞典』（守田健一著、泰流社、一九九〇）も、まさにひょんなことから買った本です。値札を見ると八〇〇円と書いてある。いつ買ったのかは覚えていません。ちなみに、ピジン語というのは、ピジンイングリッシュのことです。これはなかなか面白い言語なんです。ピジンイングリッシュは、パプアニューギニアの辺りで話されています。英語をベースに中国語、ポルトガル語、マレー語などが混合した、独特の地域英語です。このピジン語に身体表現をプラスすれば、だいたいのことは意思疎通することができるものです。例えば、「Me, You, Pren.」と言うと、「私とお前は友だちだ」ということになります。このPrenはFriendから派生した語です。どうですか。文法がものすごく簡単でしょう。日本でも、明治時代に、外国人相手に車夫が使っていた英語がありますが、このピジンイングリッシュはそれに似たところがあります。とにかく文法が簡単。そして単語も、正確にはわからなくても、よく考えるとわかる。そういう言語なんです。

その隣に置いてある『Speculum Latinum（スペクールム・ラチーヌム）』は、ラテン語の教科書です。ラテン語は、学生時代に、かなり本格的に勉強しました。こうして開いてみても、ずいぶんしっかりとメモが書き込まれています。当時使っていたのが、こちらの『New Latin Dictionary』です。これは「ラテン語―英語」の辞書です。辞書自体の言語の影響もあって、書き込みも英語になっています。教科書は授業で使ったものだと思います。奥付を見ると、発行年が昭和三十九（一九六四）年となっています。ぼくは昭和三十四年入学で一年留年していますから、それは本郷を卒業する年です。だいたいその頃のものです。

ギリシア語の学習に使ったのは、横積みになっているかたまりの上のほうに乗っている黒い本『Greek English Lexicon』です。先ほどのラテン語の教科書は相当汚れていましたけど、こちらはそうでもない。ギリシア語はさぼっていたのかな（笑）。

役に立つシソーラス

役に立つ辞書ということでは、大修館書店の作った『日本語大シソーラス』です。これは本当にすごく役に立ちますね。それに比べると、ここにもある講談社の『類語大辞典』は、本当に使えません。辞典として恐ろしいほど駄目ですね（笑）。刊行直後は、ちょっとは話題になったかもしれませんが、こんなものを作って、よく恥ずかしくないなという感じです。

英語の世界では、シソーラス（類語辞典）というのは必携です。ものを書く英米人で、シソーラスを使わない人はいません。ところが日本語の世界では、類語辞典というものがそもそも存在しませんでした。大修館のシソーラスが初めての日本語の本格的な類語辞典だったのです。

これは『Roget's Thesaurus』（ロジェのシソーラス）です。英米人であれば、誰もが持っています。持っているのが常識の本で、英語の表現の中で一番いい表現を探そうと思ったときは、これを使うわけです。大修館の日本語シソーラスは、これをマザーとして作ったのです。このロジェのシソーラスのような辞典に学生時代から出会っていれば、もう少しマシな論文が書けたかもしれません。大修館のシソーラスも、もう少し早く出てくれればよかった。この辞典はこの辞典で、編集は大変だったとは思いますが。

でも、最近ではこうしたシソーラスも電子辞書に収めているものが、たくさんあります。でもやっぱり使いにくい。つまり辞典の中でも類語辞典というのは、一覧性が重要なのかもしれません。本の体裁であれば、ページを開けば、ざっと見開き二ページ分の情報を一挙に通覧できるわけです。日本語のシソーラスも、ロジェのシソーラスほど文字が小さくはないけれども、やっぱりざっと見られる。ところが、電子辞書では、検索性は優れていても、どうしても一覧性という点では、本よりも劣ります。ざっと見て、さらにどんどんめくってみて、ちょっと違うところに飛んでみて、またざっと見て……といったことをしにくい。ですから、シソーラスについても、つい本を使ってしまいます。

一方、もう紙の本である意味がないなとぼくが感じたのは、英和辞典『リーダーズ・プラス』（研究社）です。これは『リーダーズ英和辞典』（研究社）に加えて、さらに詳しい情報が載っているものですが、これなどはまさに電子辞書で使うべきものです。この単語はどんな意味なのか知りたいだけなら、一覧性も必要ありませんし、電子辞書のほうが検索も簡単です。かつてのポケット辞典クラスのものであれば、英和を筆頭に独和や仏和まで一〇カ国語くらいが入っているものが格安価格でゴロゴロ売っていますから、紙の辞書はよほど工夫をした作りをしないと厳しいと思います。

虫眼鏡より拡大コピー

そして、そちらの『OED（Oxford English Dictionary）』は、箱の中に、虫眼鏡のような専用の拡大鏡がセットになって入っています。OEDといえば英語の辞書の世界で一番詳しいとされていますが、こちらのOEDは『Compact Oxford English Dictionary』というものです。要するに、一ページにオリジナルサイズの四ページ分を収めた縮刷版ですね。こうすることで一冊の中にOED全巻を収めています。その代わり、文字の大きさは極小なので虫眼鏡で見ないとわからないほど。それゆえ拡大鏡がセットされているわけです。見た目はマイクロフィルムのようですが、中身は全部入っています。

こうした本は、特に珍しいものではありません。むしろ伝統的に存在しています。実際に、どうやって利用するかと言えば、拡大コピーをとって使います。もちろん虫眼鏡を使って読めないことはないけれども、虫眼鏡で見るより、拡大コピーをしたほうがはるかに使いやすい。しかし、この文字サイズの辞書を校閲するのは大変だろうなあ（笑）。

現在、平凡社から刊行されている『大辞典』の親本にもなっている戦前に刊行された『大辞典』（一九三四―三六）にも、この『Compact Oxford』と同じ形式のものがあります。全二八巻にも及ぶ『大辞典』の親本を四巻にまとめ、虫眼鏡をセットにしたところまで同じです。初版は昭和十一年です。ここにあるのは昭和四十九年刊行なので復刻版です。オリジナルの全二八巻ものは、大学図書館程度の蔵書を持つ規模の図書館であれば、たいてい置いてあります。いろいろなことを調べるのにとても便利で、中身は今でも十分に通用します。今の世代は、図書館に行くと、この『大辞典』がずらっと並んでいるという光景を、知らないかもしれません。

他に辞典の類で、意外に使えるものが、『分類語彙表』です。この『分類語彙表』は、国立国語研究所が作ったものです。初版は昭和三十九年。ぼくの持っているものは昭和五十四年刊行の一七刷です。

二〇〇四年にはCD‐ROMがついた『分類語彙表　増補改訂版』（大日本図書）が刊行されています。おそらく日本語の全体を視野に収めるために作成されたもので、シソーラスがまだなかった頃には、シソーラス代わりに利用できて、便利に使わせてもらいました。

ポパーの主著が見つからない

ここら辺の棚は、めちゃくちゃになっていますね（笑）。文化人類学者のレヴィ＝ストロースがあったと思えば、物理学者のシュレーディンガーがある。まったくつながりがありません。

ただ、著者別にでも、かたまりにして置いておけば、何がどこにあるかはわかりやすくなるので、あまり気にしないようにしています。あれ、同じ本が並んでいますね。ぼくの場合、こういうことはよくあるのです。もしある本が必要になったのに、探しても見つからなければ、一度買ったものでも何度も買ってしまう。時間がもったいないですから。ただ整理できていないだけなんですけど、著者や本屋や出版社からすれば、いいお客さんということになるかもしれない。

とにかく、ここには、『歴史主義の貧困』『果てしなき探求――知的自伝』『客観的知識』『実在論と科学の目的』『開かれた宇宙』など、哲学者カール・ポパーの本もまとまっているようなので、彼の話を少ししましょう。

ぼくも熱心に読みましたが、ポパーは、一言で言って、独特な人です。彼がすごいのは、科学論や共同体論をしっかりと押さえながら、マルクス主義・共産主義の問題にも応えることができるところです。学問世界全体を一まとめにして考えていくことができた稀有な人物です。

ポパーの主著は、『The Open Society and Its Enemies』(『開かれた社会とその敵』未來社、一九八〇)という本です。日本語訳についてはここに、少なくとも二種類、あるいは三種類くらいの版があったはずですが、ないですね。あれはどこへいったのかな。非常に重要な本なのですが。

立教の授業で使ったので、立教大学の棚にあるのかな。見つからなければ、また買わなくてはいけないかもしれません。

ところで先ほど、同じ本を二冊買ってしまうという話をしましたが、なくしたと思っていた本が後になって見つかると重複することになりますね。では、そうした重複した本を売るかと言えば、売りません。それはそれでとっておく。何冊にもなった場合には、人にあげたりすることはあります。特に若い人に。

お坊さんで科学者の偉人

この辺の書棚は著者別です。リチャード・ドーキンス、カール・セーガン、E・O・ウィルソンなど科学論が集まっています。

科学論つながりで、少し変わった人を紹介しましょう。テイヤール・ド・シャルダンというフランス人がいます。『現象としての人間』（みすず書房、一九八五）を著した人です。日本ではあまり知られていないようですが、没後一〇年には、同じく一九五五年四月に没したアインシュタインと並ぶ同時代の偉人として、ユネスコ主催による国際コロキアムが開催されたほどの人物です（ちなみに二人の死んだ日は一週間ほどしか違わない）。そのコロキアムの成果をまとめたものとして、『科学と綜合』（白揚社、一九七九）がある他、彼について書かれたものでは、『ある未来の座標』（C・キュエノ著、春秋社、一九七〇）を始め、比較的最近のものでは『神父と頭蓋骨――北京原人を発見した「異端者」と進化論の発展』（A・D・アクゼル著、早川書房、二〇一〇）などがあります。

このテイヤール・ド・シャルダンという人物は、もともとはイエズス会のお坊さんです。けれども、イエズス会と衝突して活動を禁じられてしまう。その一方、北京原人の発見者の一人にも名を連ねたりして、科学の世界では、世界的に評価の高い人でした。その辺りの事情は『科学と綜合』にも触れられています。

とにかくこの『科学と綜合』の元となったユネスコ主催の国際コロキアムのレベルの高さは半端ではありません。ルイ・ド・ブロイ、メルロ＝ポンティ、ハイゼンベルクといった錚々たるメンバーが、「科学とは何か」について非常に本質的な議論をしたのです。目次を見ただけでも、「決定論と非決定論」とか、そのタイトルは知的魅力に溢れています。

古本屋の商売

ここにある『すばらしい新世界』ほかオルダス・ハックスリーの本は古本屋でまとめ買いをしたものです。その古本屋ではバラ売りをしていなかったんですね。本格的な古本屋には、そういう店もけっこうあります。大きくセットで、ドサッと売る。もともとまとめて買った本好きな人が、まとめて売ったわけですよ。それをまた、まとめて買いたい本好きに、まとめて売る。そういう商売ですね。バラさないほうが価値が出るということもある。もちろん反対に、セットものをバラ売りする店もあるのだろうけれど。

とにかく脳のことはわかっていない

サルの脳から人間の脳まで、だいたいこの辺にまとまっています。『脳のなかの幽霊』『プルーストとイカ』『壊れた脳　生存する知』『錯覚の科学』『大脳辺縁系と学習』『神経心理学入門』『神経心理学の局在診断』『脳はいかにして〈神〉を見るか』『記憶を書きかえる』などがあります。朝倉書店から出ている『ストレスと脳』（J・A・グレイ著、一九九一）と『脳と性』（下河内稔著、一九九二）はいい本ですね。

脳については、これまでいろんな形で関わってきました。連載もしてきた。それらの資料がここに集まっています。

この『NHKサイエンス・スペシャル　驚異の小宇宙　人体II　脳と心』は、先ほど医学関係の棚のところで紹介したものと同じく、NHKで放送された「サイエンス・スペシャル」の内容を書籍化したものです。ぼくはこの番組の諮問委員を務めていました。他の委員は、河合隼雄さんの他に、安野光雅さん、伊藤正男さん、養老孟司さんなど、みなさんのよく知っている方たちです。まあ、番組の箔づけのために集められたようなものですが（笑）。

脳については、いまだにまるでわかっていないと言いました。たしかに脳研究が進むにつれて、少しずつわかってきたこともあります。例えば、ミラーニューロンのようなものですね。ミラーニューロンというのは、自分が手を挙げるという行動をしたときと、誰か他人が手を挙げるという行動をしたのを見ているときで、同じような反応を示す脳の神経細胞のことです。最初はサルの脳から発見されて、その後の研究で人間にも同様の部位があることがわかったのです。なぜ、このミラーニューロンが注目されたかというと、人が相手の心を読み取るときに使用している神経ではないかと考えられたからです。

このように、研究上の流行として、話題に上がるものはあるにせよ、根本的なことについては、今でもそれほどわかっていない。

どのくらいわかっていないのかというと、脳の容量が大き過ぎるから、あるいは、複雑過ぎるからわからないということではなくて、今はまだ「どこがわからないのかがわからない」というレベルです。脳科学の研究が進んでその全体像が摑めたとして、その全体が一メートルだとします。すると、現状は一センチの半分にも満たないレベルでしょう。本当に、まだまだなのです。脳が果たしている機能だけを考えても、それは、ものすごく多岐にわたります。この棚にも揃っている『ブレインサイエンス・シリーズ』(共立出版)は全二五巻ですけど、脳のことを勉強しようと思えば、最低でもそれくらいさまざまな角度からアプローチしていかないといけない。

「配線と回路の構造がわかれば、ほぼわかる」と考えられていた時期もありましたが、しかし実際は、脳というのは配電盤のようなものではなくて、実はもっとケミカルなものだということがわかってきた。つまり、遺伝子や神経伝達物質の機能がわからなければ、脳のことはわからない。一つ一つのことがわかっても、今度は、それらをどうつなげていいのかがわからない。だから結局、脳のことはわからない。「脳は人間の肉体の中にある宇宙」とも言われていますが、実際は宇宙よりもわかっていないでしょう。

壊れた脳がヒントになる

そうした難しい脳を研究するには、いくつかの方法論があります。その一つが神経心理学です。ここには『神経心理学』や『認知神経心理学』など書名に「神経心理学」というタームが入った本がいくつかあります。この『神経心理学コレクション』(医学書院)はいいシリーズです。『眼と精神』『頭頂葉』『神経心理学の挑戦』など、巻立ても面白い。

脳というのは、さまざまな要因でダメージを受けることがあります。そのときに、いったいどのようなダメージを受けたのかを研究することで、脳の仕組みを探る。それが神経心理学の考え方です。『脳卒中と神経心理学』(平山惠造、田川皓一編、医学書院、一九九五)などは、まさに、この分野の典型的な研究書です。脳卒中は、一言で言えば、脳が壊れる病気ですから、当然、CTで患部を撮影すれば、どこがどうなったかがわかる。それと同時に、からだの片側がマヒしたり、言葉が出なくなったり、その患者の行動に異常が起きる。脳のある部位が壊れたことにより、どのような症状が引き起こされたのかがわかるわけです。こうして人の壊れた脳を研究することで、脳の正体でわかってくることがある。

脳の一部が壊れると、知能、記憶、情動など、さまざまな種類の障害が起きます。言葉の障害の起こり方にしても、ものすごく違いがある。話すことはできるのに、読み書きだけがおかしくなったりすることもある。それらを一つ一つつき合わせていって、脳のどこの部位が、どのような機能を持っているのかを徐々に明らかにしてきたのが、脳科学の歴史です。

ただし脳は、どこか一部が壊れると、本来はその働きをしないはずの部位が、壊れた部位の機能を代替する特徴がありますので、なかなか研究をやりにくいという面もあります。

不思議なことに、脳の本というのは、馬鹿げた本ほどよく売れるんです。例えば、この『脳内革命』（春山茂雄著、サンマーク出版、一九九六）などは、作者は、よく大きな顔をして生きていられるなと不思議に思うほど、バカげた本ですが、バカみたいに売れて一時期大ベストセラーになった。

この『頭が突然鋭くなる右脳刺激法』（品川嘉也著、青春出版社、一九八八）も、書名だけを見るとバカげた本に思えるけれど、『脳内革命』ほどはひどくない。それに、この本の著者の品川さんは、脳科学者としてしっかりとしたバックグラウンドもありますし、けっこう面白い人です。取材したこともあります。まあ、くだらない本なのは間違いありませんが。

医学系の心理学と文科系の心理学がある

ここの棚は認知科学の本が集められています。認知科学は脳科学と似ているようで違います。脳科学が、脳とはどんなものか、を探るのに対して、認知科学は、脳を人間が利用して世界を認知する、その世界の把握の仕方を解明しようとするものです。だから、学問の世界としても、全然違う分野として成立しています。また研究している人たちも、まったく違うものの見方をしています。

背表紙を眺めてみると、「認知心理学」という言葉がいくつか出てくるけれども、この認知科学はある意味で「心理学」というカテゴリーに入れたほうがわかりやすいという世界です。

ただ、心理学と一言で言っても、医学系の心理学と文学系の心理学に分かれています。医学系の心理学というのは、研究者によってそれぞれ切り口が違うのですが、基本的には、きちんとしたエビデンスを元に、科学的思考を積み重ねる学問です。一方、文科系の心理学というのは、さまざまありますが、対比をわかりやすくするために、ここではいわゆるフロイトやユングの心理学を考えてください。この二つは、まったく違う学問と言ってもいいほど違うわけですが、認知心理学はその両方に軸足を置く学問になっています。

レポートそのものが売り物になる宇宙モノ

ここは、宇宙に関する本の棚です。宇宙にもさまざまな側面があるのですが、ここには、特にNASAの取材に使った資料と、それから日本のロケットの取材に使った資料が中心に集められています。

ぼくは、NASAの取材をかなり集中的に行いました。いろいろなプロジェクトで、何度も取材にいっています。NASAを構成する研究機関は、アメリカ中に散らばっていますが、その相当部分を取材しました。その上で、TBSの秋山豊寛さんがらみで、ソ連の宇宙事業を細かく取材したんですね。ソ連の宇宙研究は、西側とはまた全然違う歴史を持っていました。

もちろんNASAへの取材も、また別の番組と組みながら、継続的に行っていました。例えば、マーズダイレクトというNASA火星移住計画の取材は面白かった。

アメリカのヒューストンには、宇宙関係の本を集めている古本屋があるのですが、そこで買った本がけっこうあります。NASAの歴史を研究している学者に、あそこの古本屋はいいぞと聞いたので、行ってみたら、本当によかった。もっと早くここを知っていたら、どんなに資料探しの無駄がはぶけたかと思いました。店のおばちゃんがわりと親切で、「この本が面白いよ」と薦めてくれるのですが、その助言が実に適確でした。この辺りのちょっと古い本は、みんなそこの古本屋で買ったものです。

それから、この世界では、NASAのレポートそのものが古本屋で流通しています。例えばこの「アポロ16号と17号の報告書」や「NASA NEWS」とかが売り物になる世界です。日本のものもあります。『放送衛星（ゆり）の実験成果』（大蔵省印刷局、一九八二）や、『実験用通信衛星「さくら」――4年間の成果』（大蔵省印刷局、一九八三）などですね。このようなレポートが本よりも価値がある、マニアックな世界です。

またこちらは、ソ連の資料ですね。ロシア文字で「КОСМОС」は「コスモス」と読むんです。こちらはドイツです。『Hermann Oberth: Leben, Werk und Auswirkung auf die spätere Raumfahrtentwicklung』（Hans Barth, Uni-Verlag, 1985）。これらが『宇宙からの帰還』（中央公

論社、一九八三）の資料になりました。

嘘が面白い

ここはがらっと雰囲気が変わって、怪しい本がたくさん並んでいます。

『超越瞑想と悟り――永遠の真理の書「バガヴァッド・ギーター」の注釈』（マハリシ・マヘーシュ・ヨーギー著、読売新聞社、一九九四）や、『テレパシーの世界――人間心理の神秘的現象』（L・ワシリエフ著、白揚社、一九七三）などは、信じてはいけない本です（笑）。

ただ、面白いことは面白い。この『超越瞑想と悟り』の著者はインド人ですけれども、この辺の怪しい本を書いた人のうちの何人かには、直接会ったこともあります。

歴史を遡って怪しいものを探し、紹介する本もあります。『中世の妖怪、悪魔、奇跡』（C・カプレール著、新評論、一九九七）や『妖怪と精霊の事典』（R・E・グィリー著、青土社、一九九五）などですね。『神智学大要』（全五巻＋別冊一、A・E・パウエル編著、たま出版、一九八一―八四）も面白いので、ぜひ機会があれば手にとってみてください。こういう本は怪しいものほど楽しめます。嘘が面白い（笑）。

しかし、こういう話には、ある程度本当のことがバックにあったりする。例えば、以前、アメリカ軍が特殊な飛行機の実験機を飛ばしたんです。ステルス飛行機のようなものですね。すると、ある角度から見ると、空飛ぶ円盤としか見えない飛行体が飛んでいたということになるわけです。でも、アメリカ軍としても軍の機密を漏らすわけにはいかないから、いくらおかしな目撃情報が出ても、真相は決して表には出さない。これは、ニューメキシコ州のロズウェル陸軍飛行場が深く関わっていたため、ロズウェル事件と呼ばれます。誰かが追及しても、途中から闇の中に入ってしまう。

実際、ロズウェル事件などが報告された時期と場所は、アメリカ軍の最先端の実験機が作られた時期と場所と微妙に重なっているのです。でもそれを調べようとすると、今度は、軍の秘密保安部隊が出てきて、それを妨害する。

ですから、嘘とも本当とも言い切れない微妙な状況というのは、この世界に案外あるということです。

あれ、『超大国日本の挑戦』(H・カーン著、ダイヤモンド社、一九七〇)のようなものが、なぜここにあるんだろう。この手の世界未来予測モノは、エズラ・ヴォーゲルの『ジャパンアズナンバーワン』（TBSブリタニカ、一九七九）などと一緒に、三丁目にまとめておいたはずなのに。

ブッシュの一日

先日、ナショナルジオグラフィックのチャンネルで、「九・一一から一〇年」といった検証番組が放送されていました。その中に、「ブッシュの一日」という、ものすごく長いインタビュー特集がありました。ブッシュ本人が、朝起きてから次の日になるまで、あの日にブッシュの目で見たことを、すべて話すという企画です。さまざまな資料映像も駆使されて、なかなか見応えのある番組になっていました。

九・一一の、まさにテロが遂行された瞬間、ブッシュはフロリダの小学校で子どもたちを相手にしていたところでした。そこへ補佐官がやって来て、一言二言ささやく。するとブッシュの表情が変わって、目がうつろになっていく。その狼狽ぶりは、映画監督のマイケル・ムーアが、それをネタに映画を作ってしまったくらいのものです。

この番組では、そのように茶化すことはしません。そのとき、何を聞いたのか、何を考えたのか、それからどう行動したのかを、まずブッシュが話し、そして、取材班がその発言を検証していく。九・一一についてのテレビ番組は数多あったと思いますが、ここまで徹底的に調べたのは、この番組が初めてでしょう。

ブッシュ一行は、急いで訪問先の小学校を出て、空港へと向かいます。そして彼らがエアフォースワンに搭乗し終え、離陸する寸前、今度は「ペンタゴンに旅客機が突っ込んだ」との報が飛びこんでくる。その後も飛行機の中には、常に追加情報が入ってくる。けれども、飛んでいる場所によって、テレビの電波を受信できる地域とそうでない地域がある。受信できない地域を飛んでいるときは、機内のテレビ画像は消えてしまう。

結局、フロリダからワシントンへと直行することはしませんでした。空軍基地を二カ所くらい経由した上でワシントンに帰る。けれどもその当日は、「どこに行くべきか」さえ、わからない状態だったそうです。最終的に軍とセキュリティサービスの意見で、「今ワシントンに直接帰るのは危険だ」となり、あっちへ行ったりこっちへ行ったりした後に、結果的にこの経路がとられることになった。

一方、その日の夕方には、ホワイトハウスを狙ったもう一つの攻撃が探知されたとの警報が発されます。もちろん、ブッシュの奥さんや子どもを筆頭に、ワシントンにいる高官の家族たちはみんな避難する。けれども、間もなく、先ほどのアラートは、敵の攻撃ではなく、アメリカ軍の航空機を敵の攻撃と誤認したこととわかる。そうして、九・一一がようやく終わるのです。

次の日に、ブッシュはニューヨークへ行き、破壊された現場に立って、「国民のみなさん、本日、私たちの自由が、意図的、そして正確無比なテロリストたちからの攻撃を受けました」という演説をする。番組では、その場面に至るまでの全事情を関係者から聞き出していました。

そして最後に、九・一一と、そのちょうど六〇年前にあたる真珠湾攻撃とを結びつけます。真珠湾のときのアメリカのパニック状態は、九・一一のときのパニック状態と、二重写しになるのが、すごくよくわかる作りになっていました。

一〇年後には、三・一一が起きました。菅直人がブッシュと同じことをできたのかどうかを考えると、ちょっと不安なところがありますが、これはしっかりと検証してもらいたい。実際には、すでに少しずつ真相が明らかにされていっています。東電の社長とどのような会話をしたのか、実際に東電へ行って何を話したのか。おまけに菅だけではなく、それぞれの閣僚が、新聞社に話しています。枝野幸男に関しては読売が抜いていましたね。枝野は「撤退させてくれと言われたけれども、さすがにそれはない」と答えた。現場の所長に聞くと、まだ頑張れると言っていると。

菅は、「官邸から、社長に絶対に撤退するなと伝えたけれども、相手は言葉を濁している。このままだと撤退してしまいそうだから、直接出向いて幹部に怒鳴ったんだ」という話にしています。

この話が本当かどうかは、もう少し時間が経てば明らかになるでしょう。けれども、ひとまずこの話を本当だとすると、菅が正しい。それは当然です。あの場面で東電が逃げてしまったら、他の日本国民はどうしようもない。だいたい、現場で何をすべきかについての判断にしても、東電抜きには誰もできないわけですから。

アメリカにおける原発開発ブーム

二〇一一年三月の原発事故は、日本の電力産業に大きな爪痕を残しました。

本来であれば、電電公社を払い下げしてＮＴＴを立ち上げたときのような、抜本的な仕切り直しをやらざるを得ないと思います。そして、この機会を利用して一気にやってしまうという可能性もないではない。とはいえ、電力会社各社の手持ちの発電機は、それぞれ異なります。もちろん原発だけではなくて、火力発電所も水力発電所もある。仕切り直しも簡単ではないでしょう。実際、何らかの抜本的な改革が行われる様子はありません。

しかし、そうした状況の中、最大の電力会社である東京電力は、今回の事故の賠償をしようにも、その原資を電気料金の値上げで賄うしかないという悲惨な状態に直面しています。

そもそも現在の電力一〇社体制というのは、何らかの合理的な意思で作られたものではなくて、歴史の流れでできてしまったものに過ぎません。戦時中の総力戦体制の名残りで、発電・送電の双方を一社にまとめてしまった。さらに、戦争に負けた後、発送電をセットにしたまま担当地区を分割したという、一連の流れの産物なのです。

総力戦体制以前には、発電・送電ともにたくさんの会社があったわけですから、一旦総力戦体制以前まで戻して、完全に自由化する。そして、発電機を持っているたくさんの電力会社が、みんな独立している形態にするという道も、ないわけではないのです。

ヨーロッパには、そういう形態をとっている国があります。また、現在のアメリカなどもこの形態です。ですから、アメリカには電力会社が非常にたくさんあります。地域ごとにいろんな電力会社があって、原発も一基一基がそれぞれ一つの会社の持ち物だったりします。ですから、「アメリカに一〇〇基原発がある」と言っても、東電が持っているような超特大クラスの原発があちこちにあるということではありません。基本的には、小型で、軍事用でもあるのです。そうした、小さな単位でさまざまなタイプの原発を並行して所有するという方向に進みつつあるアメリカは、新たな小型原発を作り出す可能性があります。

そこに、スリーマイルで起きた原発事故の後、凍結していた原発新設を近年一斉に認可するようになって、「原発ルネッサンス」と盛んに唱えられているわけです。日本の東芝がウェスチングハウスという巨大原発企業を買収したのも、その流れに乗ってのことなのです。この流れの中から、アメリカではユニークな原発の開発がいくつか始まっています。その中で一番有名なのが、東芝とビル・ゲイツが一緒に開発を進めている小型原発です。

最新の原発技術

福島第一の事故でも、使用済み核燃料棒の後処理が問題になっています。「使用済み」と言っても、冷却水が蒸発してしまうほどの熱を帯びているので、それを炉心から取り出し、その熱を利用することもなく、とにかく大量の水で冷やさなくてはいけません。また、最後に残った廃棄物は、膨大な手間と時間をかけて処理しなければならない。こういうものが既存の原発でしたから、ものすごく非効率と言わざるをえませんでした。

そこで東芝と、ビル・ゲイツが資金援助するベンチャー企業であるテラパワーは、使用済み核燃料はすべて、燃やし尽くしてしまおうと考えたわけです。そうすると、これまで以上に燃やすことができる時間が延びます。また、燃やし尽くしてしまえば、燃やした後の放射性廃棄物がほとんどなくなる。そういう新しい原発開発を、彼らは始めています。この新しいタイプの原発が世界中に普及すれば、今回のような使用済み核燃料棒の冷却不足によって引き起こされる事故は、それこそ本当に、千年に一度の大地震とか大津波が起こらない限りは発生しないということになります。

実際、今回事故を起こしたのは、全部、第一世代、第二世代といった、古いタイプの原発でした。現在は、第三世代、第三世代半まで実用化されていて、第四世代、第五世代については、構想中ですが、かなり実用化に近づいているという状況です。

とはいえ、最大の問題として、原子炉を稼働した後の放射性廃棄物の問題が残っています。それを解決するために、ヨーロッパでは、「一〇万年保管」という方法が導入されつつあります。しかし一〇万年というのはいくらなんでも長い。それまで人類の文明が現在のような形で持続できるのかもわかりません。もちろん要保存期間の一〇万年が過ぎる以前に、処理する方法が出てくる可能性も十分あるのですが、それにしてもあまり現実的ではないように思います。

それでは、現実的な方法はあるのか。例えば、現在茨城県東海村のJパーク（J－PARC：大強度陽子加速器施設）では、ニュートリノを発生させて、それを岐阜県飛驒市神岡町のスーパーカミオカンデに向かって打ち込むという実験が続けられています。しかし、Jパークの加速器の主目的はニュートリノを作ることではなくて、ニュートロン、すなわち中性子を作ることです。それで、別名「中性子工場」と呼ばれているのですが、この実態を日本人のほとんどは知らないでしょう。もちろん、このスーパーカミオカンデがらみの実験も大事な実験で、上手くいけばたぶんノーベル賞がもう一つはとれます。しかし、今の日本にとっては、もう一つの中性子工場としての意味が非常に強くなってきました。というのも、使用済み核燃料に中性子をぶつければ、それが違う物質へと変わっていくからです。ただ寝かせておくのではなくて、人為的にどんどん変えていくことができる。そうすると、保管しておかなければならない期間がぐっと短縮します。何もしなければ、現在ヨーロッパがやっているように一〇万年必要となる。しかし、もしかしたらそれよりもはるかに短い時間で処理ができるようになるかもしれません。

ヨーロッパで、「一〇万年」などという悠長なことを言っていられるのは、北欧にたまたま適当な土地があったからです。好むと好まざるとにかかわらず、今後は世界中で、この放射性物質の処理時間を短くする研究を進めていく以外に道はないのです。現在は、地震と津波のために止まっていますが、この分野の研究はけっこういい方向に進んでいます。

東電ではなくGEに損害賠償を要求すべき

フランスで原子力事業に関わっている人たちによって記された『原発はほんとうに危険か？——フランスからの提言』（原書房、二〇一一）は非常に面白い本でした。

この本にも書かれていましたが、水素爆発を起こした福島第一原発の一号機も三号機も、発生した水素を外部へ逃がせなかったから大惨事になったわけです。しかし、現在の原発はすべて、水素が発生した段階で触媒を使って違う物質へと転換する装置が備えられています。だから、あのような事故は金輪際起きない。そして、チェルノブイリクラスの危機的な事態が発生する可能性は、チェルノブイリ以後、世界中の原発でもうとっくに手当済みなので、今後はチェルノブイリ型の深刻な事故など起きる可能性がないし、実際にまったく起きていないわけです。

いずれにしても、今回の事故で日本が一番いけなかったのは、発生当初は「レベル5」だと説明していたことです。突然、それがレベル7へと格上げされ、「あのチェルノブイリと同じ」となってしまった。さらに放射能がたくさん漏れ出たことで日本人全体がパニックになってしまった。そうして、「もう原発は絶対駄目だ」といった感じになった。これは最悪でした。

原発不要論というのは、つまり「原発というのは人間にはコントロールしきれないメカニズムなのだ」という主張ですが、現実には、とっくの昔にそうではなくなっています。人間のコントロールが及ばないのは、むしろ今回福島で事故を起こした、あの旧タイプの原発ぐらいのものなのです。そもそも、福島のあのタイプの原発は、設計上ものすごく大きな問題を抱えていました。というのは、設計者であるアメリカ人にとって、原発に想定外の事態をもたらすと考えられていたのは、竜巻だったのです。竜巻によって、原子炉の冷却に関わる装置が破壊されてしまうとメルトダウンへとつながる。だから、とにかく竜巻に破壊されないようにと地下に予備電源を配置したわけです。

実際、アメリカの竜巻がよく通る地域では、普通の家でも地下室を持っています。竜巻に襲われると、地上は今回の津波に襲われた後のように壊滅状態になってしまいますが、地下室に入ってさえいれば、何てこともない。ぼくの娘が、たまたま竜巻が発生する時期に、アメリカに滞在していたことがありました。実際に竜巻が襲来すると、みんなすぐに地下室に避難する。そして後は通り過ぎるのを待つだけだったとのことです。その感じは、日本人の台風に対する感覚に近いと思います。台風によってときどき深刻な被害が出るけれども、日本人はそれが一過性のものとわかっているので、基本的にはそれほど怖がってはいません。何年かに一度、台風で被害を蒙るのは仕方がないことで、もうこんな台風が来る国なんて嫌だから国外へ逃げましょうとはならない。

話を戻しますが、とにかく、福島のケースは、電源さえ確保できていれば問題ありませんでした。しかし、予備電源を設計したアメリカ人は、竜巻に襲われてもいいように地下室に設置してしまった。すべての問題はそこなのです。

実際、日本サイドが「それは日本の実情にはそぐわない」と主張しても、設計者であるGE（ゼネラル・エレクトリック）サイドは、「うちの設計図通り、小ネジ一本変えるな、でなければ安全は担保できない」と言っていたそうです。そういう意味で言えば、今回の福島の事故原因の相当部分は、GEの設計ミスに起因するわけで、東電ではなくてGEに賠償要求すべきです。御巣鷹山の日航ジャンボ機墜落事故と同じです。あの場合も事故の責任はボーイング側にあって、本当ならボーイング社に賠償を要求したほうがよかったのです。もちろん、あの事件はまた別の問題を抱えていましたが。

原発の安全性を証明する事件になるはずだった

今度の事故は、ある意味では原発の安全性を証明したという一面もあります。つまり、地震発生時に一番はじめにすべき、「止める」というのはクリアしたわけです。スクラムという緊急停止装置がすべて有効に作動して、全基が正常に停止した。あのとき、もし全部止めることができず、運転中に水素爆発、あるいは水蒸気爆発などが起きたなら、それこそチェルノブイリと同じ事態になっていました。そういう意味からも、今回の事故は、東電のさまざまな事後処理ミスやGEの設計ミスがなければ、むしろ原発の安全性を証明することになりえた事件だった。

今回の事故で、ドイツ、イタリア、スイスはパニックに陥って国中で反原発の方向に大きく振れていますが、それ以外の国ではまったく別の方向へと動いています。

ヨーロッパの国々は送電網が国境を越えてつながっていることもあって、自国で原発をやめても、フランスの原発から電力を買っています。フランスは原発を電力の中心に据えていることもあり、多重防護システムの周到さも、日本とはレベルが違う。この辺りの事情について、先ほど挙げた『原発はほんとうに危険か？――フランスからの提言』の著者の一人、クロード・アレーグルが指摘しています。さらにフランスは、原発を電力の中心に据えたことで、電力料金が国際標準の四割ほどの安さになった。そして、他のヨーロッパ諸国はそれを買うこともできるから、自国の原発を捨てて、多少割高の代替電源へと切り替えても、電力そのものは断絶することがないのです。

太陽光発電の可能性

太陽光を利用した発電はコストが非常に高くつきます。

その太陽光の利用の仕方には、太陽電池と太陽熱という異なる二つのシステムがあります。太陽熱は凸レンズで太陽光を集めると物が焼けるのと同じ原理を利用して、太陽光を鏡で集め、光熱集中させて高熱を生み出す。そしてその高熱を利用して水を沸騰させ、発生した水蒸気で水蒸気タービンを回転させ、発電機を動かすというものです。この方式は、太陽光が強い地域ならば、ものすごく効率がいい。実際、サウジアラビアでは、今、この方式のものすごく巨大なプラントが作られようとしています。原発より安い料金で発電できるようです。また、同じようなシステムをサハラ砂漠全体に作るという壮大なメガソーラー計画があります。正式にどこが音頭をとってどのように進めるのかはまだわかりませんが、アルジェリアもしくはモロッコなどで発生させた電気を、送電網を利用してヨーロッパ中に運んでしまおうという、そんな計画もあるようです。

これらはすべて、砂漠地帯の太陽熱の強さを前提として初めて、経済的に引き合うわけです。また同時に、これはどこまで実現可能か現時点ではわかりませんが、送電線における電力ロスを極小にする研究も進んでいます。電気が送電線を流れる際には大きな電力ロスが発生します。そこで、ハイテクの超伝導の配電網にすると、送電中の電力ロスはほとんどゼロになる。もちろんゼロといっても、超伝導状態とするには送電線を冷やさなければいけませんから、その分の電力ロスは避けようがない。けれども、理論的には大きくロスを軽減できます。超伝導のケーブルは、特に日本が強い分野です。実際に、いくつかの実験を日本企業がアメリカで行っています。

この電力網をどんどん拡張していく形になれば、地球全体が一つの超伝導送電線ネットワークでカバーされることになります。そして、世界中のありとあらゆる場所で発電された、自然エネルギーを利用した電力を送電していく、そういう方向を目指している人たちがいます。

その技術が、いわゆるスマートグリッド（次世代送電網）などに結びつくと、現在、人間が発電している電力の相当部分、場所によっては半分以上が、無駄にならずに済むわけです。電気というものは、蓄電池以外では溜めておくことができないので、余ってしまったら捨てるしかない。それを効率化させることでロスを避けるというわけです。

ちなみに、蓄電池については、大規模のものは現在はまだ実用化されていません。同様の蓄電能力を持っていると言えるのが揚水発電です。電力が余っている時間帯に低い位置の水を高いところへと汲み上げて、電力が必要なときに、その水を落として発電する。要は、余剰電力を位置エネルギーに換えて保存しておくというものです。これは日本でも現実に行われています。原発のような、二四時間動かし続けていたほうが得というシステムの場合には、夜間だから発電量を下げるということはしません。その代わりに、その余剰発電となる深夜の電力を、揚水発電に利用するわけです。蓄電池そのものを使うという手もありますが、蓄電池はまだ高価です。

同時に、もう一つの方向として考えられているのが、小型の蓄電池を全国に撒くというものです。今後電気自動車がどんどん普及して各家庭に行き渡るようになれば、全国に小型の高性能蓄電池が、分散して配置されるのと同じことになる。その全システムを利用すれば、ものすごく効率的に電力を保管できるという、そういう方向の研究も進んでいます。

研究の自由は、現代社会で最も重要なもの

こうした話は、何もSFの話ではありません。それぞれすべて現実的可能性のある話です。けれども、「じゃあ、今どうしますか」と問われると、それほど選択肢がないのが現実です。

ただ、原発を含めて、これらの研究自体を禁止するようなことは、あってはいけません。研究の自由というのは、現代社会で最も重要なものです。それこそ戦争中や専制国家でもなければ、研究の自由を制限することはありえないし、あってはならない。やはり、常にありとあらゆることを研究している人がいなければ、その国の未来などありません。今までは、原発関係の研究は、電力会社が研究資金を出し続けてきたからこそ、進んできたという側面があります。

電力会社にとっては、原発というのは初期コストが膨大にかかるにせよ、一旦稼働し始めたら、後は止めずに稼働し続けたほうが得になるので、そうしてきたわけです。問題は、そうして稼働し続けてきた初期の第一世代から第二世代にあたる原発が、稼働からすでに三〇年、四〇年も経過してしまっていることです。本来、原発の設計上における耐用年数は四〇年くらいですから、

それを超過した原発は「騙し騙し使っていた」ということになる。では、騙し騙し使い続けている間に、中性子に打たれて弱くなっている部分をどうやって補強するか。

フランスの場合には、そういった部分をどんどん取り替えてしまっているそうです。見かけが同じでも、実際には古いものはない、と彼らは断言します。加えてフランスの場合には、記録を見ても津波がない。地震が起きるのも内陸部だけで、震度五以上の地震は、何十年に一回か、一〇〇年に一回という確率でしか起きないので、基本的に地震を怖がる必要はない。そして、たとえ電源が何かの理由で喪失したとしても、先ほど触れたように多重防護システムの最終フェーズは、電源なしで作動するようになっていますし、水素爆発の原因となる水素が発生しても水素を吸着する装置で処理して、問題が起きないようになっています。だから、今回福島で発生したような事故は起きえないのだと、先ほど挙げた『原発はほんとうに危険か?』に明快に書かれています。

キュリー夫人の国

フランスが原発分野に圧倒的な自信を持っているのは、原発を利用してきた歴史が長いこともありますが、何より放射能に関わる科学が、すべてフランスで発展してきたからです。

この点を知らない人が多いのですが、フランスは、何と言ってもキュリー夫人の国です。「ベクレル」という単位も、キュリー夫妻と共にノーベル物理学賞を受賞したアンリ・ベクレルにちなんだものです。キュリー夫人やベクレルが在籍していた研究所は現在でもソルボンヌの中にあります。それもただ保存されているだけではなく、現在も次々と研究者が輩出していることもあって、ヨーロッパ中の原子力、あるいは原子核分野の研究者はこの系統に連なっているのです。この分野の研究には、フランスの系統とは別に、イギリスのケンブリッジの系統があるのですが、彼らはある種のファミリーみたいなところがあって、とにかく圧倒的にヨーロッパ勢が強い。また英仏と並んでドイツも、環境保護を訴える緑の党が勢力を伸ばす以前は研究が盛んで、第三、第四世代、特に第四世代に向けた新しい原発の研究がすごく進んでいました。

その第四世代の中で最も優れたタイプは、緊急時に多重防護システムが電源なしで働きます。完全安全体制をとったものを三・五世代、もしくは第三世代＋と言いますが、その発展系としての第三世代＋＋にはAP-1000という非常に有名なシステムがついていて、現在ではこれが基本になっています。その点、福島原発では第二世代の時代遅れのものを使っていたのです。

ちなみに、ここ数年、中国がすごい勢いで建設を推し進めているのがこの第三世代＋＋タイプです。一挙に六〇基導入しようと、ちょうど今、工事に入っているところですが、後一、二年で完成します。ですから、早晩中国は一挙に原発大国になるのです。

中国は、これまで火力発電が中心でした。しかも、その技術が低レベルなものだから、公害による健康被害がすさまじかった。そこで火力発電を止めて原発に置き換えれば、国民の健康も守ることができるし、二酸化炭素排出の件で世界から難癖をつけられることもなくなる。すべてが一挙に改善します。そして、原発大国への針路に舵を切った矢先に、今回の事故が発生したわけです。だから、中国の国内で反原発の気運が高まりでもしたら大変だと思っている。今回、温家宝が自ら視察にやってきたのも、原発大国としての意思の表明とも見て取れなくもない。

原発研究に積極的なロシア

たしかに日本は地震も多い。だからいろいろと心配して、原発に対して消極的になるのは当然です。また、ドイツなどでも脱原発路線に急速に転回したことは多くの人の記憶に残っていることだと思います。けれども、世界中がそうかと言ったら、まったくそうではありません。

特にすごいのはロシアです。ロシアは、核の研究を一貫して推し進めてきたこともあって、実は、原発の研究も進んでいます。チェルノブイリのような大事故を起こしたからといって、ロシアの原発が低レベルだろうと思うのは間違いです。チェルノブイリ原発はきわめて初期に建設された低レベルなものでしたが、進んでいるところは実はものすごく進んでいます。

こうした原発のハイテク化に大きな影響を及ぼしたのが、原子力潜水艦の存在です。それはアメリカも同様で、最も初期のアメリカの商業用原発は原子力潜水艦用の原子炉から転用されたものでした。原潜に搭載できるようにどんどん小型化していったものを、それを作っている会社が民生用の原子炉として転売したというのが、原発の始まりです。そしてアメリカが原潜を建造していたのと同じ時期、当時のソ連もどんどん建造していました。彼らは彼らで、原子力に関する技術をものすごく発展させていたのです。ロシアの場合は国土に〝僻地〟が山ほどあるので、原発の立地探しには何ら困ることなどないという事情もあったでしょう。

中国が原発大国になる

現在最も進んだタイプの原子炉なのにもかかわらず、日本ではそのように伝えられないのが、高速増殖炉です。英語では「Fast Breeder」と言います。

日本ではもんじゅの事故で広くその名を知られることになりました。ナトリウムは熱伝導性が高く、熱を速く運んでくれることから、高速増殖炉ではナトリウムを熱交換のための媒体として、液体の状態で使います。もちろん、ナトリウムは基本的に水に触れると爆発するという特性があり、危険なことは最初からわかっていました。けれども、熱効率のよさから使われ始め、一時はそれが世界の技術的潮流の主流となりましたが、アメリカはわりと初期に方向転換し、ヨーロッパがそれに続きました。そして日本も、もんじゅの事故以降は、研究が事実上中断されているような状態です。

ところが、実はロシアは高速増殖炉に関する研究開発をひたすら続けてきたのです。その過程では、もんじゅと同様の事故を何度も起こしたそうですが、当時はソヴィエト時代だから、すべて隠蔽した（笑）。とにかく無理を重ねつつも、ロシアが高速増殖炉を完全にモノにしたのは紛れもない事実です。実際に、三〇年以上安定して稼働している高速増殖炉がいくつもある。もんじゅと同様のナトリウムが原因の事故を何度も起こしつつも、最初の一、二年間ですべての失敗を経験し、その後は十何年にわたって、事故は一切起こしていないという、完全に完成されたシステムになっています。

そして、ロシアは今、それを国外に売る段階に入ってきています。実は、日本にも一度売りにきたそうですが、日本は、独自技術を開発中だからと断った。その代わりに買ったのが中国です。ソ連からロシアへと国家が揺れ動きながらも、三〇年という時間をかけ、練り上げ成熟させたシステムを、中国は、まるまる一式、それも複数基を一挙に買って現在建設の最中です。たとえ技術面では、ロシアからの移植だとはいえ、完全民生用の高速増殖炉が中国で間もなく稼働し始めるわけです。日本では、「高速増殖炉は無駄だからもう止めろ」といった話になっていますけれども、世界から見れば、期待の技術なのです。

韓国もまた、原発の開発について日本人が考えているより盛んです。世界中の第一、第二世代の原発がすでに耐用年数を越えて、買い換え時にあたる現在、最新鋭の次世代原発をめぐる国際的な受注合戦において、韓国では、今こそマーケットシェア拡大のチャンスだと、国家的な目標を立てています。

実際に中東のどこかで、日本のメーカーと韓国のメーカーが争ったところ、韓国のほうがいい条件を出したために、韓国に敗れたという例もあります。ベトナムにおける受注競争では、日本が落札に成功しましたが、今回の福島が仇となって、これまでの実績や信頼が一挙に失われてしまうかもしれない状況にあるのも事実です。

これらの国は、西欧諸国、例えばアメリカから輸入するとなると、軍事的な理由から、いろいろと窮屈なのだそうです。各種の利用制限があるとか、ブラックボックスの部分が多いとか、輸出先の国の技術者を育てないとかいう問題もある。その点、日本はオープンにするので、相手先に好まれています。こうした強みを生かして、東芝などは、これからは原発で生きていくつもりだったのです。これから挽回するのは大変かもしれませんが、完全にあきらめて撤退してしまうのは、あまりにも惜しい。

原発が怖いといっても、周囲の国はすべて原発大国を目指しているわけです。日本だけが脱原発をしたところで、完全に原発のリスクから逃れられるわけではありません。そうであるなら、少なくとも自分たちでコントロールできる技術を持っておいたほうがいい。今後の原発政策は、国内事情だけでなく、国際的な視点を持って決めるべきだと、ぼくは思います。

第二章

ネコビル二階

二階
東棚と南棚

この棚の上に乗っているのは、ラテンアメリカに関係する資料一式ですね。『ラテン・アメリカ事典』（ラテン・アメリカ協会）などをはじめとして、ここに置いてある本はすべて、NHKスペシャル『立花隆の思索紀行』の中のラテンアメリカ編（コロンブス・アメリカ大陸発見五百年を記念して、ラテンアメリカをさまざまな角度から分析した連続ドキュメンタリー）を作るために集めた資料なんです。言語や歴史に関する本だけではありません。ラテンアメリカの、特にパラグアイの成立には、キリスト教の修道会、中でもイエズス会が深く関わっている経緯があることから、神学やキリスト教関係の本も集めてあります。

例えば、棚の上にある『黄金伝説』

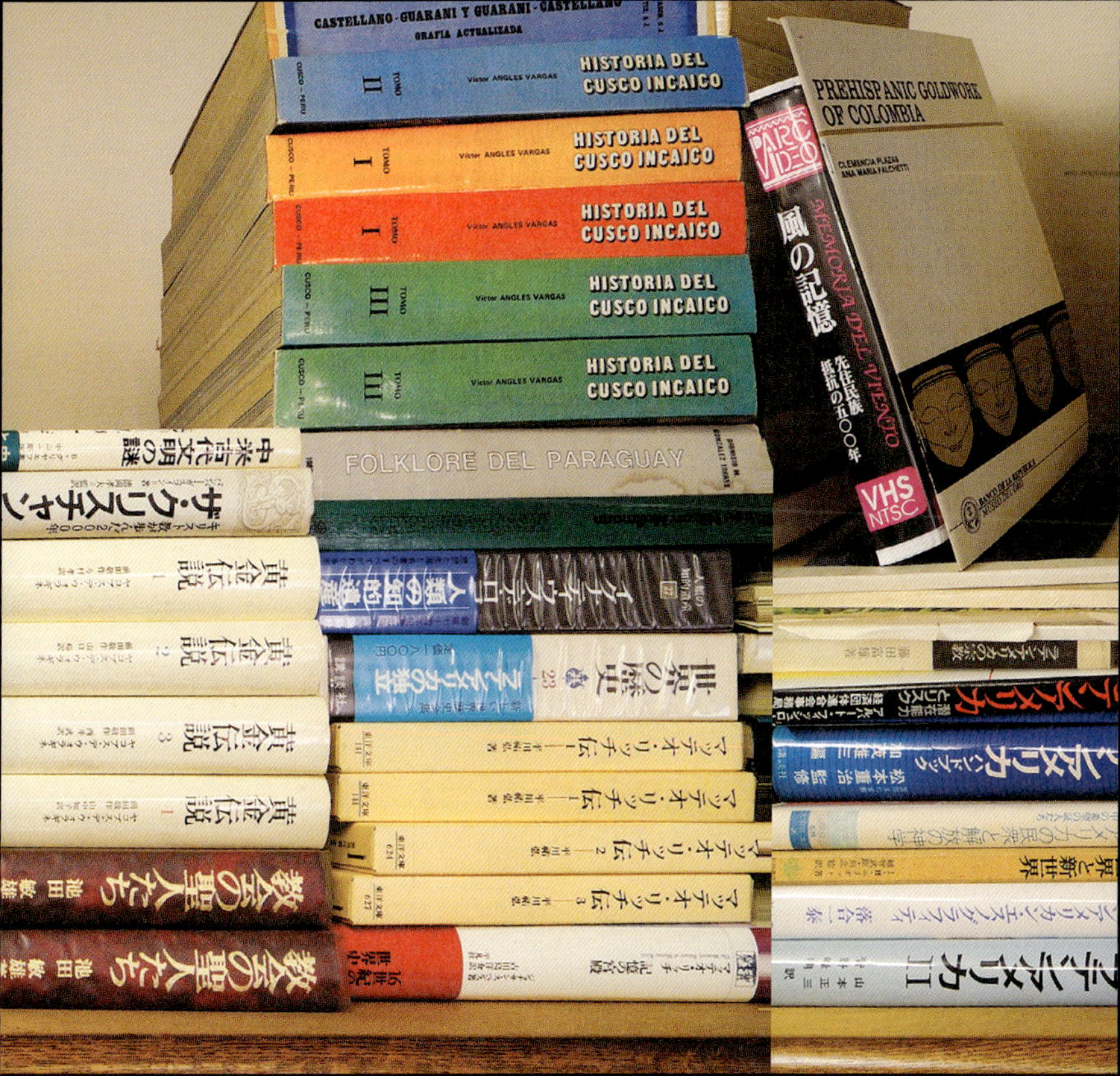

P.142 拡大 ◆ 土着宗教であるキリスト教がラテンアメリアでどのように布教されていったのか。これを考えないことには、ラテンアメリカを理解することなどできません

というのは、ヨーロッパに昔から伝わるさまざまな聖者たちの伝説を集めた本です。真偽が疑わしいというより、端的に「怪しい話」がたくさん混ざっているのですが、とにかく読んでみるとすごく面白い。カトリックの聖人伝説は、古典古代においてギリシア・ローマ神話が果たしたと同じような役割を、中世近世のヨーロッパ文明世界において果たしていますから、ヨーロッパ文化を本当にその深いレベルで知ろうと思ったら、『黄金伝説』は欠かせない必須アイテムです。日本文化の最古層を知ろうと思ったら『古事記』の日本神話を読むことが必須アイテムだというのと同じことだと理解してください。

(第二章本文より抜粋)

もちろんラテンアメリカのことを知るために調べたのは言葉だけではありません。こちらにある『Historia del Cusco Incaico』は、インカ文明の歴史についての文献です。これはインカの遺跡を取材したときに購入しました。クスコというのは、インカの歴史の中でも一番古い都なんです。日本で言えば奈良、飛鳥のようなものですね。

インカ文明はそんなに古いものではありません。コロンブス以後、スペイン人が侵略していって、インカの王族、貴族を殺し尽くす（生き延びた者もいた。スペイン人と結婚した王女もいた）まで、立派に存続し、帝国としては存続していたのです。（第二章本文より抜粋）

P.143 拡大◆失われたインカ文明がどれだけ立派なものだったかは、マチュピチュの遺跡を見ればすぐわかります

P.129　拡大 ◆ ファイルの背には、おおまかなテーマ名と日付を書いています

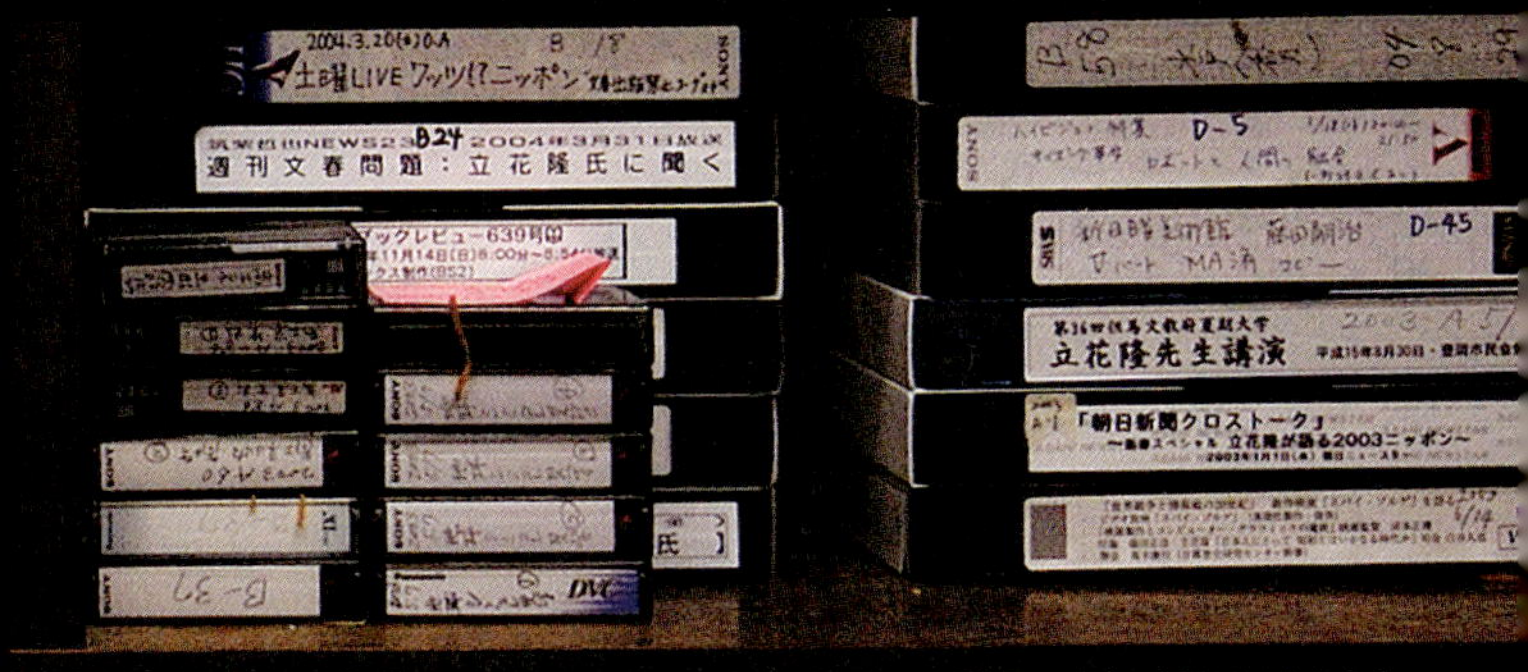

P.135　拡大 ◆ 取材時に録画したものや出演したテレビ番組のビデオも取ってあります

二階 東棚
二重スライド棚後ろ

NO.8

P.135 拡大 ◆ それぞれの説に物語があるので、読み出すと面白い

P.135拡大◆古代史研究の著者としてちょっと面白いのが、大和岩雄です。実は彼、大和書房と青春出版社の創業者です

P.135 拡大 ◆ 日本の皇統はこの後どうなっていくのか

P.135 拡大◆本の内容をかいつまんで言うと、「日本には漢字以前の古代文字があった」ということになります。どうですか。信じられないけど、面白いでしょう

『富士文献』や『九鬼文献』、『竹内文献』、『ウエツフミ』などなど、怪しい古史古伝は、本当にたくさんあります。神保町には、この手のものを、歴史や宗教の本と併せて、専門的に扱う本屋があるんです。ぼくもその本屋には何度か訪れて買い物をしています。カタログもその辺にささっているかもしれませんね。驚くのは、いつ行っても、けっこうお客さんがいることです。怪しいものが好きな読者というのは、案外いるんですね。

　この辺りの棚はみんな「ホツマツタヱ」について書かれた本です。この『ホツマツタヱ』を読み解く――日本の古代文字が語る縄文時代』（池田満著、展望社、二〇〇一）は、なかなか興味深いですよ。　（第二章本文より抜粋）

SACLAシンポジウム
立花隆の東大講義
思考の冒険

二階 西棚

二階 南棚
二重スライド棚後ろ

SAINTS
TREASURES OF ANCIENT MEXICO
THE ART OF MESOAMERICA
THE PEOPLE'S ALMANAC

P.129 拡大 ◆ ときどき、ふと必要になって自著を手にとるんですが、読み出すとけっこう面白いね（笑）

土着宗教としてのキリスト教

この二階は、今、秘書をしている妹が事務作業をするのに使っています。ですから、コピー機やパソコンも置いてありますが、もちろん本や資料もあります。

〔二階の突き当たりの棚を指さしながら〕この『京都猫町ブルース』は淡交社からの発行です。著者の甲斐扶佐義《かいふさよし》さんは、写真家にして、京都の有名な文芸喫茶というか、文芸酒場のオーナーです。これは買った本ではなくて、贈ってもらった本です。この棚は全部そうです。書評をやっていると、贈呈本がたくさんくる。大半処分するのですが、そのうちのちょっと気になる本をあとで目を通そうと思って置いておく棚です。

この棚の上に乗っているのは、ラテンアメリカに関係する資料一式です。『ラテン・アメリカ事典』〔ラテン・アメリカ協会〕などをはじめとして、ここに置いてある本はすべて、NHKスペシャル「立花隆の思索紀行」のラテンアメリカ編〔編集部注：コロンブスのアメリカ大陸発見五〇〇年を記念して、ラテンアメリカをさまざまな角度から分析した連続ドキュメンタリー。二〇〇四年に書籍情報社より『思索紀行――ぼくはこんな旅をしてきた』として出版〕を作るために集めた資料です。言語や歴史に関する本だけではありません。ラテンアメリカの、特にパラグアイの成立には、キリスト教の修道会、中でもイエズス会が深く関わっている経緯があることから、神学やキリスト教関係の本も集めてあります。

例えば、棚の上にある『黄金伝説』というのは、ヨーロッパに昔から伝わるさまざまな聖者たちの伝説を集めた本です。真偽が疑わしいというより、端的に「怪しい話」がたくさん混ざっているのですが、とにかく読んでみるとすごく面白い。カトリックの聖人伝説は、ギリシア・ローマ神話が古典古代において果たしたのと同じような役割を、中世・近世のヨーロッパ文明世界において果たしていますから、ヨーロッパ文化を本当に深いレベルで知ろうと思ったら、「黄金伝説」は欠かせない必須アイテムです。日本文化の最古層を知ろうと思ったら『古事記』の日本神話を読むことが必須なのと同じことだと理解してください。

ラテンアメリカのことを知るために、どうしてヨーロッパの伝説のことまで調べなくてはいけないんだ、と思う人もいるかもしれません。けれども、実はこの辺りの知識がないと、キリスト教がヨーロッパにおいて、土着宗教的な受け入れられ方をしていたことの意味がわからない。キリスト教と言えば、イスラム教、仏教と並ぶ世界三大宗教であり、そのことが強調されることが多いので、現代人、特にヨーロッパ以外のところに住んでいる人については、そのキリスト教の原点を見失ってしまうことが多いのです。そしてヨーロッパ人であっても、抽象的な宗教論議を得意とするようなインテリにとっては、つい頭から飛んでしまうのですが、キリスト教の原点は、もともと土着宗教であったという事実の中に見出せるのです。

真言宗の護摩焚きにそっくりだと思いました

どういうことか。それは、キリスト教は、紙の上に書かれた教義を抽象的に理解するだけではまったくわからない世界だということです。つまり、その土地の人々の日常生活と密着した、地域のすべての文化的伝統、ならびに日常的共同行動と切り離せないものなのです。

ぼくはクリスチャンホームの出で、子どものときは日曜学校に行かされました。長じて、キリスト教の解説書を読んだりして、その歴史や教義については、相当に知っているつもりでした。しかし、ヨーロッパでいろんな宗派の教会、寺院などをたずね歩き、ミサなどの典礼などにも列席してみたりするうちに、自分が頭の中で理解していたキリスト教と、リアルな西欧文明世界に存在している現実のキリスト教とは異質なものなのだということに、ある日、忽然《こつぜん》と気がついたのです。

最初、それに気がついたのは、エルサレムのゴルゴタの丘にある聖墳墓教会（キリストが十字架にかけられた場所が大きな教会になっており、いろいろな教派で共同管理されている。勢力的には、西方教会より東方教会＝ギリシア正教の影響が強い）に行ったときのことです。あ、これは土着宗教なんだと直感したのです。

次にそれを強く感じたのは、スペインのセビリアの大聖堂で、ミサの一部始終を観察したときのことです。地元のおばさんたちの一挙手一投足を細かく追っているうちに、あ、やはり、これは土着宗教なんだと思いました。日本人にとってのキリスト教は、ちょっとモダンで、外国風で、知的で洒落ているという感じがあると思うのですが、そういう感じはまったくない。その土地に根付いている昔ながらの宗教儀式という感じです。それは何とも泥くさい、古い密儀宗教的要素を色濃く持っていました。僧たちが、煙をモクモク出し続けている香炉を長い鎖の先にぶら下げ、それを打ち振りながら、会堂の中をグルグル歩く。呪文のような言葉をブツブツ唱え続けている。思い出したのは、真言宗の護摩焚きでした。ああ、そっくりだと。

そしてこれは、キリスト教を考える上で、絶対に外せない要素なのです。土着宗教であったキリスト教がラテンアメリカでどのように布教されていったのか。これを考えないことには、ラテンアメリカを理解することなどできません。

ちなみに、日本の仏教を研究していくと、最もわかりにくいのが真言宗です。なぜわかりにくいのかと言えば、真言宗もキリスト教と同じく、土着宗教の要素が大きいからです。真言宗というのは、新しく入ってきた仏教と日本土着の宗教がつながって成立したものです。特に、密教部分の核を形成しているのは、土着宗教の要素です。だから真言密教では、護摩木を焚いたり、念仏を唱えたりといった、合理性では説明のできない「怪しげな儀式的要素」が大きな意味を持ったり、特にありがたがられたりするわけです。

こうした密教と似た土着の民衆宗教的な側面が、カトリックの歴史にもあるのです。さらに言えば、実は、東方教会は、その性格がより強く、土着宗教の要素がさらに濃い。そして、こうした知識は、神学的な解釈について分析した本をいくら読んでいても得ることはできません。だから、『黄金伝説』のような本が必要になってくるわけです。今でも一般大衆は、そのような要素を信じ込んでいます。そして、これは、たいていその地域の文化の最古層に昔からあった要素なのです。

宗教というのは、面白いことに、あるところで生まれて、それが周辺の文化圏に広がり伝播していく過程で、必ずその土地に古くからある別の宗教思想と激しくぶつかりあい、その衝突過程で、お互いに影響し合い、相手を変えるとともに、自分も変わっていくという現象を起こします。これが、接触と変容と呼ばれる現象です。

聖母像の秘密

では、土着宗教であるキリスト教は、ラテンアメリカにどのような影響を与えたのか。

『黄金伝説』に出てくる例ではありませんが、こういう問題を考える上で面白い例がメキシコにあります。メキシコには、グアダルーペの聖母と呼ばれる国民的な信仰が広く寄せられている褐色の聖母像があります。メキシコに行くと、グアダルーペの聖母像が至るところにあり、土産物屋でも売られているし、Tシャツにして着ている人もたくさんいます。家に（あるいは職場に）飾って、その前に祭壇を築いて、毎日祈りをささげる人もたくさんいます。

一五三一年、メキシコ市郊外のテペヤックの丘と呼ばれる場所で、聖母が地元民の前に出現したのだといいます。そして、人々を前に「私は聖母マリアである。私のために、この地に寺院を建てよ」と告げたというのですが、人々がそれを地元の司教に告げに行っても、司教はまるで信用せず、「本当にマリアであることを証明する何らかの証拠を持ってこい」と命じただけでした。

すると、翌日マリアはもう一度、姿を現し、「そこに咲いている花を摘んで、それを人々が着ているマントに包み、司教に渡すように」と言ったといいます。人々がその通りにすると、マントの中には、いつのまにか花に包まれた聖母像が浮かび上がっていました。その聖母像を見た司教はそのあまりの神々しさに驚き、それを本物のマリアの出現であると認め、ローマ法王庁に報告したそうです。聖母像を前に、その出現前後の事情を細かく調べたローマ法王庁は、これを真正の奇跡の聖母出現と公式に認めました。これまで、ローマ法王庁が公式に奇跡の聖母出現だと認めたものが、全部で三例ありますが、その最初のものが、この「グアダルーペの聖母」でした（他の二例は、フランスのルルドにあらわれた聖母と、ポルトガルのファティマにあらわれた聖母）。そして、ローマ法王庁公認の後、グアダルーペの聖母を祀って立派な聖堂が作られたわけです。

世界中の信者たちがここを訪れて、今も当時のままに保管展示されている奇跡の聖母像を、拝観していきます。二〇〇五年に亡くなった先代のローマ法王（ヨハネ・パウロ二世）もここを訪問しました。

ところが、実はこの聖母像に関しては、全然違う見方があります。これこそ、キリスト教が布教の過程で、土着宗教との融合を起こした例だとする見方です。なぜこの聖母は褐色なのか。聖母マリアが、救いの手をラテンアメリカの原住民たちに差しのべるために、自ら原住民と同じ肌色に身を変えてこの地に出現したのだと考えます。当初、ローマ法王庁はこの奇跡の聖母をもって、メキシコの守護聖母という位置づけをしていたのですが、今では、ラテンアメリカ全体の守護聖母という位置づけに変えています。

この聖母が出現したテペヤックの丘は、そもそも別の意味で聖なる場所でした。スペイン人がやってくる以前、この地（メキシコ）はアステカ文明の中心地でした。そして、テペヤックの丘は、アステカの地母神ともいうべき、トナンツィン（「我が母なる神」の意）の霊物であったと言われます。狩野千秋『マヤとアステカ』（近藤出版社、一九八三年）などが一番詳しいのですが、アステカ文明は、恐るべき宗教を持っていました。基本は太陽信仰で、太陽を狂いなく運行させるために、定期的に太陽に若い乙女を人身御供《ひとみごくう》としてささげなければならなかったのです。その心臓を取り出し、その血液を地に流すことが必要でした。

スペイン人がこの地に入ってきてどうなったか。アステカ王国を滅すとともに、そのような風習は悪魔的所業であると糾弾して、断固やめさせます。トナンツィンは、豊穣と多産の女神であり、幼児の生と死をつかさどる神でもありました。この女神は生《い》け贄《にえ》を要求する神ではなかったのですが、恐ろしい風習が蔓延していた土地柄ゆえ、スペイン人からは、地母神トナンツィンも怪しい神と見られ、悪魔に類するものとみなしたカトリックの指導者もいたということです。

『マヤとアステカ』などを読むと、すぐにわかりますが、アステカでは、多神教的自然信仰が中心で、あらゆる自然現象をつかさどる自然神がいると考えられていました。その基本的発想は、日本の「八百万《やおよろず》の神」と同じで、大変な数の神がいました。スペイン人のメキシコ征服は、単なる植民地拡大のための武力制圧ではなく、同時に、原住民に対するキリスト教の布教伝道でもありましたから、その任にあたる修道士や司教などがともに活動していて、宗教生活、信仰生活に関わることにおいては、彼らが全面的に指導していました。

だから、メキシコのテペヤックの丘に聖母マリアの顕現があったとの住民からの報告を受け、彼らがその真偽をめぐって紛糾し、その後どうするかを決めたというのです。実際に、司教の中には悪魔とみた人もいたとされます。この場合も、結果的には、ローマ法王庁に報告の上、それがどうやら本当の聖女であるとなったので、その地に聖堂が作られた。そして地元住民たちの信仰を広く集め、周辺一帯の住民がグアダルーペの聖母を拝みにくるようになったのです。今では、グアダルーペの聖母が、ラテンアメリカ全体の守護聖母として、ローマ法王庁から公式に認められるようになっていますが、同時に、これは初期には（法王庁の認可以前）、一部の司教から悪魔扱いされたことも述べました。それはテペヤックの丘が、かつてアステカのトナンツィン女神を祀る聖域であったからです。グアダルーペの聖母の顕現は、実はスペイン人がアステカを滅ぼして、アステカの多神教信仰をすべて禁じてから、約一〇年後に起きたことです。スペイン人がアステカの伝統的な宗教を禁じたことは原住民に大きな欲求不満を残しました。

そこで、こんな考えもあります。原住民が聖母マリアの顕現をテペヤックの丘で見た背景として、心理の深層において、二つの神（トナンツィン神と聖母マリア）が二重写し的にあらわれたのではないか。それが融合し、いわばトナンツィンが聖母マリアに生まれ変わったかのようなイメージの転換が人々の心の奥底で起きたのではないか。

あるいは、さらに進んで、次のような仮説を唱える人もいます。当時、原住民を武力で制圧することは簡単にできたものの、その後、彼らのハートを捕らえて、キリスト教信仰に導くことは、必ずしも上手くいかなかった。トナンツィン信仰と聖母マリア信仰を上手く結びつけるために、聖母マリアの顕現神話を、カトリックの側が、密かに作りあげてこれを流布したところ、これが見事に成功を収めて、人々が熱心なカトリック教徒になった——。この説も十分にありうる説だと思います。

グアダルーペの聖母の起源について調べた人は、歴史的にいろいろいるのですが、最初期のことについては、実はよくわかっていません。記録もちゃんとしたものが残っていないからで、どの説が正しくて、どの説が誤りだなどとは簡単には言えないのです。

しかし、二つの有力な宗教が衝突したときに、二つの神が、実は同じ神の別のあらわれとして、両方の宗教を合理化してしまう現象を習合といいますが、宗教の歴史においては、しばしば起ることです。特に日本に仏教が入ってきたときに、仏教のホトケは、実は神道のカミが姿を変えたものとする本地垂迹説《ほんじすいじゃくせつ》（あるいは、ホトケが、神道のカミという形をとって、大昔から日本の地に独特の顕現の仕方をしていた）によって、仏教と神道を一体化してしまったのも、これと同じことと言えるでしょう。

キリスト教が広く伝えられていく過程で、それぞれの土地で古くから信じられてきた宗教と接触して、一種の習合現象が起きるのは珍しいことではありません。キリスト教と土着宗教との融合・一律化が起きるのです。グアダルーペの聖母はその典型的な例ですが、実はもっともっとスケールの大きな融合・一体化が、聖母マリア信仰を生んだのだとする考えもあります。

マリア信仰

キリスト教の聖母マリア信仰は、実ははじめからあったわけではありません。

そもそも新約聖書にあらわれるマリアはあまり神的な存在ではありません。新約聖書にあらわれる神的存在はあくまでキリストです。マリアは、キリストの母としてうやまわれることはあっても、彼女自身が神的存在として尊崇されることはありませんでした。実際、キリストの母へのうやまい方も何かちょっと妙です。キリストが、ゴルゴタの丘で十字架にかけられたとき、マリアもそのそばにきており、自分の息子が死んでいくところを見ていました。そのとき、十字架上のキリストは、母を見て、こう言ったとされています。「婦人よ、御覧なさい。あなたの子です」（ヨハネによる福音書一九—二六）。どう見ても、自分の死に際して目の前にいる自分の母に向かっていう言葉とは思えません。イエスと母の関係は若いときから、何か変です。ヨハネによる福音書二—四のいわゆる「カナの婚礼」の場における、母との会話も変です。こう呼びかけるのです。「婦人よ、わたしとどんなかかわりがあるのです」。この言葉のかけ方一つとっても、マリアが神的な存在であると見られていなかったことは明らかです。

聖母マリアに対する崇敬の念は時代を追って高まっていきますが、どんなに高まっても、三位一体の神と同格というところまではなかなかいきません。しかし、マリアは、トマス・アクィナスの教えに従えば、キリストに対する崇敬よりは落ちるものの、天使や聖人に対する崇敬よりは上という「特別崇敬」に値するものとされました。ほとんど神様なみというところでしょう。

マリアがそれだけ高い特別な崇敬を集めるようになった最大のきっかけは、四三一年に開かれたエフェソスの公会議で、「神の母《テオトコス》」の称号を正式に得たことにあります。キリスト教には、もともと「父なる神」「子なる神」「聖霊なる神」という三つの神概念があります。その三つの神が三つにして一つ、三つの神の本質部分はまったく同一であり、違いがあるのは、位格だけというのが、いわゆる三位一体論です。ここでわかりにくいのが、位格という言葉です。これを原語(ギリシア語)では、ペルソナといいます。ペルソナとは、ギリシア演劇で、役者がかぶる仮面のことを言いました。役者は、いろんな仮面をかぶることで、いろんな劇中人物になります。それと同じで、神は人間界に出てくるときは、いろんな仮面をかぶって出てくる。どの仮面をかぶっているときも、神の本質は同じだが、人間が認識できる姿というか、アラワレ方が違う。これを位格《ペルソナ》というわけです。では、聖母マリアの場合、三位一体の神とは違うもう一つ別のペルソナなのかというと、そうではありません。マリアと神との間には、位格の違いでなく、本質的な違いがあるのです。

マリアは、神ではなく人間であるが、イエス・キリストを産んだ特別な存在です。だから「テオトコス（神の母）」と言われるわけです。この「テオトコス」という神と人の間にあるような独特の存在類型を認めるのは、ギリシア正教とカトリックだけで、プロテスタントは認めていません。聖母マリアをテオトコスと認めたのが、エフェソスの公会議だったのです。

キリスト教が今日知られている教理に落ちつくまでには、教会規律や儀式典礼のあり方、戒律などに関して、いろいろな異論が出てきて、何が正しいのか、混乱が生じたことが一度ならずありました。こういったとき、カトリック世界の有力な教会の代表者を集めて、議論を十二分に闘わせた上、後は投票で決めようという趣旨で行われたのが公会議です。多数の支持を集めたほうが正統となり、少数の支持しか集まらず、排斥されたほうが異端となる。第一回、ニカイアで開かれた公会議では、三位一体説に反対して、父なる神だけが真の神であり、子なる神のキリストは神ではないとしたアリウス派が異端とされました。

しかし、それでは三位一体を正統とする教義がここで確立したのかというと、必ずしもそうではありません。三位一体説というのは、よく考えると、わかりにくい部分があります。単純に父なる神だけが神で、子なる神のイエス・キリストは、本当は人間であると考えるアリウス派のほうがスッキリしたわかりやすい主張だったということもあって、実はアリウス派的主張は、その後も繰り返しあらわれます。第一、ニカイアの公会議を召集した当時の東ローマ皇帝コンスタンティヌス一世自身が、ニカイア公会議が終わると、本当はアリウス派のほうが正しい気がすると言い出したりしたのです。その後も、アリウス派的主張はやむことはありませんでした。現代において、アメリカで特にインテリ層を中心に少なからぬ支持者を集めているユニテリアン教会も、イエスは人であるという主張をしています。イエスには人性と神性の二つの性格があるとするのが、キリスト両性論で、キリストは神ではなく人とするのがキリスト単性説（すなわちユニテリアン）なのです。

その後も、公会議はいろいろな大問題が起きるごとに開かれ（例えば、十字軍の問題とか、プロテスタントの問題とか）、これまでに二一回開かれています。キリスト教の基本的な教義は、初期の八回でほぼ決まったとされていますが、その中でも大きな分岐点になったのが、先の聖母マリアの問題を扱った第三回のエフェソス公会議でした。ここで、先に述べたようにマリアを神の母（テオトコス）と認めたわけですが、これに最後まで反対したネストリウス派は異端とされて、キリスト教の主流から放逐されてしまいます。ネストリウス派はその後も中東地方で根強い支持を集め続けますが、次の公会議、カルケドン公会議（四五一年）でも敗北して、最終的に教会から追い出されます。しかし、ネストリウス派はその後、ペルシアを経て、中国にまで教えを広め、唐の太宗の時代に長安の都に寺院を建て大秦景教を名乗ります。この教えは日本にも伝わり、半跏思惟《はんかしい》の弥勒菩薩《みろくぼさつ》像で有名な京都の広隆寺は、この流れの寺院であると言われます。

さて、エフェソス公会議で、マリアを神の母とする決定が行われたとき、エフェソスは町全体が歓呼の声を挙げたといいます。この町には、大昔から古代世界で「世界の七不思議」の一つとされていた地母神アルテミスの大神殿があり、そこに超巨大な女神像があって、それを拝みに遠方からも集まってくる人々でにぎわっていたからです。この女神像は、胸に無数の乳房をつけた摩訶不思議な女神像で、豊穣と多産のシンボルとして、古代世界で最も信仰を集めた女神像でもあります。

ぼくは若いときに、中近東に放浪の旅を続けたことがありますが、そのときの目的の一つがアルテミス像を見ることにありました。そのときのことは『エーゲ――永遠回帰の海』（書籍情報社、二〇〇五）に詳しく書いてあるのですが、その像（高さ一五メートルと伝えられる、大昔にあった巨大な女神像はもはや失われているが、小さいサイズの模像が博物館にある）を見たときに、大きな衝撃を受けました。

このエフェソスのアルテミス像とその神殿に関しては、実は新約聖書の使徒言行録の中に面白い話が載っています。キリスト教は偶像崇拝を絶対に禁じた宗教であったために、キリスト教が成立して間もなく、パウロがこのエフェソスに出かけていってアルテミス神信仰をやめるべきだと説いたとき、ほとんど暴動まがいのことが起こり、パウロは殺されかかるのです。

しかし、中東にキリスト教の教えが広まり、やがて、アルテミス神信仰は本当に消えたかのようになります（東ローマ皇帝がキリスト教に帰依し、アルテミス信仰を本当に禁止してしまう）。しかし、エフェソスの公会議がマリアをテオトコスと認定すると、エフェソスから、マリア信仰が盛り上がり、昔のアルテミス信仰以上となったのです。これまたキリスト教が土着宗教と結びついて栄えたもう一つの事例です。

寝取られ男ヨセフ

実は、この上の三階の端のほうに、マリア信仰に関する本が一〇冊ほどあります。これみんな面白いです。フランス、ガリマール社の「知の再発見双書」の『聖母マリア』（S・バルネイ、二〇〇一）などがヨーロッパにおける標準的なマリア像を満遍なく伝えてくれます。しかし、実は歴史的にはちょっと外れたマリア像がたくさんあって、そっちのほうがすごく面白いんです。

例えば、クラウス・シュライナーの『マリア――処女・母親・女主人』（法政大学出版局、二〇一一）は、あらゆるマリア伝説を集めて解説を加えた浩瀚《こうかん》な書物ですが、ユダヤ教徒がマリアをどう見ているかについても詳しく述べています。ユダヤ教徒は、イエスが神の子であるとか、救い主であるとか信じていません。だから、マリアを神の母であるとも信じていません。ユダヤ教の最も大事な経典は旧約聖書のモーセ五書（トーラー）ですが、次に大切にしているのが、ラビたちの口伝を集めた『タルムード』です。マリアがイエスを産んだ話は、『タルムード』の中に出てきます。しかしそれは、処女懐胎によって生まれた神聖な神の子の誕生として描かれているのではありません。ガリラヤの一人のふしだらな娘ミリヤムが、ペンテラという名のローマ兵士と通じて不義の子を生んでしまったが、彼女はその不始末を隠蔽するため、自分を懐胎させたのは、神様であって人間ではないと主張し続け、それで処女懐胎伝説が生まれたとします。

この問題に関して、もう一つ興味深いのは、マリアの夫、ヨセフの立場です。ヨセフは、マリアと結婚しましたが、マリアと同居前であり、まだ親元にいる間、つまり、マリアに指一本触れないうちに（ユダヤ人の風習では、結婚と同居は別だから、そういう状態は普通にありうる）マリアが妊娠してしまったことになる。こういう場合、当然疑われるのは、女の側が他の男と通じて子どもを作ってしまうことです。ヨセフがいわゆるコキュ（寝取られ男）になるわけです。マリアから「妊娠した」と告げられたら、そういうことをした覚えがないヨセフはそれを疑って、嫉妬に身を焦がすはずです。

その辺りについて書いているのが、この『神の道化師――聖ヨセフの肖像』（石井美樹子著、白水社、一九九一）です。中世の史劇の中には、寝取られ男ヨセフを題材にしたものがたくさんあって、なぜマリアに手を出さなかったのかを説明するために、ヨセフは年をとって性的不能者になっていたという想定がよく使われます。「ああどうしたらいいのだ！　マリアをはらませたのは誰だ！　わしは年寄りでマリアの相手ができる年ではない。それに、女との戯れごとなどもう長年ご無沙汰している』と言わせたり、子どもの親は誰だとマリアを問い詰め、「天使のお告げで神様の子どもを告げられた」という答えを得ると、「神様は娘っ子とふざけたりなどなさらない」と反論したり、「天使だと！　ああ、何ということを、恥を知れ。派手な身なりをした若造に違いない。そいつのことをお前は天使というのだな！」と怒り狂ったりする場面があったりします。

黒いマリア

あるいは、シルヴィ・バルネイの『マリアの出現』（せりか書房、一九九六）は、聖母マリアが奇跡的に出現したとされるさまざまの事例が、この二〇〇〇年間に数千例あると論じ、それを、古代、中世、近世に分けて、細かく分析していて、これまた実に面白い本です。ルルド、ファティマなどでの出現から、中世あるいは近世の神秘主義者たちが幻視の中で見た聖母マリア（この事例も大変に多い）を含めて、実にたくさんのマリア出現があります。

そして、それに匹敵するほど多く、ヨーロッパにあるのが、「黒いマリア」です。先のクラウス・シュライナーの『マリア』は、「黒マリアがなぜこれほど多いのか？」という一章を設けていて、ソロモン王のもとをエチオピアのシバの女王が訪れたという、旧約聖書の記述からエチオピアの女王の肌の色を表現したのだろうなどの説とともに、実はマリア崇拝の起源となったエフェソスのアルテミス像が黒かったのだという説も挙げています。「エフェソスの黒いディアナ（アルテミス）は有名だ。中世に黒いマリア像が彫られたり描かれたりしたのもしかり、つまり聖処女は、哀しみの大地の女神、夜の女神として現れる」。

ちなみに、イエスの母マリアは、イエスの死後、エフェソスに居を移して、そこで、聖書の「ヨハネによる福音書」の聖ヨハネとともに、死ぬまで暮らしたとする伝承があり、アルテミス神殿の遺跡の近くには、聖母マリアが死ぬまで住んでいた家の遺跡もあります。それが歴史的真実であったかどうかは必ずしもわからないのですが、そこを訪ねると、ローマ法王が訪問した際にこんなスピーチをしたという銘板も残っていました。

聖母マリアの死をめぐっては、これまたいろいろな伝説があります。死後、その遺体が腐敗したのでは幻滅ですから、カトリックの正統信仰では、死の床にキリストがあらわれて、聖母マリアを肉体を持ったままの状態で天に引き上げたとする「聖母被昇天」をカトリックの正式の教義として認めています（一九五〇年）。

また、聖母マリアに原罪があったのか否かは、かねてから大きな神学上の議論があり、大昔かられんえんと論争が続けられてきましたが、一八五四年に、聖母マリアの「無原罪懐胎説（懐胎されたときから原罪なし）」が公式教義として認められました。普通の人は、性交（罪とされる行為）があってはじめて懐胎するのですから、すべての人は生まれた瞬間から原罪を負っていると考えられていますが、聖母マリアはそうではないというわけです。

日本とイエズス会宣教師の深い関係

さて、この『黄金伝説』の隣に並んでいるのは、イエズス会、特に日本のイエズス会による布教の様子を伝える本です。日本のお坊さんとイエズス会の神父は、まったく関係のないものだと考えている人も多いと思います。でも、そうではないのです。両者の間には、「論争の歴史」すらあります。そして当時、本当に生で行われた論争の記録をまとめた本がある。これは面白いですよ。『大航海時代叢書』（岩波書店、一九六五－九四）の中の『イエズス会と日本1・2』、またはその下にあるジョアン・ロドリーゲスの『日本教会史』がそうです。

さらに隣にあるのは、実際に日本へ訪れた宣教師フランシスコ・ザビエル、あるいはルイス・

フロイスについての本です。ザビエルは亡くなった後、自然にミイラになったのですが、その本物のミイラがインドのゴアに残されています。異常気象と適切な死体処理によって、自然にミイラになってしまった。カトリックではこれを奇跡と認定している。ぼくは実物がどうしても見たくてインドまで取材に行ったことがあります。このミイラは普段は公開されていないのですが、ときどき聖なる儀式の一環（聖体礼儀）として公開されます。一九九四年の聖体公開のときでした。ミイラの公開が行われるのは、このときだけですので、ここぞとばかりに世界中からものすごい数の信者が拝みに来ます。あの取材はテレビクルーが一緒でしたから、その信者が集まってくる場面をじっくりと撮影しました。

現地人と親しくなるコツ

（棚の上を指さしながら）、そこの一番上に『El Idioma Guaraní』（Loyola, Asuncion, 1976）という本があります。Guarani の Idioma。つまり、これはパラグアイの首都アスンシオンで発行されたグアラニ語の口語慣用語法の文法書なんです。

パラグアイの人たちは、民族で言えば、基本的にインディオのグアラニ族のグアラニ人であり、グアラニ語を話します。これはラテンアメリカにおいてきわめて特異です。南米諸国では、一般的にスペイン語が使われています。ブラジルではポルトガル語が話されていますが、これは例外で、文化はすべてスペインからやってきて、文化を伝える言語はスペイン語しかないと考えられていました。しかし、パラグアイだけは、スペイン語とインディオの言葉であるグアラニ語の両方が公用語とされています。

なぜそのようなことになっているか。

一般にラテンアメリカではスペイン人が現地人（インディオ）を専制的に暴力支配して、人間的権利を何も与えない完全収奪国家が築かれました。インディオは人間か動物かという大論争が長期にわたって行われていたほどなのです。インディオは、政治的にも、経済的にも、文化的にも、人間らしい扱いを受けてはいませんでした。しかし、パラグアイだけは違いました。ここに布教に入ったイエズス会が、神の前にはスペイン人もインディオも同じ人間であるという考えの下、インディオを人間として扱い、学校を作り、文化を教えた。そして、農園を作り、本格的な農業を教えただけでなく、各種のモノ作りを指導し、経済活動を活性化させ（マテ茶はこれによって生まれた）、一種の修道院共和国のような自治体（コミューン）を作ったのです。イエズス会はインディオの文化を破壊せず大切に扱ったから、グアラニ語もグアラニ文化も今日まで残っている。しかし、スペイン人、ポルトガル人が専制支配したラテンアメリカの国々では、現地語、現地文化はほとんど残っていません。

パラグアイを取材しながら、大型車で移動しているとき、グアラニ人の運転手を雇いました。そういうとき、現地語の片言を自然に覚えるものです。ほんのちょっとでも現地語をまじえてコミュニケーションをはかると、すごく人間関係がよくなります。現地人と親しくなるコツは、「アイ・ラブ・ユー」を何というか、を聞くこと、「オ××コ」のようなワイセツ語を何というか、を聞くことです。これをやると、どこの国でもどこの地域でも現地人とすぐ親しくなれます。パラグアイのときもこれが効を奏して、いろんなワイセツ表現のグアラニ語のいいまわしをたくさん覚えました。その過程で出会ったのが、今、紹介した『El Idioma Guaraní』です。書店で見つけたときには「日本に戻ったらグアラニ語の入門書でも書いてやろうか」と思って買いました。結局、本はまだ書けていませんけれども（笑）。この本の下にある『Literatura Guaraní del Paraguay』（Biblioteca Ayacucho, 1980）は、パラグアイにおけるグアラニ語文学に関する入門書ですが、この本も含めて、この辺りに集めてある本は、「グアラニ語入門書」を執筆するつもりで買った本です。

　こうしてあらためて書棚を見ていくと、相当本気でグアラニについての本を書こうとしていた時期があったのがわかりますね。この『Civilisation Guaranie』も、もちろんグアラニの資料です。

殉教者の歴史

　そこに立てかけてある雑誌のような体裁の本（『Misiones Guaraní』）は、イエズス会によるグアラニ族へのミッション（布教活動）と、その殉教者の歴史についての本です。ロバート・デ・ニーロが神父を演じたイギリス映画『ミッション』でも描かれたように、グアラニの地で原住民たちの抵抗に遭い、あるいは、インディオを専制支配しようとするスペイン人、ポルトガル人と対立して殉教した神父は現実にたくさんいたのです。日本人はほとんど知りませんが、欧米では、布教活動で命を落としたこのような事蹟はきわめて高く評価され、今でも誰知らぬ人のない事蹟になっています。伝説も無数に残されています。

　そこに置いてある『Martyr』という本も同じテーマについて書かれた本です。Martyr という英語は、日本語に訳せば「殉教者」になります。『Jesuit Reductiones』という本もありますが、これはパラグアイ各地に今も残る、ミッションの拠点となった伝道所についての本です。ちなみにJesuit はイエズス会のことで、映画『ミッション』の中で描かれていた時代の遺跡がどのように残されているのかが書かれています。

このイエズス会の布教活動が行われた時期は、日本でザビエルなどスペイン人による布教活動が行われ、キリシタン(切支丹)大名が生まれた時期と同じです。キリシタンの学校(セミナリオ)ができたり、キリシタンによって活版印刷技術が持ち込まれたりして、キリシタン版といわれる書物が作られたのと同じ時代です。日本にきたスペイン人の修道僧もほとんどがイエズス会でした。『ミッション』の世界は、日本でキリシタン大名が作った独特の宗教国家のラテンアメリカ版と考えればいいのです。

『ミッション』の上映が決まったとき、映画会社が宣伝策の一環として、パラグアイの遺跡を見に行って、その見聞記を雑誌に書いてくれないかというオファーがありました。その話に乗ってパラグアイを訪れたのが、一連のラテンアメリカものの取材を始めたきっかけです。このとき、佐々木芳郎というカメラマンと各地を回って遺跡の写真を撮りまくり、それを一冊の本にまとめる計画があったのですが、途中で時間切れになり、今も中断したままです。写真のほうはできて、割り付けも終わり、「インディオの聖像」というタイトルもつけられ、仮綴じの見本版を作るところまでいったのですが、本文原稿のほうにこり過ぎて、この辺をもうちょっと調べてから、とか、ここは調べが足りないなどとやってるうちに、時間切れになってしまったのです。これはいずれ再開して完成させるつもりです。

インカの血統

グアラニ語以外にも、いくつか、ラテンアメリカで使われる言葉について勉強しました。その一つがペルーで使われているケチュア語です。『ケチュア語入門——南米アンデス・インカの言語』『実用ケチュア語入門——文法・日常会話・単語集』（ともに戸部実之著、泰流社、一九八七、九三）などを教科書にして、勉強しました。ケチュア語はちゃんと生きて話されている実用日常語です。インカの生き残りの人々を中心に、六、七〇〇万人が話します。インカの生き残りは社会的には下層民です。社会的上層部にいた人々は、スペイン人に殺され尽くされ、スペインが権力を全部奪ってしまったからです。ですから、政治的力はあまりありません。しかし、数が多いので、現代の選挙制度の下では、無視できない力を持ちます。二〇一一年六月の大統領選でも有力候補の一人は、明らかなインカ顔でした。インカの血統の人は、顔が普通の人よりちょっと上下に長い立派な顔をしています。ペルーの空港に初めて降り立ったとき、あらわれた荷物運びのポーターがあの立派な顔の人だったので、びっくりしました。しかし、慣れてくると、あのタイプの顔がどこにでもいるとわかりました。インカ顔の人は、インカ骨といって、頭骨の一部に普通の人にはない骨が一つ入っていて、その分上下に引き伸ばされているのです。

もちろん、ラテンアメリカのことを知るために調べたのは言葉だけではありません。こちらにある『Historia del Cusco Incaico』は、インカ文明の歴史についての文献です。これはインカの遺跡を取材したときに購入しました。クスコというのは、インカの歴史の中でも一番古い都です。日本で言えば奈良、飛鳥のようなものです。

インカ文明はそんなに古いものではありません。しかし、コロンブス以後、スペイン人が侵略して、インカの王族、貴族を殺し尽くす（生き延びた者もいた。スペイン人と結婚した王女もいた）まで、帝国としては立派に存続していたのです。インカの皇帝（インカと呼ばれた）は太陽の化身とされ、絶対的な権力を持っていましたが、軍が弱かったため、ピサロとわずか二〇〇人のスペイン軍にあっさり滅ぼされてしまったのです。インカは西欧文明的な文字を持たなかったために、歴史がないように思われていますが、独特の記録法を持っていたので、口頭伝承と合わせて、ちゃんと詳しい歴史が残っています。岩波の『大航海時代叢書』にもインカの王女が書いた回想録が入っています。アタワルパは十三代目ですから、けっこう長い歴史があるのです。失われたインカ文明がどれだけ立派なものだったかは、マチュピチュの遺跡を見ればすぐわかるでしょう。

偽書を楽しむ

（二階に入って左側、コピー機の裏辺りを指さして）この辺りは、卑弥呼や邪馬台国について書かれた本が集められています。

また梅原猛の著作もここに置いてあります。『戦争と仏教』『京都発見』『古典の発見』『ヤマトタケル』『親鸞と世阿弥』などなど。梅原さんは新刊が出ると、今でも本を送ってくれます。すごく親しいというわけではないのですが、長い付き合いがあります。『立花隆のすべて』にはエッセイを寄稿してもらいました。ところで梅原さんは一九二五年生まれだから、もう八十代後半だけれども、精力的な人です。

ここの書棚は、怪しい本やビデオがいくつか入っています。例えば、この『地球浪漫』は、古代文明の謎を追った（と称する）ドキュメンタリービデオです。それから、「怪しい話」として外すことのできないのが、『「古史古伝」論争』（新人物往来社、一九九三）です。

現代ではなかなか検証しにくい古の事柄について、実はこういう秘密の古代文献があって、それによるとこうだという怪しい伝承が残っています。古史古伝論争は、それが「本当のところどうなのか」を論争しているものです。この手の古史古伝の類は、ほとんど怪しいものだと思って間違いありません。

例えば、竹内文書というものがあります。これは、神武天皇以前に「天神七代」「皇統二十五代」そして「不合朝《あえずちょう》七十三代」（七十三代目が神武天皇）があったとしている文書のことです。今では一応偽書ということになっていて、一九三七年には、この古文献の持ち主である竹内巨磨が不敬罪で逮捕される大事件にまで発展しました。天皇家よりこちらが古くて正統なんだと主張していたからです。

偽書中の偽書として有名な『東日流外三郡誌《つがるそとさんぐんし》』という古文書もあります。この『東日流外三郡誌』について、地元の『東奥日報』で記者をしていた斉藤光政が書いた本が、『偽書「東日流外三郡誌」事件』（新人物往来社、二〇〇六）です。これは綿密な取材に基づいていて、この偽書がどのようにして生まれたのかを、わかりやすく解説していきます。偽書が作られた現場をちゃんと押さえて、どういう人間がこれをやったのかと解明してしまうのですから、これは見事な説得力を持っている本です。あまりに面白いので、以前、ぼくが連載している『週刊文春』の「私の読書日記」で取り上げたら、すごく喜んでくれました。その頃ぼくは講談社ノンフィクション賞の選考委員をやっていたので、この本を候補に入れろと推薦したこともあります。それくらい面白い本です。

そして、このような怪しい説を、鋭く排撃するので知られているのが安本美典《やすもとびてん》です。私が読む限り、彼はとてもまともなことを指摘していると思います。彼の本についても、何度か「私の読書日記」で取り上げたことがあります。それから新しい本を書くたびに送ってくれるようになりました。

『富士文献』や『九鬼文献』『竹内文献』『ウエツフミ』などなど、怪しい古史古伝は、本当にたくさんあります。神保町には、この手のものを、歴史や宗教の本と併せて、専門的に扱う本屋があります。ぼくもその本屋には何度か訪れて買い物をしています。カタログもその辺にささっているかもしれません。驚くのは、いつ行っても、けっこうお客さんがいることです。いかにも怪しいものが好きな読者というのは、案外に多いのです。

せっかくですから、もう一冊、面白い本を紹介しましょう。この辺りの棚はみんな「ホツマツタヱ」について書かれた本です。この『ホツマツタヱ』を読み解く——日本の古代文字が語る縄文時代』（池田満著、展望社、二〇〇一）は、なかなか興味深いです。本の内容をかいつまんで言うと、「日本には漢字以前の古代文字があった」ということになります。どうですか。信じられないけど、面白いでしょう。

この手の本は、版元も大手のところはなかなか手を出さないのですが、毎日新聞社はけっこう出版するのです。毎日新聞社には、こういうのが好きな記者や編集長がたくさんいるということなのでしょう。

途切れた天皇の系譜

ここは邪馬台国についての本が集められています。邪馬台国についての伝説もさまざまなことが語り継がれてきていますが、それぞれの説に物語があるので、読み出すと面白い。

古代史研究の著者としてちょっと面白いのが、大和《おおわ》岩雄です。実は彼、大和《だいわ》書房と青春出版社の創業者です。今でも会長を務めながら、趣味の古代史研究について本を書き続けています。例えば、『遊女と天皇』（白水社、一九九三）や『十字架と渦巻――象徴としての生と死』（白水社、一九九五）などの著書があります。

彼は自分の会社からも本を出すけれども、他の会社からも出版するところを見ると、一人よがりの出版ではないということです。この『天狗と天皇』（一九九七）も白水社です。それに最近は日本だけではなくて、ヨーロッパの歴史についても書いています。それが非常に広い範囲を扱っていて、なかなか面白いのです。だからぼくは彼の本を、それなりに個人的に買って、持っています。

そこの棚には、関裕二の『消された王権――物部氏の謎』『抹殺された古代王権の秘密――「神と鬼」の知られざる異形の日本古代史を探る！』などがありますね。この人も面白い。今、ぼくの事務所で書生をしている緑君という人がいます。ここに来る前はある出版社に勤めていたのですが、この関裕二の本を何冊か作ったことがあるそうです。

こうした本をデタラメだと切って捨てるのは簡単です。けれども、実際に、日本の古代史にはよくわからないところが多い。学問的に正統とされていて、教科書に掲載されていることが、必ずしも真実だとは限らない。こうした視点は重要だと思います。

例えば、天皇家の支配が確立する過程で、一度、天皇の血統が途絶えてしまったわけですね。そこで地方にいた外戚の人を連れてきて、その座に据えたことがある。ここは歴代の天皇の系譜の中でも、際立ってよくわかっていない部分です。だからそこをほじくり返そうとすると、さまざまな異説が出てくるわけです。

この『謎の大王継体天皇』（水谷千秋著、文春新書、二〇〇一）は、その継体天皇をめぐる謎について書かれた基本的な本です。天皇の血が途絶えそうになってしまったので、畿内から遠く離れた近江・越前に住んでいた応神天皇五世の孫と称する人を連れてきて、天皇に据えた。「それが継体天皇だ」というのが、この本の主旨です。

なかなか面白い指摘です。五世と言えば、一世を三〇年として、一五〇年ほど時が経っていることになる。要するに、近場で血統が途絶えてしまいそうになると、その血統を受け継ぐ人を代を遡って探すことになるわけです。そうすると、おかしな人が混ざってしまう可能性が飛躍的に高まることになる。

そういう意味でも、男系だけで天皇の系統を継いでいこうとすると、大変なことになってしまうのです。まあ、そうした視点からも、日本の皇統がこの後どうなっていくのか注目です。古代史のようなことにならないとは、限りません。

自著はあまり読み返さないけれど

この棚は、ぼくの本と資料ファイル、それから取材時に録画したビデオなどが置いてあります。ファイルの背には、「遺伝子研究」「海外」「脳死」「教育問題」「財政・予算」「クローン」「ゴミ・廃棄物・リサイクル」など、おおまかなテーマ名と、「○年○月－○年○月」と日付を書いています。

こうして自著を書棚に置いているからといって、読み返したりすることはあまりありません。でもときどき、ふと必要になって手にとるんですが、読み出すとけっこう面白い（笑）。まあ、面白く読めるように、どの本もそれなりに苦労して書いていますから。

ここにも置いてありますけれども、ぼくがこの『田中角栄研究全記録』（講談社、一九七六）を書くための取材を始めてから、長らく田中角栄を追ってきたわけだけど、今となって振り返ると、

「角栄の時代」というのは長かったですね。長過ぎました。角栄は、昨今の総理大臣なんかとは比べ物にならない期間を権力者として過ごしています。『政治家田中角栄の敗北――ロッキード裁判傍聴記4』（朝日新聞社、一九八五）の巻末には、そこまでの角栄の政治家としての歴史がすべて年表になってまとまっています。

結局、七二年の田中内閣成立から始まって、中曽根内閣が終わるまでは、事実上、「角栄の時代」だったわけです。彼は総理大臣をやめたあともずっと裏舞台で政治を動かす力を持っていた。新聞や雑誌などのメディアでも、「田中曽根」（中曽根首相は田中角栄の操り人形の意味）なんて言葉が一般のメディアで普通に使われていましたから。闇将軍としての期間も入れれば、少なく見積もっても、一〇年間は田中の時代が続いたことになります。

吉田茂にしても、権力を握っていた期間は一〇年も続いていないでしょう。一〇年の間、権力を持ち続けるというのは大変なことです。アメリカの大統領を考えてみても、一期四年で、最長二期ですから計八年です。しかも、最後の二年はほとんど権力が使えないレーム・ダックなのですから、実質は六年です。そして、政権から離れた後にも影響力を及ぼせる人など、世界を見渡してても本当に少ない。

もっと言えば、小沢一郎などを見ていると、田中角栄の影響力は小沢という人間を通して現在にも引き続いているとも言えます。小沢一郎が田中角栄にくっついていた時期は、角栄が政権から一歩引いた立場で実権を握っていたときです。今の小沢一郎はそれを真似しているのでしょう。小沢一郎は、総理大臣田中角栄の薫陶を受けたというよりは、闇将軍の薫陶を受けたというほうが正しい。表の総理大臣になろうと思えばなれるチャンスが何度もあったのに、小沢はあえてならず、政界を裏からあやつる道を選んだ。

角栄は、いわば昭和という時代において、闇将軍による幕府時代を実現させたわけです。このような権力の異常時（インフォーマルな実力者に実質的な権力が移行してしまう）というのは、平成の世に限らず、実は、日本の歴史の中でも数えるほどしかありません。強いて言えば、戦前・戦中に、陸軍がほとんど幕府のようになっていた陸軍幕府時代くらいでしょうか。

しかし見方を変えると、日本の政治の歴史は、権力がフォーマルな最上位者から、インフォーマルな実力者に移行してしまう、その連続だったとも言えます。日本の政治権力は、天皇制の成立以来、天皇を最上位者とあおぐ制度だったはずですが、天皇制ができてしばらくすると、摂政・関白といった実力者高官が政治を牛耳るようになり（平安時代）、それに続いては、征夷大将軍に任ぜられた者が政治的実権を掌握してしまう時代になったり（鎌倉・室町・徳川時代）、将軍がいて幕府があるのに、幕府高官の実力者が執権と称して政治を切り回したり（北条時代）、徳川時代は、中期以後、将軍のパワーは名ばかりとなって、老中、大老などの幕府官僚トップが政治を動かしたり、あるいは側用人などというインフォーマルな実力者が政治を切り回したり……。日本の政治は、権力が、フォーマルなところからインフォーマルな実力者のところへ移行することの連続であったとも言えます。

第三章 ネコビル三階

世界の名著 9 ギリシアの科学 中央公論社
ギリシアの科学 世界の名著 9 中公バックス 中央公論社
ガレノス 自然の機能について 西洋古典叢書
科学の誕生 上 古代オリエント
科学の誕生 下 ソクラテス以前の
古代ギリシアの哲学と科学 せりか書房
ローマ時代の技術と文化 J・G・ランデルズ 著 久納孝彦 監訳 宮城孝仁 訳 地人書館
霊魂の解剖学 二宮陸雄著 平河出版社
自然生命力 Galenus 二宮陸雄著 平河出版社
注解 マルシリオ・フィチーノ 左近司祥子・木村茂訳 アウロラ叢書 国文社
エピクテートス 鹿野治助著 24
高橋憲雄著 晃洋書房
哲学者資料集 山本光雄 戸塚七郎 訳編 岩波書店
ギリシア思想の生誕
Nature and the Greeks Erwin Schrödinger
ギリシアの泉 S・ヴェーユ 人間の偉大と悲惨 みすず書房
ピエール・ルイス アフロディテ 平凡社
よみがえる古代思想 「哲学と政治」講義 I 佐々木毅 講談社
KIRK & RAVEN THE PRESOCRATIC PHILOSOPHERS
古代ローマの女たち
ギリシア哲学と宗教 筑摩叢書 132
ピロストラトス エウナピオス 哲学者・ソフィスト列伝 西洋古典叢書
ピュロン主義哲学の概要 西洋古典叢書
LES SCEPTIQUES GRECS
ゼノン他 初期ストア派断片集 1 西洋古典叢書
プルタルコス モラリア 11 西洋古典叢書
GREEK HISTORICAL THOUGHT Arnold J. Toynbee
世界史 I ポリュビオス 竹島俊之 訳 龍溪書舎
ネオプラトニカ II 新プラトン主義の原型と水脈 昭和堂
ソクラテス以前哲学者断片集 第III分冊 岩波書店
ソクラテス以前哲学者断片集 第II分冊 岩波書店
ソクラテス以前哲学者断片集 第IV分冊 岩波書店
ソクラテス以前哲学者断片集 第V分冊 岩波書店
ソクラテス以前哲学者断片集 別冊 岩波書店
ソクラテス以前哲学者断片集 第I分冊 岩波書店
エピクテータス 人生語録
C. KERÉNYI THE GODS OF THE GREEKS THAMES AND HUDSON
C. KERÉNYI HEROES THAMES AND HUDSON
カール・ケレーニイ著 岡田素之訳 ディオニューソス Karl Kerényi Dionysos 破壊されざる生の根源をさぐる 図版一九七枚 白水社
ギリシア思想の生誕 廣川洋一
ギリシア思想家集 63

ぼくが仏文科を卒業するときに提出した論文は、「メーヌ・ド・ビランの「ヨハネ伝注解」に見る神秘思想について」というもので、まさに神秘思想そのものを取り上げているのです。その頃、メーヌ・ド・ビランの文献は日本にほとんどなかったのはもちろん、フランスでも二〇巻からなる全集がやっと出されたばかりという状況でした。そして、その全集が仏文の図書館に入ったばかりだったのです。見ると誰もページを切っていません。「これだ！」と思って、その最終巻を手に取りました。「これだ！」というのは、卒論に何を取り上げるかずっと悩んでいたものの、誰でも知っているような作家は取り上げたくないという気持ちがあったからです。

（第三章本文より抜粋）

世界でもっとも美しい10の物理方程式
クォンタム・セルフ
現代科学にもとづく形而上学
最先端の存在論
原子を飼いならす
素粒子
〈物質〉という神話
形・モデル・構造
宇宙には意志がある
桜井邦朋
巨大分子雲と恐竜絶滅
星間分子物語
ファジィ・ロジック
波瀾万丈! 日米ハイテク戦争物語
宇宙の正体
時間と空間の誕生
転生するコスモロジー
セカンド・クリエイション
セカンド・クリエイション
現代物理学の足跡
エレガントな宇宙
非合理の誘惑
科学にわからないことがある理由
〈不可能〉は素晴らしい
現代物理学にとって実在とは何か
宇宙創成はじめの三分間
人は原子、世界は物理法則で動く
朝永振一郎 量子力学的世界像
ノーベル賞に輝く
重力の再発見
新版 素粒子の世界を拓く
クォーク 第2版
南部陽一郎
ダークマター
宇宙を支配する6つの数
M・リース
宇宙の年齢がわかった日
宇宙は自ら進化した
ダーウィンから量子重力理論へ
The Life of the Cosmos
宇宙の誕生
生命圏
物理学の果て

四つ折り口絵1裏　拡大 ◆ 宇宙論で特に面白いのは、
本当に地球以外に生物が存在するのかどうか、という研究です

祖先崇拝と仏教
神道考古学論攷
伊勢神宮 上山春平 編
伊勢神宮 上山春平 編
注目の共同研究
注目の共同研究
日本の神々
講座神道
講座神道
講座神道
日本の原点
古代出雲の世界
神道を知る本
歴史読本 日本の聖地聖域霊場
近代日本人の宗教意識 山折哲雄
神仏のかたち 梅原猛
大嘗祭 吉野裕子
海を渡る神々 外間守善
宗教と霊性 鎌田東二
謎の石仏
エロスの国・熊野 町田宗鳳
日本の憑きもの 石塚尊俊
道と日本人 豊田有恒
日本原始宗教
仏と霊の人類学 佐々木宏幹
日本古典偽書叢刊
日本古典偽書叢刊
日本古典偽書叢刊
祖先崇拝 竹田聴洲
私の一宮巡詣記 大林太良
神々の原影
変貌する神と仏たち 村山修一
偽書の精神史 佐藤弘夫
神仏習合
B・フランク 「お札」にみる日本仏教
神々の指紋 グラハム・ハンコック
〈出雲〉という思想 原武史
出雲の古代文化 山本清
出雲の古代史 門脇禎二
島根県の歴史散歩
出雲の大神と日本建国
銅剣・銅鐸・銅矛と出雲王国の時代
神道用語の基礎知識 鎌田東二 編
熊野大社 篠原四郎
日本秘教全書 藤巻一保
邪馬台国と出雲神話 安本美典
日本古代史 神々の遺産
伊勢神宮

『エロスの国・熊野』も、『キリストと大国主』も、この『八幡神とはなにか』も、『日本人の宇宙観――飛鳥から現代まで』もとにかく読んで楽しめる。ちなみに『日本人の宇宙観』の目次を眺めると、「飛鳥人と中国宇宙論」「垂直の宇宙」「水平の宇宙」……といった章タイトルが並んでいます。読書欲をそそられますよね。

　ただ、こうした日本文化の脇道みたいなところから物事を見ていくことで、例えば中上健次が小説で表現しようとしたように、日本についての理解が深まるかと言えば、必ずしもそうとは言い切れないところもあります。

（第三章本文より抜粋）

四つ折り口絵1裏　拡大
◆「自然崇拝」という宗教の一番古い原型をとどめたものが巨石文化です

三階 北棚

仏教辞典

コーランを読む
井筒俊彦
岩波セミナーブックス 1
ウルリッヒ・クレーファー
岩波 イスラーム辞典
決定版!
岩波書店
イスラーム古典叢書 ルーミー語録 井筒俊彦 訳・解説
神秘と詩の思想家メヴラーナ トルコ・イスラームの心と愛
丸善プラネット
知の連鎖 イスラームとギリシアの饗宴 五十嵐一
イスラーム古典叢書 存在認識の道 モッラー・サドラー 著 井筒俊彦 訳・解説
啓示と実践 イスラーム 世界の宗教
メッカ 前嶋信次 編
世界宗教史叢書 5 イスラーム教史 嶋田襄平 著
世界宗教史叢書 5 イスラーム教史 はじめてまとめられた世界の宗教史 山川出版社
対談鼎談集・著作目録 井筒俊彦著 第12回配本 別巻 対談鼎談集・著作目録 中央公論社
ルーミー語録 井筒俊彦著 第11回配本 第11巻 ルーミー語録 中央公論社
存在認識の道 井筒俊彦著 第10回配本 第10巻 存在認識の道 中央公論社
東洋哲学 井筒俊彦著 第6回配本 第9巻 東洋哲学 中央公論社
コーランを読む 井筒俊彦著 第2回配本 第8巻 コーランを読む 中央公論社
コーラン 井筒俊彦著 第3回配本 第7巻 コーラン 中央公論社
意識と本質 井筒俊彦著 第7回配本 第6巻 意識と本質 中央公論社
イスラーム哲学 井筒俊彦著 第8回配本 第5巻 イスラーム哲学 中央公論社
意味の構造 井筒俊彦著 第4回配本 第4巻 意味の構造 中央公論社

P.192 拡大 ◆ 常人では考えることすらできないことを、軽々とやり遂げてしまう異常能力者がいろいろな分野にいるものですが、井筒俊彦さんもその一人だと思います。

P.193 拡大 ◆ 初期キリスト教がその思想を形作っていった経緯を知るためには、偽典・外典に触れることが必要

P.192 拡大 ◆ ぼくがお薦めしたいのが、「注釈書」を傍らにおいて原文を読むということ

四つ折り口絵1裏　拡大 ◆ 科学を言葉で「表現」する天才・ファインマン

四つ折り口絵1表 拡大 ◆ アーサー王関連の書籍が、たくさん本屋に並んでいるのは、映画なり漫画、ゲームなどの影響も大きいでしょう

ヨーロッパの文化を知るために、聖書を読むことはもちろん必須ですが、アーサー王伝説や聖杯伝説もまた非常に重要です。実際に読んでみると、これらの説話がヨーロッパ文化のさまざまなところに影響を与えているのが一目瞭然になります。

例えば、ここにマロリーの『アーサー王の死――中世文学集I』（トマス・マロリー著、キャクストン編、ちくま文庫、一九八六）があります。フランス語版は『Le Morte d'Arthur』ですね。このマロリーの『アーサー王の死』を読むと、このアーサー王伝説の世界の全体像を摑むことができます。そしてこれが摑めていないと、ヨーロッパ文明のいろんな側面がよくわからない。

（第三章本文より抜粋）

西洋文明を理解するには聖書は必読

キリスト教に関する書籍については、立教大学の研究室にもまとまった冊数を置いています。ただ、このネコビル三階の書斎を見渡しただけでも、『ユダの福音書を追え』『原典 ユダの福音書』『死海文書のすべて』、あるいは「神を信じないクリスチャン」を自認する日本の特異な聖書学者、田川建三の『イエスという男』『書物としての新約聖書』をはじめとした著作など、正統的な研究書以外にもちょっと変わった本が置かれているのがわかると思います。

キリスト教というものをきちんと理解するのは、それなりに大変です。とにかく何が正典で、何が偽典・外典なのかがはっきりしない。だから知っておかなくてはならないことが膨大な量になります。少なくとも、パウロ登場以前の、初期キリスト教でどのようにしてその思想が形作られていったのかを知るためには、偽典・外典に触れることがどうしても必要になってきます。

そもそも、正統とされる旧約聖書と新約聖書を読み通すのも簡単ではありません。研究者になるわけでもない一般の人が、まったくのガイドなしで頭から読み進めるようなことは、お薦めできません。でも一方で、まずは頭から読んでみないことにはわからないという面もある。ちなみにぼく自身は、高校時代から、旧約聖書と新約聖書は徹底的に読み込んできました。この聖書はまさに学生時代から持っていたものだから、ボロボロですが、こうしてページをめくってみると、至るところに線が引かれていたり、書き込みがされています。

日本語訳された聖書の他にもいろいろな聖書に触れてきましたが、最も印象深いのがこのヘブライ語の聖書です(『OLD TESTAMENT HEBREW & ENGLISH』)。これは文藝春秋を退社して東大に入り直したときに履修した、ヘブライ語の授業で使われた英語、ヘブライ語対訳の聖書です。授業は、このヘブライ語部分を読みすすめる形で展開されました。聖書のヘブライ語の原典テキストであれば何でもよいのですが、当時これが一番手に入れやすかったし、英語がついていればわかりやすいので、これを主に使っていました。

では、旧約聖書のチャプター・ワン、第一章の「創世記」を少し読んでみましょうか。ヘブライ語ですから、テキストは右から左へ「ベレシス・バーラー・エロヒム・エート・ハ・シャーマイム・ウェ・エート・ハ・アーレツ」と読んでいきます。

「ベレシス」は「イン・ザ・ビギニング」(はじめに)という意味です。「バーラー」が「創る」で、「エロヒム」が「神様」です。「エート」は目的語を示し、「ハ・シャーマイム」は「天」で、

「ハ・アーレッツ」は「地」です。「初めに、神は天地を創造された」というわけです。

旧約聖書には、実は天地創造神話が二つあります。一つがこの第一章一節の、神（エロヒム）が天と地を創造された、というくだりで、ここでは神をエロヒムとしているので、E資料による天地創造神話といいます。もう一つの天地創造神話は、第二章四節以下の、エデンの園とアダムとエバが出てくるくだりです。こちらは神の名をヤハウェ（JHWH）としているので、J資料による天地創造神話といいます。

旧約聖書は、実は、E資料、J資料、P資料（プリースト＝神官のP）の三つの資料が編集されてできたもので、その内容はまったく異質です。歴史的に古いのはJ資料で、バベルの塔、ノアの箱舟などよく知られた神話伝説の類はほとんどこちらにあります。

エロヒムは実はエルの複数形で、エルは中東のセム族（ヘブライ、アッカドなど）の間で広く用いられていた神の名前。複数形は多神教の名残りとする人もいますが、古代においては、神聖な存在はすべて複数形で扱われたという説があり、こちらのほうが正しいと思います。近世の王権神授的君主もみんな一人称に複数形を使っていました。

この創世記第一章一節が、「初めに、神は……」ではじまっていることをもって、「これは、天地に先立って神が存在していた、「神の先在説」の正しさの説明だ」としている人がいましたが、それは、ヘブライ語原典を知らないがゆえの誤りです。「初めに、神は……」は日本語の順序であって、ヘブライ語は「はじめに創造した、神は、天と地を」という語順になり、創造という行為そのものが先なのです。はじめの瞬間には、まだ何が創られたかわからないのです。だから、第二節が、「地は混沌であって、闇が深淵の面《おもて》にあり、神の霊が水の面を動いていた……」と続くのです。最近の宇宙論でも、ビッグバンの後、すぐに、物質が生まれるわけではなく、それが形をとって存在するまでに、微小な時間がかかり、「宇宙の晴れ上がり」まで待たないと、万物が存在を開始しても、何も見えない不可視の時間帯があるとしているのと似ています。

さて、ヘブライ語の聖書を読めることで、どういうよいことが起こるのか。まず、ユダヤ人と仲良くなれますね(笑)。日本にいるアメリカ人を注意深く観察してみると、日本人とわりと親しい関係にある人の多くが、実はユダヤ人であることが多いのです。ぼくが知っているアメリカ人のうちでもけっこうな人数がユダヤ系です。あるとき、彼らにこのページを読んでみせたことがあるのですが、びっくり仰天していました。日本人でヘブライ語の聖書が読める人なんているはずがないと、彼らは思っていますから。でもそれから一挙に仲が深くなりました。

日本人の一部で、「世界史的に大きなあらゆる出来事はユダヤ人がたくらむ陰謀の結果として起きている」とする陰謀論がささやかれ、それを信じる人が少なからず日本にはいるようですが、ユダヤ人陰謀説は基本的に誤りで、この世の中はそれほど単純な世界ではありません。

ただ、ユダヤ人たちが独特に強い民族的紐帯《ちゅうたい》を持つ人々で、欧米社会では、格別に強い存在感を、特に金融界、ジャーナリズム界、言論界、政界、芸術文化の世界で発しているというのは否定しがたい事実です。その民族的紐帯の中核にあるのがユダヤ教であり、ユダヤ教・ユダヤ文化の芯棒になっているのが旧約聖書という経典なのですから、この世界の現実を知るための基礎知識の一つが旧約聖書であるということは知っておくべきだと思います。そして、ユダヤ教徒にとっては、旧約聖書はユダヤ教の最高経典であるけれども、実は新約聖書は必ずしもそうではないことも知っておくべきです。ユダヤ教の神はあくまでヤハウェであって、キリストは神ではないということです。ユダヤ人にとって、キリストとは何かと言えば、「紀元ゼロ年前後に、自分は神の子であると称す人がガリラヤから出てエルサレムで十字架にかけられて死んだらしいね」という程度の認識で、歴史的事実であると必ずしも認定していないし、まして、それが神の子だとか、神自身であるといった神話はまったく信じていません。そういう神話を信じる人々がキリスト教徒と呼ばれていることは知っていますが、そんな神話を信じるなんて、とバカにしています。

ですからもちろん、第二章でお話ししたキリスト教の教義の核心である三位一体説（父なる神、子なる神、聖霊なる神は同じ神の別のあらわれである）なんてものは信じません。子なる神、三位一体などという概念が必要になるのはキリスト教だけで、ユダヤ教には必要ありません。イスラム教でも、イエスは預言者の一人として登場しますが、アラーの神とはまったく比較にならない存在です。

個々の文章を読み込んでいくこと

しかし、やはり、西洋社会を本気で理解しようと思うなら、聖書は新約、旧約ともに必読です。読まなければ、西洋のことはまったくわからないと言ってもいいとさえ思います。

ところが、そうした西洋の価値観や文化の根底にある、聖書やキリスト教に対する日本人全般の知識の貧弱さと言えば、「てんでお話にならないレベル」です。その意味で、ほとんどの日本人は、実は「西洋」というものについて何もわかっていないのに、さもわかっているかのように話をしているだけです。ぼくと『ぼくらの頭脳の鍛え方――必読の教養書400冊』（文春新書、二〇〇九）という共著を出した佐藤優さんのように、本当に理解している人はきわめて少数派だと思います。佐藤優さんは神学のエキスパートです。あのレベルまで読み込む必要はないとしても、西洋の文学やら哲学やらをかじろうと思うのなら、一応は聖書は読んでおくべきです。

世界標準に知識を近づけるという意味では、サイエンス系のほうが簡単なんです。今の日本の大学は、トップレベルであれば、十分に世界と同じだけの知識も蓄えていますし、新しい研究も行っていますから、大学でひと通りのことを学べば、一応は世界の水準に到達します。

しかし、文科系の知識は深みがまったく違います。特に文学と哲学に関しては、よほど腰を据えて独自に勉強をしないと、大学の授業をこなしたくらいでは、西洋人のごく平均的なレベルの知識を身に付けることすらできないと思います。

こんなことを書くと、「たしかに西洋の文学や哲学に関しては、日本人の理解は浅いかもしれない。しかし、東洋にも独自の東洋哲学・東洋思想があるのだから、そんなに悲観することはないのではないか」という人も出てくるかもしれません。

では、日本人が東洋の哲学・思想についてどれだけのことを知っているのか。中国の思想について、あるいは仏教についてインド思想史からきちんと知っている人はどれくらいいるのでしょう。イスラム教、イスラム文化についても事情は同じでしょう。

正直なところ、日本人、特に現代の日本人は「ほぼ何も知らない」と言ってよいと思います。イスラムはともかく、中国思想についていうと、むしろ、インターネットどころか、書籍も手に入りにくかった明治初期とか江戸時代の人のほうが、よほど深い知識があった。さらに時代を遡れば、もっと深いレベルで東洋を理解していたと思います。漢籍を通じて得られる中国思想は奈良時代から日本の文化人の基礎教養でしたし、空海などは、留学先の中国で現地の高僧と対等に議論をすることができたわけですから。歴史上のある時期まで、日本の知識人と呼ばれる人はみんな、漢文を読み書きすることができました。森鷗外も夏目漱石も、そしてもちろん空海も、オリジナルの漢文をそのまま読み書きすることができた。

ところが、ある時期から日本人は漢文に返り点を打って日本語の語順に直して読むという「読み下し」を行うようになりました。これによって、日本人の東洋に対する理解のレベルは明らかに大きく下がりました。文法もシンタックスも違う外国語の文章は、語順が違いますから、書かれた通りの順序で読もうとすると、どうしても無理が出てきて、意味が通らなくなります。そのために、意味を通すことを優先させて、かつ原文表記の体裁を維持するために工夫された読む順序の表示法が返り点であり、一、二、三、四の順序表記でした。それはある意味では、天才的な工夫で、平仮名、カタカナの案出にも匹敵する日本文化の一大革命でした。それがあったからこそ、漢文化輸入が大衆化され、たいていの日本人が漢文をやすやすと読めるようになったのですが、同時に犠牲になったものもありました。日本人の多くが、もともとの漢文（返り点なしの白文）を読めなくなってしまったのです。

そして現在に至っては、高校教育の現場で漢文の授業すらなくなり、大学入試においても、東大ではわずかばかり出題されるそうですが、私大では軒並み漢文は出題されなくなったようです。

結局、今の日本人は、肌感覚では、東洋思想も西洋思想も理解することができない。そんな時代にぼくがお薦めしたいのが、「注釈書」を傍らにおいて原文を読むということです。

例えば、原文と現代語訳と注釈書を同時に読める漢文の本としては、明治書院から刊行されている『新釈漢文大系』シリーズ（全一一九巻＋別巻一、一九六〇―）などはなかなかよくできています。上級者は、中国語の解釈書を読んでみることです。中国の古典なら、必ずどの時代にも歴史的名著とされる注解書があります。それらの注解書を古いところからずっと集めた本が、「集解」と呼ばれる本です。どんな古典を読むときも評判がよい集解本にあたるのが最初の一歩です。

荘子で言えば、『荘子集解内篇補正』なんかがいいでしょう。この『荘子集解』は、『荘子』の原文（荘子には内篇と外篇があるが、一般によく知られた荘子は内篇）と、そのテキストに対するさまざまな学者による注釈や解釈を時代を超えて集めたものです。例えば、『荘子』内篇の「逍遥遊第一」の出だしは「北冥有魚　其名為鯤（北冥に魚あり　其の名を鯤と為す）」ですが、「北冥有魚」や「其名為鯤」といったセンテンスの一つ一つに対して、過去の学者がどのような解釈をしてきたのか、その注釈を延々と記してある。ちなみに、この『荘子集解内篇補正』は、清末の儒家王先謙《おうせんけん》が補正した清代で最も有名な注釈書『荘子集解』と、民国前期の学者劉武《りゅうぶ》の補正を併せたものです。この『荘子集解内篇補正』は、大学時代に中国哲学の学部と院の合同演習の教科書として読みました。

こういう本を、一回の授業で四行くらいずつ、文章を一文一文、漢字を一字一字、じっくり考察を加えながら丹念に読んでいくのが大学院の授業です。そんなもの、あらすじだけわかればいいと考える人もいますが、こうして丹念に書物を読み込んだことのある人と、あらすじだけを知って、頭に入った気になっている人とでは、物事に対する理解の深さがまったく違います。

同じことは、先ほど紹介した聖書についても言えます。例えば、『旧約聖書略解――口語』という聖書の注釈書には、漢文の注釈と同じように、旧約聖書、創世記の最初のフレーズである「初めに、神は天地を創造された」の「創造された」の部分だけに、三〇〇〇字以上のすごく詳しい注釈が付せられています。「土の塵で人を形づくり」の「人」はアダムのことで、これはアダマ（土）から派生した言葉であるというように、本当に細かく一字一句解釈していくわけです。この注釈を参照しながら、テキストを読み込んでいくとすごく理解が進みます。

哲学に関しても、プラトンやアリストテレスの入門書をナナメ読みしただけの人と、注釈がたくさんついた全集などを使って本当に深く読んだことがある人とでは、理解のレベルはまったく変わります。

その意味では、同じ〇〇大学を出たといっても、どういう学部、学科を出たかによって、その人の知識の幅、深さというのはまるで違ってきます。少なくとも文学部の哲学科を出て、プラトン、アリストテレスのテキストを読むという類の授業を受けてきたのであれば、こうした「非常に深いレベルでの読み込み」を経験しているはずです。でも同じ大学の文学部でも心理学科を出た人は、そういう経験がないかもしれません。

ぼくが再入学したのは、文学部哲学科でしたので、おかげで「本を読み込む」という経験をたくさん積むことができました。そこに積み上げられているトマス・アクィナスの『デ・エンテ・エト・エッセンチア（De ente et essentia）』（『存在と本質について』）も、大学時代のゼミ（大学院と合同。出席者が一〇人以下の授業はだいたい大学院と学部が合同で行った）のテキストです。きちんと製本された教科書がないため、こういう授業で使うテキストはだいたい、このプリントのように原著をコピーしたものを使っていました。のちにトマス・アクィナスはキリスト教神学を体系化させた大著『神学大全』を書きますが、これは彼の初期哲学の代表作です。ここから彼の哲学が始まったといってもいいのです。一字一句の意味を嚙み締めるように精読しました。懐かしい思い出です。

学部の学生と大学院の学生をまとめて一緒に行う、このレベルの授業を履修したいという学生の人数は、きわめて少ないのです（笑）。トマス・アクィナスや、先ほど紹介した荘子の原典講読の授業などは、東人でも、五、六人から七、八人です。同じ原典講読でも比較的「大衆的」なプラトンを扱うということなら、もう少し増えて二〇人以上になります。

神の存在を素朴に信じるアメリカ人

このリチャード・ドーキンスの『神は妄想である――宗教との決別』は、海外でベストセラーになりましたが、日本人の感覚からすると、「なぜ二十一世紀にもなって、こんな話をしなきゃならないんだ」とちょっと驚くかもしれません。日本のインテリの多数派は無神論者ですから。実際、この辺りの感覚は、アメリカ人と日本人ではまったく違います。アメリカ人の大半は、今でも神の存在を本気で信じています。

一般的に、「神を信じている」といっても、原理主義的に聖書に書かれていることをそのまま字句通りに真実だと信じる人と、その内容をひねりにひねって解釈したり、現代的に合理化した上で信じる理神論者がいます。それ以外に、神がいるかどうかはわからないとする不可知論者は少数派で、はっきり神はいないとする無神論者は、実は、きわめて少ない。

日本人では、佐藤優さんなどは、典型的な「神を信じている人」です。「このような読み方であれば神の存在もありうるだろう」と、聖書を理神論的に解釈し直したり、注釈書に書かれているような知識を背景にして、聖書をテキストとして評価しながら読むという人は、きわめて少数です。アメリカ人のほとんどはもっと素朴に聖書を読む。素朴に読んで、その言葉を本当にそのまま信じている人が圧倒的に多いのです。だからドーキンスの書いたような本が衝撃的な内容だとして注目されるわけです。

「キリスト教」と一言でいっても、プロテスタントとカトリックでは、聖書の解釈にしても、信者に求めることにしても、まったく違います。もう別の宗教といってもいいほどです。それからプロテスタントの中でも教派ごとに、考え方がものすごく違う。大陸のプロテスタントと、アメリカのプロテスタントでは、これまた別の宗教といってもいいほど違うわけです。もし、こうした事情も含めて「キリスト教」を理解したいと思うなら、何か適当な一冊を読めばわかるといった簡単な話ではありません。何冊もの本にあたり、しかも一冊一冊についても相当踏み込んで読まなければなりません。

アーサー王伝説

ヨーロッパの文化を知るために、聖書を読むことはもちろん必須ですが、アーサー王伝説や聖杯伝説もまた非常に重要です。実際に読んでみると、これらの説話がヨーロッパ文化のさまざまなところに影響を与えているのが一目瞭然です。

例えば、ここにマロリーの『アーサー王の死——中世文学集I』（トマス・マロリー著、キャクストン編、ちくま文庫、一九八六）があります。フランス語版は『Le Morte d'Arthur』です。このマロリーの『アーサー王の死』を読むと、このアーサー王伝説の世界の全体像を摑むことができます。そしてこれが摑めていないと、ヨーロッパ文明のいろんな側面がよくわからない。

マロリーの『アーサー王物語』に、ビアズリーが挿絵をつけたのが、こちらの『アーサー王物語』（筑摩書房、二〇〇四—〇七）です。洋書版は三丁目にあります。ビアズリーの著作権はすでに切れているので、自由に絵を使えるということもあるのですが、やはりアーサー王のテキストに添える絵としては、ビアズリーが絵画史的にも最も有名ですし、ふさわしいと思います。それに、実は、ヨーロッパの美術史の相当部分が、この『アーサー王物語』の世界の断片を絵にするというところから始まっているのです。

例えば、ホルマン・ハントの「シャロットの女」などは、そうした絵画の中でも最も有名なものの一つです。また、絵画史に「プリラファエリット（Pre-Raphaelite）」、日本語で言えば、ラファエル前派という一派が登場した際にも、彼らは『アーサー王物語』をモチーフとした絵画を描いています。この本の口絵になっている、ウォーターハウスによる「シャロットの女」もそうです。

それから「欺かれるマーリン」という絵画も、アーサー王伝説を下敷きにしています。江藤淳による『漱石とアーサー王傳説――『薤露行《かいろこう》』の比較文学的研究』（東京大学出版会、一九七五）に詳しいですが、このラファエル前派の絵が漱石の時代に、日本に紹介されるやいなや、当時の日本の文化人・知識人に多大な影響を与えます。ある時代の日本人は、ラファエル前派の絵と、『アーサー王物語』のいろんな場面について、ものすごい影響を受けていたわけですが、それはいまだに続いているとも言えます。

アーサー王関連の書籍が、たくさん本屋に並んでいるのは、映画なり漫画、ゲームなどの影響も大きいでしょう。例えば、『聖杯と剣』（リーアン・アイスラー著、法政大学出版局、一九九一）や、『アーサー王物語伝説――魔術師マーリンの夢』（ピーター・ディキンスン著、二〇〇〇）をはじめとする原書房の一連のシリーズなどは、映画やゲームから興味を持った読者が読んでいるのではないでしょうか。

また日本人では、井村君江による王女グィネヴィアの結婚や聖杯探求の旅などのアーサー王物語のエピソードをまとめた『アーサー王ロマンス』（ちくま文庫、一九九二）をはじめ、『アーサー王物語の魅力――ケルトから漱石へ』（高宮利行著、秀文インターナショナル、一九九九）などが出版されています。とにかくこの辺りの知識がないと、ヨーロッパの絵画も音楽も文学も、味気ないものになってしまうので、ヨーロッパの文化に興味のある人は、ぜひ手に取ってみてください。

本は総合メディア

空海については、これまで『青春漂流』のあとがきや、司馬遼太郎さんとの対談（対談集『八人との対話』の中の「宇宙飛行士と空海」）でも取り上げてきたので、入門書から専門書までさまざまなレベルの本が揃っています。例えば、一番上の段の右のほうに並んでいるあのちょっと厚い本は、『弘法大師伝記集覧』といって、弘法大師の伝記を集めたものです。面白いのは、ここに書かれているのは、すべて「出典情報」だということです。『東大寺要録』『法輪寺縁起』などの寺誌から、『神皇正統記』『源平盛衰記』といった歴史書に至るまで、空海の生涯に関してちょっとでも記述がある本ならば、どんな本に何が記されているのか、そのすべてを集めたものです。

この一冊を読めば、「空海はこんな感じの人だった」ということが、その時代背景とともに摑めることがわかると思います。こうしたすごい本というのは、どんなテーマでもだいたい数冊ずつはあるものです。

このような本のおかげで、それなりに時間を遡らなくてはならない内容についても、活字化されている文献であれば、ぼくたちはほぼ集めることができます。さらに今は、グーグルが、ありとあらゆるテキストをデータ化して検索できるようにする事業を進めています。活字化されていないものを活字に落とし込むのは大変ですが、活字になっているものをデータ化するのは、それほど労力がかかりません。旧約聖書の注釈にしても、空海のエピソードにしても、すでに膨大な情報が活字化されているわけですから、間もなく、検索ワードを一つ入れるだけで、そのワードに関する古今東西のありとあらゆる情報がパソコン上で参照できるようになるはずです。学術論文の世界では、理系、文系を問わず、すでにかなりの文献が検索できるようなデータベースが構築されています。

ただ、人類の得た知識がすべてデータ化されていくとなると、今度はデータの量があまりにも増えすぎてしまって、何が重要で、何が重要ではないのかが見えにくくなることが考えられます。

データを通してそこに隠れた意味を読み取ることが重要なのに、データに溺れてしまう人が今後はますます多くなるでしょう。

では、そうした状況を前にして、これまでの伝統的《コンベンショナル》な紙の事典、書物というものは、どのような役割を果たすのか。溺れた人のための「船」のようなものになるのか。すべてオンラインに取って代わられるのか。本の未来を予測するのはとても難しいことですが、ぼくは、混沌とした世界が当分は続くと思っています。

ぼくを含めて、オールドジェネレーションにとっては、電子本より紙本のほうが扱いやすい。心理的にフィットする。紙本じゃないと、自由自在に線を引いたり書き込みができません。電子本でも同じようなことはできることはできますが、実際にやってみると、やはり紙本のほうがずっと融通性が高い。紙本であれば、自分流のやり方で何でもできるが、電子本のそれ的な機能だとそのフォーマットに従わねばならず、自由度が低いわけです。そして、紙の本には何といっても、存在感がある。手ざわり、質感。重量感。それに、デザイン、造本、紙、印刷などなど、紙本ならではのクオリア的要素が何とも言えない。もちろん、くだらない本は、電子本でも紙本でもいいのですが、内容がいい本！　これは紙本で読みたいと思います。本というのは、テキスト的なコンテンツだけでできているものではありません。いい本になればなるほど、テキストやコンテンツ以上の要素が意味を持ってきて、それらの要素がすべて独自の自己表現をする、総合メディアになっていく。そういう本の世界が好きという人が、本を一番購読する層でもあって、本の世界を経済的にも支えている。この構造が続く限り、紙本の世界はまだまだ続くと思います。

イスラム世界を「読む」

この辺りには（三階のドアを開けて向かって正面の棚の右の辺り）、イスラム関係の本を並べています。イスラム世界、そしてその根幹をなすイスラム教を理解するためには、やはりアラビア語でコーランを読まなくてはいけません。それでぼくはアラビア語を学び、さらに、『ルバイヤート』などの詩を読むためにペルシア語を勉強してきました。イスラム世界には、アラビア語の世界にプラスして、ペルシア語の世界があるからです。

イスラム圏の中でもペルシア語の世界は独特です。それなのに、日本人は、ペルシアを一番知らない。日本人が知っているペルシアはペルシア猫くらいのものでしょう。だけど、ペルシアは世界史においても、政治史においても、文化史においても、特筆されるべき存在です。西洋史は、すべて古典古代のギリシアの歴史からはじまりますが、ギリシアの歴史は、古代世界の覇権をいかにペルシア帝国と競ってきたかという話に終始しています。

ペルシアは古代世界の大帝国ですから、その軍勢はいつも強力でした。ペルシアが大軍をもって攻めてきたとき、弱小国のギリシアがいかに立ち向かってこれを撃退したかという英雄物語がその歴史です。マラトンの戦いとか、サラミスの海戦とかみんなそうです。そういうパターンに終始するのは、古代世界においては、ペルシアが圧倒的に強かったからに他なりません。ペルシアは古代世界で初めて作られた大帝国です。帝国とは、たくさんの王国を寄せ集めた統合体で、そのトップを皇帝（エンペラー、ペルシア語ではシャー・ヒン・シャー＝シャーの中のシャー）といいました。皇帝は、王より一段格上の存在なのです。

ペルシアに敗れ続けたギリシア世界が最終的にペルシアに勝つのは、アレクサンダー大王がペルシアを滅し、ペルシアの首都ペルセポリスに入り、ペルシア皇帝（シャー・ヒン・シャー）の座についたときです。このペルセポリスの王宮がイラン南方の人里離れた場所に残っています。しかし、あまりにもさびれた場所なので、ここが、あの栄耀栄華をきわめたペルセポリスの跡なのかとびっくりします。ぼくは中近東の有名な遺跡をほとんど自分の足で歩いてきましたが、これは最も記憶に深く残っている遺跡の一つです。

ペルシア人は、言語的にはインド・アーリア語族に属します。したがって、言語学的、あるいは文化的伝説においてヨーロッパ世界と大きな共通点を持っています。ペルシア語は、書き文字としては、アラビア語と同じ表記法を採用したので、書物などを見ると、一見アラビア語（セム語）のように見えますが、実際には、これはまったく違う言葉です。構造的には、インドのサンスクリット、ギリシア・ラテンの古典語、あるいは西欧近代語に近い言葉なのです。だから、イランの人々は、英語、フランス語を難なく話します。ペルシア語がそういう独特の存在であったために、ペルシア人たちは、世界の文化史に非常に大きな貢献をすることになりました。

西欧の文化はギリシア・ラテンの古典時代に一つの頂点をきわめますが、軍事的、また政治経済的には、その後のヨーロッパは、ゲルマン大移動によって押し寄せてきたゲルマン民族によって完全に支配されるようになります。この時代のゲルマン民族は、未開の野蛮人的な存在でしたから、文化水準は一挙に下降します。ヨーロッパはしばらくの間、暗黒時代と呼ばれる中世を迎えます。ヨーロッパでもう一度、思想文化の花が開くのは、ルネサンスの時代です。

ルネサンスとは、字義通りに言えば、再生ということです。「re」が「再び」、「naissance」が

「生まれる」という意味です。つまり、再び生まれることなんです。何が再び生まれるのかというと、思想、文化の花です。古典時代に大きく花開いた思想、文化はしばらくは中世の暗黒時代の闇の中で、ひっそり姿を隠していたわけです。それがまた生まれ直してもう一度大きく花開く。これがルネサンスです。問題は、それまでの暗黒時代、古典古代の高度に発達した文化を保持して、後世に伝える役割を果たしたのは誰か、です。それがペルシアだったのです。

西ローマ帝国が蛮族に滅ぼされた（四七六年）後、古典文化はまずビザンチン（東ローマ帝国。公用語はギリシア語）によって支えられます。しかしやがてビザンチンも衰退し、世界の覇権がイスラムに移る中で、古典文化の担い手になったのが、ペルシア人たちでした。彼らは、ギリシア、ラテンの古典を網羅的に翻訳していって（はじめはペルシア語に、次いでアラビア語に）、古典文化をサラセン文化に接ぎ木していったのです。これでサラセン文化（アラビア語文化）の水準が一気に上がり、世界一流の文化となります。ですから、十一世紀から十二世紀にかけての西欧世界で、アリストテレス哲学者として一番有名だったのは、アヴィケンナとアヴェロスですが、この二人は、実はアラビア人で、アラビア名は、それぞれイブン・シーナと、イブン・ルシュドです。

ペルシア、アラビア世界に伝えられたギリシア哲学は、実は、ギリシア文明末期の新プラトン主義の哲学が中心で、これは著しく神秘主義に傾いたものでした。神秘主義というのは、言葉や、言葉による概念操作を超越した、もっと直接的な脳内体験を重視するもので、直観的な認識を大切にするものです。これが宗教の世界に入ると、自分が「神と合一」する合一体験を得て、その中で法悦境に入り、これをエクスタシー（忘我、脱自）体験と呼ぶなどの特徴を持ちます。歴史的には古代から現代にいたるまで、いろいろの宗教思想や哲学思想の中に神秘主義的体験を重要視する流れが一貫してあります。

神秘主義

三階の本をゆっくり見ていくと、実は、いろんな意味で、神秘主義に関わる文献が実に多いことがわかると思います。それは、ぼくが学生時代、神秘主義に非常に興味をもって、それに関わる文献をかなり意識的に集めたし、その後も折に触れて、買い集めていったからです。だから、神秘主義という視点から、ここの書棚を眺めると、いろんなものが見えてきます。ここにはキリスト教関係だけでなく、イスラム関係の本もありますが、そのどちらにも、神秘主義の要素を含むものがかなり入っています。近代哲学でも、そういった要素を含む哲学者を好んでいるということもあります。

だいたい、ぼくが仏文科を卒業するときに提出した論文は、『メーヌ・ド・ビランの「ヨハネ伝注解」に見る神秘思想について』というもので、まさに神秘思想そのものを取り上げました。その頃、メーヌ・ド・ビランの文献は日本にほとんどなかったのはもちろん、フランスでも二〇巻からなる全集がやっと出されたばかりという状況でした。そして、その全集が仏文の図書館に入ったばかりだったのです。見ると誰もページを切っていません。「これだ！」と思って、その最終巻を手に取りました。「これだ！」というのは、卒論に何を取り上げるかずっと悩んでいたものの、誰でも知っているような作家は取り上げたくないという気持ちがあったからです。そういう作家なら、先生のほうがたくさん文献を読んでいるに違いないから、先生に負けると思った。どうせ論文を書くなら、先生をギャフンと言わせるような論文を書きたいじゃないですか。メーヌ・ド・ビランについては、解説書を一冊読んで、これはちょっと面白い、これにしてもいいかなと思っていたからちょうどよかったのです。

メーヌ・ド・ビランは、その思想を三期に分けて考えることができ、それぞれ書いていることと思索の内容がものすごく違います。

『習慣論』など心理学に熱中していた第一期。第二期が形而上学と人間論に熱中していた時期。そして人間のスピリチュアルな側面に強く関心を持った時期です。この第三期を代表するのが、最晩年に書いた（死ぬときもその仕事を続けていた）『ヨハネ伝注解』なのです。「ヨハネによる福音書」冒頭のあの、「初めに言《ことば》があった、言《ことば》は神と共にあった。言《ことば》は神であった」で始まる謎のようなくだりに、一語一語、一節一節、それが何を意味するのか、註をつけていったのです。そして、その過程において、メーヌ・ド・ビランは、大きく神秘主義に傾いていったと言われます。そこのところをぼくは論文に書こうとしたのです。

メーヌ・ド・ビランの生涯を追うための主たる資料の一つに、「Journal intime」（内的日記）という、毎日の日常的な行動は一切書かないで、ひたすら自分の内面だけを観察した日記があります。著作以外にこれを参考にしながら、最晩年ビランがどのような神秘思想にたどり着いたのかを書いていきました。論文提出の最終日、徹夜で書きあげて、夜が白々と明けそめる頃、「なかなかのものができた」と自己満足の気持ちを持ちながら、ペンを置いたことを覚えています。悪くなかった出来と見えて、後に成績表を見たら「優」がついていました。何しろ『ヨハネ伝注解』なんて、教授も院生も誰も読んでないことがページを切っていないことから明らかでしたから（実は『ヨハネ伝注解』だけじゃなくて、全集のほとんどのページが切られていませんでした）、先生も評価のしようがなかったのだと思います。多少クビをかしげる部分があったとしても自信を持ってマイナス評価をつけるわけにはいかなかったのでしょう（それが狙いで、このテーマを選択したということも多少ありました）。

いずれにしても、この時期、神秘主義に相当入れ込んでいたわけです。そういうバックグラウンドがあるから、第六章で述べるように、後にコリン・ウィルソンの『宗教と反抗人』（紀伊國屋書店、一九六五）を経て、神秘主義者としてのウィトゲンシュタインに出会うという妙な体験をすることにもなったわけです。

神秘主義についてもう一つ述べておかなければならないのは、哲学史において、元祖神秘主義者みたいな位置づけをされているのは、新プラトン派のプロティノスだということです。そして、神秘主義について知りたいと思ったら、まず彼の主著である『エネアデス』を読めと言われているのに、その頃、日本で『エネアデス』のテキストを読もうと思っても読めませんでした。各種の哲学史を読めば、プロティノスへの言及はたくさん出てくるので、この人が重要ということはわかるのですが、肝心のプロティノスの作品そのものが、日本では読みようがなかったのです。

その窓の上の棚の真ん中に乗っているのが、『プロティノス全集』（全四巻＋別巻一）で、この四巻本がすなわち『エネアデス』そのものです。これは一九八六年に中央公論社から刊行されました。神秘主義に関心がある人にとっては待ちに待った出版で、ぼくなんか、もっと前にこれが刊行されていたら、学生時代に読めたのにと、ずいぶん悔しい思いをしました。このプロティノス全集を作った編集者は、中央公論でのぼくの担当編集者でした。ぼくが中央公論社から出した本はいろいろありますが、一番売れた本は『宇宙からの帰還』（一九八三）です。

『宇宙からの帰還』に登場する、月にアポロ宇宙船で行った宇宙飛行士たちのかなり多くが語っていたことに、「月で神に会った」といった発言がありました。もちろん、目の前に神がありありと物理的に出現したわけではありません。「神がそこにいる」「自分は今、神と共にいる」という感覚をものすごくリアルに感じ取ったということでした。これこそが、まさに、神秘主義の哲学でいう「神との合一」体験そのものだろうと思います。あの本は、『プロティノス全集』が出る三年も前に刊行されていますから、何の関係もないのですが、後に『プロティノス全集』を送ってもらったときに、不思議な因縁のようなものを感じました。

井筒俊彦先生との出会い

もう一つ、プロティノスと神秘主義で思い出すのは、井筒俊彦先生のことです。学生時代、神保町の古本屋で、『神秘哲学』（人文書院）という昭和二十四年に発行された不思議な本に出会って、パッとめくってみると、「神秘主義は、プロティノスの言うように、「ただ独りなる神の前に、人間がただ独り」立つことによってはじまる。そして、「ただ独りなる神」は人間を無限に超絶するところの遠き神であると同時に、人間にとって彼自身の心の奥処《おくが》よりもさらに内密な近き神である。かぎりなく遠く、しかもかぎりなく近い神、怒りの神と愛の神——神的矛盾の秘儀を構成するこの両極の間に張り渡された恐るべき緊張の上に、いわゆる人間の神秘主義的実存が成立する。故に神秘主義は一つの根源的矛盾である」という文章がいきなり目に入ってきました。これを読んで、いやあ、すごい文章だなと思って、いっぺんにまいりました。これはどんな人が書いたんだろうと思って奥付を見ると、肩書きに慶應義塾大学助教授とあったので、知り合いの慶應の人に聞いたら、「あの人は語学の天才で、ギリシア語、ラテン語はもちろん、ヘブライ語からアラビア語、ペルシア語まであらゆる言葉ができる人なんだけど、イスラム哲学の研究で世界有数の学者になって、カナダのマクギル大学に行ってしまった。今は、イランの王立哲学研究所にいるらしいよ」という話でした。先の『神秘哲学』という本の表紙の袖には、近刊予告として、同じ井筒先生の『神秘哲学――ヘブライの部』の予告が次のようにありました。「第一巻（ギリシアの部）を完成した著者は、病弱の身を挺してさらに第二巻（ヘブライの部）の原稿約一〇〇〇枚の膨大な執筆に専念されている」。

この本も読みたいと思って、いろいろ探してみましたが、ありません。どうやら予告だけで実際は出なかったようです。とにかく、イランでは、ペルシア哲学を論じてこれだけの学者は世界中どこにもいないということで、パーレビ国王から研究所を一つ作ってもらうほどの、大変な厚遇を受けて、当分日本に帰るつもりはないようだとも聞きました。

この頃、ぼくはアラビア語の勉強を始めようかと考えており、古本屋で『アラビア語入門』（慶應出版社）という本を買ったら、これまた著者が井筒俊彦とあるのでびっくりしました。この本を書いたのは、八年も前、昭和十六年だったそうで、「その頃私は、アラビア語で生活し、謂わば文字通りアラビア語を生きていた。朝起きるときから、明け方近く床につくまで、アラビア語を読み、アラビア語を書き、アラビア語を話し、アラビア語を教えるという今憶えばまるで嘘のようなアラビア語の明け暮れだった」と序文にあります。そしてこの本は、創設されたばかりの慶應義塾語学研究所が発行する語学入門叢書の一冊目にする予定であり、引き続いて、ヘブライ語、シリア語、ペルシア語、トルコ語などの入門書も出していく、それを全部、井筒さんが書いていく予定であるということでした。そんなことが一人でできるのだろうかとびっくりしました。たしかに井筒さんはその後のキャリアが示す通り、本当に言語の天才でした。人間は、ときどき脳が異常な発達を遂げて、常人では考えることすらできないことを、軽々とやり遂げてしまう異常能力者がいろいろな分野にいるものですが、井筒さんもそういう人の一人だと思います。

そして、いろいろな語学に手を出す中で、井筒さんが特に力を割いたのが、ペルシア語でした。それは、ペルシア語の世界が特に神秘主義と縁が深かったからだろうと思います。特に、詩と哲学の世界において、ペルシア語は特別に神秘主義に傾いていたからです。それがイスラム教の中に、スーフィズムという特別な神秘主義の流れを作りました。

井筒さんはその研究で大家になり、世界の研究をリードしていきます。しかし、一九七九年、イランで宗教革命が起こり、ホメイニ師が権力を掌握し、パーレビ国王が失脚すると、井筒さんは帰国し、日本で研究生活を続けます。そして、はじめ岩波書店から次々に本を出しますが、中央公論にも書いて、九一－九三年には、『井筒俊彦著作集』（中央公論社、全一一巻＋別巻一）を出します。この辺りに、岩波の本も中公の著作集も全部揃っています。

井筒さんが帰って間もなくの頃、井筒さんには二度ほどお目にかかりました。一度はご自宅で、もう一度は研究室でだったと思います。イランから持ち帰られた向こうの巨大な文献の山で圧倒されたのを覚えています。

ルーミーの墓所

ぼくがペルシアの神秘主義詩人と初めて出会うのは、この本、昭和三十九年に出た筑摩の『世界文学大系』の第六八巻『アラビア・ペルシア集』によってです。全部で一一篇の詩やさまざまの文章が紹介されていて、その何とも言えない持ち味に魅了されました。ちょうど大学を卒業する年でしたから、めくるだけで深くは読み込めなかったのですが、六七年に大学に戻ると、ペルシア語初級の講座が開かれていたので、すぐに受講しました。ペルシア語をとった学生は、言語学科の学生と、文化人類学科の学生など五人で、哲学科の学生は一人もいませんでした。筑摩の本で、ルーミーを読んでいたので、いずれルーミーを原文で読めるようになったらいいなと思っていたのですが、数カ月くらいで、東大で学生のストが起こり、学園閉鎖、そして安田講堂事件という騒ぎになって、勉強が続けられなくなり、ぼくもジャーナリズムの世界へ逆戻りということになりました。

ペルシア語の勉強はそれで中断ということになったのですが、その後、もうちょっとペルシア語をちゃんとやりたいと思って、駒場の留学生会館を訪ねたら、そこにイランからの留学生がいたので、「アルバイトをやらないか」と言って、ペルシア語の家庭教師になってもらいました。それを半年くらいやりましたが、あの時代、ますます世情騒然としてきて、とうとうあきらめました。そして今度は七二年にジャーナリズムの仕事の流れで、トルコの各地を回り、コンヤを訪問して、偶然訪れたイスラムの聖人の墓所に祀られていたのが、実はルーミーその人だったということを後で知りました。何も知らないで、そこに行ったわけです。ただ、あんまり悔しいので、その後何年か後に、もう一度機会を作ってコンヤを訪ねました。しかし、ルーミーの思想を本格的に知ることができたのは、井筒さんが帰国されてから、『ルーミー語録』(岩波書店、一九七八)などの著書によってルーミーの思想を本格的に紹介してくださってからのことです。この書棚の一部にいろんな資料的なものを突っ込んでありますが、その中に、コンヤでルーミーの墓を訪ねたときに手に入れたパンフレットもあるはずです。

ぼくは大学時代からイスラム世界に少なからぬ興味を持ってきましたから、その関係の本がたくさんあります。なぜイスラムに関心を持ったかというと、まずアラビア語に関心を持ったのです。あの変な文字をぜひ読めるようになりたいと思った。東大では、第三外国語として、いろんな外国語が学べるようになっています。第一外国語、第二外国語は必修ですが、第三外国語はやりたい人がやりたいだけやる。メニューは豊富でした。

ぼくはそれでいろんな外国語をやりました。ロシア語、スペイン語、イタリア語、それにラテン語、ギリシア語をやった。全部初歩の入門コースです。それは全部駒場でやったのですが、本郷にきてからさらに、ヘブライ語、アラビア語、ペルシア語をやりました。ヘブライ語への興味は、旧約聖書を読んでみたいと思ったからです。

実は、ぼくの両親は内村鑑三の流れを汲む無教会派のクリスチャンなんですが、無教会派は伝統的に教会を持たない代わり、私的な聖書の勉強会や研究集会を持って、教会代わりにみんなでそういう集会に集まるのです。研究会の雑誌にはいろいろあって、うちでも二種類も三種類もとっていましたから、そういうものを、ぼくも中学生くらいから拾い読みしていました。雑誌の内容は、基本的には全部聖書の研究です。そうこうするうちに、旧約聖書はヘブライ語で、新約聖書はギリシア語で読んで議論できるようにならないと駄目なんだということがわかってきます。無教会派というのは、インテリが多いから、本当にそこまでいく信者が多いのです。実は、東大というところは、無教会派のクリスチャンが多いところで、戦後最初の総長の南原繁もそうなら、戦後最初の教養学部長で、十六代目総長の矢内原忠雄もそうです。二人とも個人的集会を主宰し、個人講話を出していた人です。それらはうちにもありました。

そういう人脈もあって、ぼくは東大に入学してすぐに、大学の掲示板で、最近、無教会派の学生寮ができたことを知って、そこに入寮したのです。小田急線の登戸駅に近いところにあって、いろいろな大学の学生がより集まっていました。しかし、そこでの生活にいま一つしっくりこないところがあって、半年後に退寮して、駒場寮に入り直します。そういう縁もあって、無教会派とは、少なからぬ関係があるのです。無教会派の学生寮はどちらかというと、私大の学生が多くて、必ずしもまじめに勉強したいという学生が集まっているわけではなくて、ヘブライ語をやりたいなんていう人はいませんでした。しかし、ぼくの場合は、やっぱりあの変な言葉をちゃんとやってみたいという気持ちが強くて、本郷に来てから、ヘブライ語をとることにしたのです。

例えば、ヘブライ語で、神という単語は四文字で表しますが、これは神聖四字といわれて発音はされませんでした。あまりに神聖で、これを声に出してはいけないとされていたのです。今は「ヤハウェ」と読まれていますが、昔、これをあえて読むときは「アドナイ」と読まれていました。アドナイとは「主」の意味です。ヘブライ語では通常子音のみが記され、母音は記されません。これはアラビア語も同じです。文字として記されたのは子音だけで、母音は文字表記上は省略されました。その場その場で適当と思われる母音をつけて読むのです。

ヘブライ語の先生は、無教会クリスチャンの中沢洽樹《こうき》先生でした。アラビア語は、ハーディースの全訳を出している牧野信也先生。ペルシア語は黒柳恒男先生だったと思います。ところが、ヘブライ語、アラビア語、ペルシア語ともに、一九六八年の東大紛争で東大は全学ストライキになって、授業が中断されたまま終わりになってしまいます。

しかし、その後一九七二年に、政府招待のジャーナリスト視察団のメンバーとしてイスラエルを訪問することになります。その準備として現代ヘブライ語の勉強をする際、大学時代の古典ヘブライ語の知識が大変役に経ちました。現代ヘブライ語は、イスラエルを建国した後、国語をどうするかということになって、どこかの近代語を導入するのではなく、古典ヘブライ語（旧約聖書のヘブライ語）を現代に復活させる形で、生まれました。旧約聖書とシナゴーグでのユダヤ教礼拝の中だけで生きていた古典ヘブライ語にいろいろ手を加えて作り出した一種の人工言語ですから、古典ヘブライ語の知識が生きます。日常語の語彙など旧約聖書そのままです。実はギリシア語でも同じような側面があり、現代のギリシア市民が話す現代ギリシア語は、プラトン、アリストテレスの時代の古典ギリシア語と、骨格はほとんど同じです（発音はかなり違う）。

イスラエル訪問の帰路、せっかくだからと地中海周辺をゆっくり回りました。イタリア、スペインの各地を回り、ウィーン経由でギリシアに入り、ギリシアを完全に一周しました。クレタ、サントリーニ、デロスなど、島をいくつも回った後で、イスタンブールに入り、トルコも完全に一周しました。さらにイランに入り、イランも一周して、次にイラクまで足を延ばして、イラクも一周しました。そして、もう一度イランに戻ったところで起きたのが、テルアビブ事件でした。この事件を契機に、七一年来途絶えていたジャーナリズムの仕事に戻ることになります。そしてそれ以来、ジャーナリズムと縁が切れない人生に入っていきます。

思い出深いのは、先ほどお話ししたように、この放浪の旅のトルコ一周の過程で、コンヤを訪問したことです。ここここそ、神秘主義のスーフィ教団が発展した場所でした。このことを、私は、何の予備知識もなく、まず、ミュージアム体験のようにして知るのです。巨大なイスラムの聖人の墓所があって、地元の人たちがみんなありがたがって拝んでおり、その人ゆかりの事物がいろいろ展示されており、その人の生涯にまつわる解説パネルみたいなものもあるけど、ペルシア語ですからさっぱりわかりません。これはどうやら大変な人らしいということはわかったのですが、そのときはそのままでした。これが先に書いたルーミーの墓所だったわけです。

コーランの最も有名なフレーズ

英語や中国語であれば、多少は親しみがあるという日本人も多いと思いますが、アラビア語やペルシア語になるとさっぱりという人がほとんどでしょう。ただコーランというのは、読んでみるとその独特の世界観がなかなか興味深い。少し紹介しましょう。

コーランというのは、最も有名なフレーズにして、最も古い文章が、最終巻の最後に書かれています。この棚にある岩波文庫の『コーラン』(全三巻)は井筒俊彦さんの訳によるものですが、このような文章です。「妖霊《ジン》もささやく、人もささやく、そのささやきの悪を逃れて」。この妖霊あるいは、悪霊とも訳される「ジン」という概念の意味やニュアンス、そして存在感を摑んでいる人と、読むことは読んだにしてもコーランの翻訳をさらっとあたっただけという人では、イスラム世界に対する理解の深みがまったく違ってくるのです。

こちらの黒っぽい革装の本はアラビア語のコーランです。代々木上原に、東京でも最古の由緒あるモスクがあります。そのモスクにはイスラム教の導師がいて、イスラム教の休日にあたる金曜日には、東京周辺のイスラム教徒がこぞって集い、お祈りをささげています。ぼくは学生時代（六〇年代）にそこへ行って、導師に「コーランを勉強したいが、コーランのテキストはないのか」と聞いたら、この本をくれたのです。革製でいい本です。その頃、日本人でモスクに訪ねてくる人なんてほとんどいなくて、ましてや「コーランを勉強したい」なんて言い出す日本人はいなかったから、嬉しくなってこんなにいい本をくれたんじゃないかなと思います。

こうして、若いうちから、聖書とコーランの両方をかなりじっくり読んできましたが、今後もキリスト教とイスラム教が相互に理解し合う時代はこないだろうと思います。絶望的だとさえ感じます。一神教であるという点では同じとはいえ、まったく違うものを最も神聖なものと思っている人たち同士ですから、意見が合うはずがない。どうせ理解し合えないのであれば、せめて喧嘩にならないように、お互いになるべく距離を取るというのが、一番賢い方法かもしれません。

『古事記』『日本書紀』以外の怪しげな系譜

先ほど、キリスト教を知るためには正典だけでなくて、外典や偽典の類を読まなくてはならないと書きましたが、日本の神々の世界もまた偽典に溢れていて非常に面白い。一言で「こういう世界だ」と言い切ることはできません。研究する人によってみんな違うことを言っていますから。大野七三など「研究家」の手による本をめくってみると、非常に怪しげな世界が展開されている。バカみたいなことも本気で信じている人がたくさんいる世界なのです。この『ついにベールをぬいだ謎の九鬼文書――いま、明かされる大本教の最高秘密』も、その意味で相当に怪しい本です。『古神道の系譜』『牛頭天王と蘇民将来伝説』『美保神社の研究』などは怪しい本ではなくて、ちゃんとした研究書です。『古神道の系譜』(菅田正昭著、コスモ・テン・パブリケーション、一九九〇)のほうは、それ自体が研究書ではなくて、多くの学者がより集まって、多くの研究をまとめた総覧的な本ですが、和歌森太郎の『美保神社の研究』(弘文堂、一九五五)はこの世界では定本といっていいほど有名な研究書です。これは古書店でけっこうな値段だった記憶があります。

その下に並んでいる『日本のまつろわぬ神々』や『偽書の精神史』は、タイトルからしていかにも正道からは外れている（笑）。さらに上のほうの段に横積みにされている『禁厭祈禱太占神道秘密集伝』は、表紙にも怪しさが滲み出ています。禁厭はまじないの意味ですが、安倍晴明についてなど、常識では信じられない話が山のように出てきます。これは、明治時代の古神道研究家、実践家、そして、宇佐八幡の流れを汲む神職でもあった宮永雄太郎翁の著書『天真神術太占初段奥伝伝書』『施術自在まじなひの研究』『新撰神道祈禱全書』『禁厭祈禱宝鑑』を復刻したもので、さまざまなまじないを具体的にどのように行うかを詳細に述べたものです。さらに、この『日本古典偽書叢刊』は、これまで紹介したさまざまな「偽書」を集めたシリーズです。

こういう怪しい話というのは、読んでみると、実に面白い。『エロスの国・熊野』も、その右にある『キリストと大国主』も、『八幡神とはなにか』も、『日本人の宇宙観――飛鳥から現代まで』も、読めばとにかく楽しめる。ちなみに『日本人の宇宙観』の目次には、「飛鳥人と中国宇宙論」「垂直の宇宙」「水平の宇宙」……といった章タイトルが並び、読書欲がそそられます。

ただ、こうした日本文化の脇道みたいなところから物事を見ていくことで、例えば中上健次が小説で表現しようとしたように、日本についての理解が深まるかと言えば、必ずしもそうとは言い切れないところもあります。単なる妄想を書き連ねただけというものもありますから、上手く距離を取って楽しむのがよいように思います。

パワースポットの源流

先日、沖縄へ取材に行ってきたのですが、沖縄には、あちこちにシャーマニズムの名残りがあります。だから沖縄へ行くと、日本の宗教の源流的なものが本当によくわかる。

キリスト教やイスラム教など、度重なる議論を経て洗練された教義を持つようになり、その教えを伝える教団などの集団が、高度にオーガナイズされている宗教のことを、「組織宗教」あるいは「オーガナイズド宗教」と呼びます。これらの宗教では、教義自体がそれぞれの教団組織を永続させるためのルールのようにもなっていますが、そういう世界とはまったく違う自然宗教が、沖縄にはあるんです。そのことについて書かれているのが、このみどりっぽい本、『沖縄の神社』（おきなわ文庫、二〇〇〇）です。

要するに、沖縄には至るところに自然宗教的なサンクチュアリ（聖なる場所）があちこちにある。地元の人が「拝み場所」などと表現するのですが、そこは神的存在を拝む場所なのです。日本の本土では普通、何かを拝む場所というのは、神社であったりお寺であったりします。つまり、宗教的な拝殿が作られたところで拝む。しかし沖縄ではそうではなくて、まったくの自然空間を、コミュニティの成員がみな「ここは聖なる場所だ」と認める場所があります。そこに行くと自然に、西行が伊勢神宮を訪れたときに詠んだ「なにごとのおはしますかは知らねどもかたじけなさに涙こぼるる」のような気分になるところです。そういう場所を、沖縄では「御嶽《うたき》」と言います。

普天間基地のすぐそばにある普天間宮にも、御嶽、すなわち拝み場所があります。土地の人から「みんなで拝む場所があるから一緒にどうですか」と誘われて、実際に行ってみたのですが、一目見て、「あ、なるほど」と思いました。そこは神社の地下にある洞窟で、大昔、石灰岩の地層が海の浸食を受けて自然にできあがったものだと思います。巨大な鍾乳洞に入ると感じるあの神秘な雰囲気があって、これが普天間宮のもともとのご神体なのか、この御嶽が自然に神社にまで発展したのだなと、すぐに見て取れました。社務所でほんのちょっとの拝観料を払うと、誰でも案内してくれて、好きなだけそこにいられます。

斎場御嶽《せーふぁうたき》のように国宝級とされる有名な場所もありますが、街のあちこちにも点在しています。一般の人たちは、そうした街中にある特別な場所に行き、特別な経験をする。そのような通過儀礼を経ることによって、宗教的な感情に覚醒していったようです。

パワースポットというと、神社がよく取り上げられますが、普天間宮のように、神社ももともとは御嶽的な場所だったことが、沖縄の御嶽をたどることでわかるんですよ。ああ、ここに鳥居をつくれば、それだけで自然と神社になってしまうのだろうなと。こうして、神社の起源や古い宗教世界がどのように成立してきたのかをたどっていくと、石器時代にまで遡ることになります。その辺りを詳しく論究しているのが、『神道考古学論攷』（大場磐雄著、雄山閣、一九七一）であり、『祭祀遺跡』（小野真一著、ニュー・サイエンス社、一九八二）です。

これらの本によると、元来は山や岩といった自然物そのものが、崇拝の対象だったのです。実際、日本各地には、今でもそうしたスポットが点在しています。例えば、九州の有名な神社の一つである「くしふる神社」は、山全体がご神体になっています。石器時代まで遡ることはできませんが、『古事記』に「邇邇芸命《ニニギノミコト》が降り立った地」として紹介されている、由緒ある神社です。鳥居は山の麓にあって、その向こう側にご神体としての山が見えます。

その他にも、「神の腰掛け椅子」「自然の巨岩」など、〝いかにも〟といった名前のご神体がこれらの本では紹介されています。「自然の巨岩」は、自然石が四つ無造作に転がっていたりする。それだけなんです。けれども、縁起をたどっていくと、そういう神社ほど古い歴史を持っています。「神の腰掛け椅子」は、大地そのものがご神体で、その上に置いてある椅子に腰掛けて祈願をするというものです。巨木がご神体そのものになっているケースもあります。伏見稲荷や諏訪神社など、有名な神社はだいたい同じような起源を持っています。こうした点からも、日本が「自然崇拝の国」であることは間違いないでしょう。

そして面白いことに、その辺りの事情は、洋の東西を問わないのです。このモーリス・バレスの『精霊の息吹く丘』(篠沢秀夫訳、中央公論新社、二〇〇七／Maurice Barrès, *La Colline inspirée*, 1913)という本は、まさに西洋における御嶽の存在を丁寧に描いています。

ちなみに、訳者の学習院大学名誉教授の篠沢秀夫はかつてタレント教授として有名だった人ですが、著者のモーリス・バレスもまたフランスの右翼として、その名を知られていました。彼自身はすでに亡くなりましたが、第二次世界大戦前夜、世界的な広がりを見せていた右翼礼讃の空気の中でも、その過激な思想が高く評価されていました。日本でも『根こぎにされた人々』や『自我礼拝』などの翻訳書が刊行され、それなりに読まれた人です。しかし戦後は、反ユダヤ主義的な発言もあり、フランスのファシズムを形成した張本人、そしてナチスの協力者と目されたことから、一時期はたいへんに非難されて、まったく評価されなくなりました。

このように政治的、思想的に毀誉褒貶の激しかった奇妙なフランス人が、『精霊の息吹く丘』では、神性を帯びた神聖な空間、いわばフランスにおける御嶽というべきトポスについて、具体的な地名をいくつも挙げながら考察しているのです。

バレスによると、フランス、そしてヨーロッパにも同じような自然崇拝はある。その中でも最も有名なものを挙げるとすれば、フランスのルルドの泉になるでしょう。ルルドは、スペインとの国境近くにある巡礼地ですが、そこには奇跡を起こす水が湧く泉があるとされています。ただの泉と言えばそれまでですが、「ありがたい場所」とされて、今でも、たくさんの巡礼者がここを訪れています。

神、キリスト、そして聖霊

この辺りの話は、この部屋の本をつなげるキーとなるので、もう少し踏み込んで解説します。まず、『精霊の息吹く丘』の「精霊」という字をよく見てください。キリスト教の〝聖なる霊〟(英語では「Holy spirit」「Holy ghost」とも)という意味での「聖霊」ではありません。さらに原書のタイトル「La Colline inspirée」を直訳すると「息吹く丘」になります。「精霊」という言葉は、原書のタイトルには含まれていないんです。この本は、「精霊」という言葉が、原文の何という言葉の訳語として登場しているのかを考えながら読んでいかなくてはなりません。

順番に解説していきましょう。

まず、「Holy spirit」の「聖霊」は、キリスト教の思想的な柱として重要な三位一体の教義に出てきます。父なる神と子なる神、つまり「神」と「イエス・キリスト」に次ぐ、もう一つの位格が「聖霊」です。ご存じのように、イエスには、「私は三日後に復活する」と言い残して死んだ後、実際に、三日後に復活したという伝説があります。その後、イエスは昇天するのですが、彼の教えを信奉する信者たちは、本当に復活したのだという言い伝えを今も信じているわけです。こうして、キリスト教という宗教がだんだんと形作られていった。そんなある日、「聖霊降臨」が起こります。集会の途中で、「聖霊」が降りてきて、そこに集まった人たちの中に入ったとされています。

新約聖書のイエスの弟子たちのその後を記した「使徒言行録」では、そこにこのような聖霊が降りてくるシーンが詳しく描かれています。そしてキリスト教徒の言い分に従えば、現在でも信者たちが集まると、そこには自然と聖霊が降りてきて、信者たちの心に宿り、神の教えを告げることになっているのです。

具体的な箇所を挙げておきましょうか。「使徒言行録」第二章冒頭にこうあります。「突然、激しい風が吹いて来るような音が天から聞こえ、彼らが座っていた家中に響いた」、そして「炎のような舌が分かれ分かれに現れ、一人ひとりの上にとどまった」。このようなある種の超常現象を引き起こすものを「聖霊」と言ったのです。そして、その聖霊が中に入った人はみな、「「霊」が語らせるままに、他の国々の言葉で話し出した」と続く。つまり常ならざる言葉で、常ならざることを語り出したというのです。

要するに、三位一体の神のうち、聖霊なる神が降りてくると、みんな、神がかりの状態になったということらしいです。

同じような現象は、キリスト教以外の宗教でも起きています。恐山や、大阪と奈良の間にそびえる生駒《いこま》山の辺りで、また韓国の巫女が降霊して神がかり状態となる現象もそうです。そしてどの宗教も同じように、その種の現象を「霊がなさしめる業」として考えている。例えば、先に触れたコーランに登場する「ジンもささやく」のジンもまた、そうした霊の表現の一つです。

「使徒言行録」の「突然、激しい風が吹いて来るような音が天から聞こえ」の一節では、風と聖霊が、ある意味で同一視されている面があります。また、新約聖書の「ヨハネによる福音書」第三章八節には、「風は思いのままに吹く。あなたはその音を聞いても、それがどこから来てどこへ行くかを知らない。霊から生まれた者もみな、そのとおりである」と記されています。そのとき実際にその場で起きたことは何だったのか。風と区別できる霊の技とは、はっきり識別できるものだったのか。

日本語では、「風」と「霊」はまったく違う言葉ですので、あまりピンとこないかもしれませんが、実は、新約聖書が書かれたギリシア語では、この「風」と「霊」は一つの同じ言葉で表されています。ギリシア語といっても、この場合は、プラトンやアリストテレスなどのギリシア哲学が書かれた古典ギリシア語ではなく、コイネーと呼ばれる、時代をもう少し下ったギリシア語です。

新約聖書をコイネーで読むと、この二つの言葉は、同じ「プネウマ（Πνεύμα）」という単語が使われています。

そうした、ヨーロッパではもともと同じであった言葉を、日本語では、翻訳する際に別の語を当ててしまった。だから、すごく変な感じになってしまったのだと思います。

ここで、先ほどの『精霊の息吹く丘』に戻ります。「精霊」にあたる語句のフランス語はどのような表現が使われているのか。つまり同じ流れの言葉なのです。丘を吹き渡るその風は、自然宗教的な、言い換えれば精霊的な風である。その場所は、自然空間の中で、霊的な雰囲気を感じさせる特別な場所。この本は、そういう世界のことについて書かれた本なのです。

巨石文明とヴィーナス信仰

この辺りの棚は、巨石文化についての本が並んでいます。誰でも知っている巨石文化の代表といえば、イギリスのストーンヘンジでしょう。でもストーンヘンジ的な空間というのは、実はヨーロッパ一帯には他にもたくさん存在します。『Prehistorical & Ancient Art』をはじめ、『Atlas culturel de la préhistoire et de l'Antiquité』や『The Goddess of the Stones』などで語られるように、そうした巨石文化に、聖なる、神的なものを感じ、あがめるのは、ヨーロッパのあちこちで見受けられることです。

『Prehistorical & Ancient Art』には具体的な地名がたくさん挙がっています。ルルド、サント・マリーの浜辺、サント・ヴィクトワールの山、ブルゴーニュのヴェズレイ、ピュイ・ド・ダーム、エージーの洞窟、カルナックの荒地、ブロセリアンドの森、アリーズ・サント・レーヌとモン・オーソワの岬、モン・サン・ミッシェル、アルデンヌの黒い森、ドンレミーの丘にあるシュニューの森、三つの泉、ベルモンの礼拝堂、ジャンヌ・ダルクの家などなど。前述のルルドをはじめ、フランスとスペインの国境辺りに古い巨石文化が遺されているのがわかります。

さらにこの本からは、こうした巨石文化はヨーロッパに限ったものではなく、世界の歴史をたどってみれば、「自然崇拝」という宗教の一番古い原型をとどめたものとして、世界中に散在しているのだということがわかってきます。

ちなみに、英語で「prehistorical」という表現が使われるのは、三万五〇〇〇年から八〇〇〇年くらい前、いわゆる石器時代の話です。

学問的にその辺の時代を熱心な研究対象にしている国の一つがフランスです。国立博物館やルーブル美術館でもかなりの資料を集めていますが、シャイヨー宮の中の人間博物館（人類博物館／Musée de l'Homme）が、この時代に関する貴重な資料を数多く収集していることで知られています。

中公新書『ヴィーナス以前』（木村重信著、一九八二）に詳しく書かれていますが、その中には、

「女神」を表した最も古い原型と言われているVenus of Willendorfもあります。このヴィーナス信仰で面白いのは、ローマ神話に出てくる、愛と美の象徴としての女神が「ヴィーナス」の原型ではないということです。旧石器時代のものとされるVenus of Willendorfなどは、たしかに女性をかたどったものですが、顔もきちんと描かれているわけではなく、肥満体で、美しいとは言いがたい。しかし、むしろこちらの女神のほうが、ヴィーナスの原型に近いようです。

実は、「これが女神の型である」というものはありません。古い時代においては、多産や豊穣を示す女神的なものは全部ヴィーナスと言ったのです。「石器時代のヴィーナス」というように。例えば、ローマ出土のものと思われるVenus of Savinganoなどは、正式名称を「何とかのヴィーナス（Venus of x）」と言います。

このように宗教以前の信仰のあり方を見ていくと、いくらヨーロッパで組織宗教が発達したといっても、それらが形作られる前にはストーンヘンジのような自然宗教の段階があり、ヴィーナス信仰の段階もあったことがわかります。そして、それはインドや中国などの東洋であっても変わりはないという事実は、やはり興味深いと思います。

メーヌ・ド・ビランと日本の出版文化

先ほどもお話ししたように、ぼくの大学の卒業論文のテーマは、メーヌ・ド・ビランでした。そのメーヌ・ド・ビランに関連する書籍は、一応ほとんど手元に集めています。例えば、この『メーヌ・ド・ビラン――生涯と思想』（アンリ・グイエ著、サイエンティスト社、一九九九）などはわりとわかりやすくて面白い本です。しかし、実は、これらの本のほとんどは最近刊行されたものです。

学生の頃、刊行されていたメーヌ・ド・ビラン研究は一冊しかありませんでした。『西哲叢書』というシリーズの一冊として、日中戦争の前年にあたる一九三六（昭和十一）年に刊行されたものです（『メーヌ・ド・ビラン』沢瀉久敬著、弘文堂）。

ぼくは一九四〇年、昭和で言えば十五年生まれで、六〇年代に学生時代を過ごしましたが、当時は古本屋などに行っても価値がある本というのは、たいがいその時代に刊行された本でした。この傾向はぼくの学生時代、六〇年代から七〇年代、八〇年代まではそうだったと思います。

というのも、日本の出版文化は大正時代から昭和のはじめにかけていわゆる円本ブームを迎え、一時的であったとはいえ、強力な勢いの中で、西洋のいろんな基礎文献的のほとんどというか、相当な点数が翻訳されました。まず文学がそうだし、演劇関係も、思想哲学もそうです。まあ、そのブームも、その後の戦争の時代になると全部消えてしまうのですが。

そしてその後、日本の出版文化が大正から昭和初期の水準まで再び戻ったのは、ずっと後、ほんのつい最近のことです。もちろん、近年は、明らかにあの時代を超えています。以前ならとても翻訳なんか出そうもなかった本が、ものすごい勢いで刊行されています。しかしながら日本の文化は、久しく戦前のあの時代の水準を超えることができなかった。それが実情でした。ですから、しかるべき書籍が、現在のようにきちんと刊行されるようになったのは、そんなに昔のことではないのです。

やはり、日本全体の経済水準があるレベルまで上がらないと、誰も買いそうもない本まで出版することなどできません。それと、社会全体の経済水準もさることながら、国がいろんな形で、出版活動に対して補助や援助を行うようになってきたことも影響しているでしょう。政府など公の機関からであればもちろん、例えばトヨタ財団などの民間の基金からでも、出版助成を受ける以上は、その本を刊行することにどれだけの価値があるか、をきちんと書いたペーパーを作らなければいけませんが。いずれにせよ、出版活動をサポートするスキームの成熟を含めた総合的な意味で、日本の文化水準が以前のレベルまで戻ってから、まだ二〇年は経っていないのではないかと思っています。

ソクラテス以前の哲学

哲学を勉強しようとしたとき、まず何から手をつけるべきか。

哲学と言えば、常識的にはギリシア哲学に始まることになっています。そして、ギリシア哲学と言えば、一般的にはソクラテス、プラトン、アリストテレスで完成するとされています。だけれども、実はソクラテス以前にも、さまざまな真理を模索していた一連のギリシア哲学者たちがいたわけです。そうした「ソクラテス以前」の哲学者たちのテキストを集めたのが、『ソクラテス以前哲学者断片集』(全五巻+別冊一、岩波書店、一九九六—九八)です。

この本のオリジナルは、『Die Fragmente der Vorsokratiker』という本です。日本語に訳すと「ソクラテス以前の哲学者の断片集」。ドイツの学者ヘルマン・ディールスと弟子のヴァルター・クランツによって編集されたことから、一般的に二人の名前をとって「ディールス=クランツ」と称されています。ディールスとクランツは、現存する断片の他、ソクラテス以前（厳密にはソクラテス以後も含めて）の思索者たちの言葉を、後世の人たちが自分の書物に引用した文章から集めました。

この本の翻訳が刊行される以前、例えばぼくの学生の頃などは、「ソクラテス以前」について知ろうと思っても、日本語訳がなされたものとしては、ディールス＝クランツの抜粋本である『初期ギリシア哲学者断片集』（岩波書店）しかありませんでした。ボリュームとしては一五〇ページくらいの非常にうすい本です。やはり今の研究者は恵まれています。

ソクラテス以前の哲学者というと、すごくマイナーな人を思い浮かべるかもしれませんが、実はそうでもありません。高校の教科書にも載っているヘラクレイトスなどは、まさに「ソクラテス以前の哲学者」です。彼らの書いたものは、まとまったものがなくて、すべて断片になっています。しかもほんのちょっとした断片でしかない。けれども、その断片の一つ一つがみな非常に奥深いのです。

例えば、ヘラクレイトスの「万物は流転する」などというフレーズは誰でも知っているでしょう。教科書にも出てきます。ディールス＝クランツによると、この言葉のオリジナルは、「パンタ・コーレイ（πάντα χωρεῖ）」になります。この言葉は、プラトンの『テアイテトス』に出てきます。

「どこかでヘラクレイトスは、あらゆるものは流転し、何ひとつとどまらない、と語っている。そして、存在するものどもを川の流れになぞらえて、同じ川に二度入ることができないだろうとも語っている」。これがプラトンの言葉で、「すべてのものは流れる」という原典にあたります。

このディールス＝クランツの『ソクラテス以前哲学者断片集』は、原書を取り寄せない限り、当時の日本の学生にとって読むことはできませんでした。どうしても読みたい人は、原典を取り寄せて、ドイツ語とギリシア語の辞書と格闘しながら読む他はなかったわけです。一方、日本語で読める『初期ギリシア哲学者断片集』は、ディールス＝クランツのボリュームとは、スケールが違う。それが今では『ソクラテス以前哲学者断片集』全五冊プラス別冊が、すべて日本語で読めるようになっています。

ちなみに、この『ソクラテス以前哲学者断片集』の刊行が始まったのは一九九六年ですから、実はわりと最近のことなのです。第一巻の刊行が九六年で別冊は九八年ですから、九六年から九八年に初めて、初期ギリシア哲学の全貌を日本語で読める環境が整ったということになります。

日本で、初めて西洋哲学が紹介されたのは、一八七四（明治七）年、西周がphilosophyの訳語に「哲学」を用いたときですから、それから約一二〇年経って初めてソクラテス以前の哲学を自由に日本語で読めるようになったのです。

要するに、一国の文化が発展するというのは、そういうことなのです。

日本もやっと経済的に豊かな国になって、こんなに内容が硬い、基礎文献を誰でも買えるようになった。それは画期的なことです。九六年から刊行が始まったとはいっても、準備には五、六年はかかるでしょうから、企画がスタートしたのは冷戦が終結した八九年か、バブル絶頂期の九〇年かということが予想できます。つまり、日本が大金持ちになった頃です。そういう時期だったからこそ、このような企画も可能となったということなのでしょう。

ヨーロッパの国々にしても、金があった時代、帝国として繁栄していた時代だからこそ、今でも誇るに足るさまざまな文化遺産を残していくことができました。そういう意味では、古今東西、文化が育つためには経済的な土壌が必要なのは変わらないと言えるかもしれません。

フリーマン・ダイソン

蔵書は、仕事のたびごとに場所を移してしまうので、いつもきれいに並んでいるわけではありません。以前は、この辺りに自分が書いた本がずらっと並んでいたのですが、今はそうはなっていません。

例えば、小林誠、益川敏英の両氏が二〇〇八年のノーベル物理学賞を受賞した際に、『小林・益川理論の証明――陰の主役Bファクトリーの腕力』（朝日新聞出版、二〇〇九）を刊行しました。その際は三丁目にある別の仕事場で書いたのです。だから、素粒子物理学関連の書籍は相当部分を三丁目へ移してしまいました。そしてまたすぐ次の仕事が始まってしまうので、つい「あの本はどこへ行ったんだっけ」ということになる。それに、このネコビルを出入りする助手やスタッフは何人かいるのですが、彼らがそれぞれ違うやり方で整理した時期があって、ますますわからなくなってしまったのです。ですから、自分の蔵書だからといって、必ずしもすべての本がどこにあるのかを、完璧に把握しているわけではありません。

とはいえ、この椅子の後ろの棚を見渡すと、宇宙関係の本が並んでいます。ビッグバンに関するものや、フリーマン・ダイソンの『宇宙をかき乱すべきか』『科学の未来』『ガイアの素顔』『多様化世界』なども見当たります。『超ひも理論とはなにか』『超弦理論とM理論』『エレガントな宇宙』『スーパーストリング』『ストリング理論は科学か』など、超ひも理論に関する本もあります。

このフリーマン・ダイソンは、アメリカで最も尊敬されている物理学者の一人です。しかし、彼は物理学しかできない人でもありません。相対性理論と量子力学を統合する基礎物理学を専門としながら、宇宙開発や生物学あるいは原子力開発など、科学に関わるあらゆる分野で研究活動をしてきました。また、文学や芸術にもその関心は伸びていて、『宇宙をかき乱すべきか』という書名は、詩人のT・S・エリオットの有名な詩の一節から取られたものです。著作はどれも面白いので、ぜひ手に取ってみてください。

超ひも理論というのは、物質の最小単位を粒子ではなくて、ひもだとして考える理論のことです。ただ、このひもというのは、普通のひもではなくて、一一次元のひものことです。だからもう実験で仮説を確かめるようなこともできない世界です。

実際、ひも理論は、現時点では証明のしようがない理論です。だから物理理論としては認められないという説もあります。証明法の探求や提案は行われているけれども、「こういう実験をやって、こういう事態が観測されれば、理論の存在が証明されたことになる」といったことが、まだ誰にも発見できていない。その意味で、ひも理論は、いまだに真偽不明なのです。ただ、内容的には非常に面白い考え方ですから、ひも理論が世界中の若い研究者を引きつけているのも事実です。

ダイソンは、『多様化世界――生命と技術と政治』（みすず書房、一九九〇）という著作の中で、「学ばれるべき主要な教訓は、自然は複雑だということである。単純な物質的宇宙などというものは存在しない」と言いましたが、まさに二十世紀以降の科学は、このような「複雑さ」に向き合っていかなくてはなりません。

地球外生命体は存在する!?

ただ、今、宇宙論が面白いのは事実です。特に面白いのは、本当に地球以外の生物が存在するのかどうか、という研究です。これまでも、この宇宙でわれわれ地球人は孤独なのかどうかということは常に大きな問題でした。地球以外に他の生物がいる可能性については、一般にドレイクの方程式という存在が知られています。これは一九六一年にアメリカの天文学者フランク・ドレイクによって考案された式です。ドレイクの方程式をはじめとする宇宙論一般は、ネコビルの一階の壁面にあるのですが、この辺にも若干置いてあります。『第二の地球はあるか』（磯部琇三著、講談社ブルーバックス、一九九一）、スティーヴン・ウェッブの『広い宇宙に地球人しか見当たらない50の理由』（青土社、二〇〇四）などが面白い。

ドレイクの方程式は、七つの係数を掛け合わせることで、地球以外に生命が発生する確率を計算するものです。ドレイクは次の七つを係数として挙げました。

① 10：銀河系では、一年のうちに平均10個の恒星が誕生するので

② 0.5：あらゆる恒星のうち約半数が惑星を持つので

③ 2：惑星を持つ恒星は、生命が誕生可能な惑星を二つくらい持つと考えたから

④ 1：生命が誕生可能な惑星では、100％生命が誕生するとしたから

⑤ 0.01：生命が誕生した惑星の1％で知的文明が獲得されるとしたから

⑥ 0.01：知的文明を有する惑星の1％が通信可能となると考えたから

⑦ 10000：通信可能な文明は1万年間存続すると考えたから

この七つの係数を掛け合わせると、答えは10になります。この数字自体に意味があるのではありません。ドレイクが言わんとしたことは、地球外生命体と出会う可能性はきわめてレアで、ほ

とんど現実化することは不可能としか言えないようなレアネスが背景にある。けれどもそれはゼロではないということなんです。ただやはり最近までは、科学者たちの基本的な見解は、この宇宙に人間以外の生き物がいるかと聞かれれば、いるかもしれないけれども、人類と出会うのはあまりにも可能性が低い、というものでした。

ところが、最近のアメリカでは、本当は宇宙には生物はものすごくたくさんいるのではないか、という説が浮かびあがりつつあります。「第二の地球はあるのか」という議論が盛りあがり、観測天文学の進歩もあって、どうやらそれが本当にありそうということになってきたのです。

では、何が観測されたなら、そこに生命があるということになるのか。

『GAIA』でガイア理論を打ち立てたJ・E・ラヴロックという人がいます。ぼくは彼からも大きな影響を受けていますが、実は、彼のガイア理論もその出発点は、宇宙を観測したときに何が観測されればそこに生命があると言えるのか、というものでした。

ちなみにガイア理論とは、地球それ自体を一つの生命体として見る考え方です。地球はまさに一つの生命体と言えるほどの内的環境自己調整能力を持っている。地球がこれほど安定しているということは、人体が持っているホメオスタシス機能と同じものを持っているということなのではないかという理論です。このガイア理論が生まれた経緯については同じラヴロックによる『ガイアの時代』（工作舎、一九八九）に細かく書かれています。

生命が存在するためには、まず水が必要であることは間違いない。水がないところには、基本的に生命は存在しえないのだから、水が液体として存在している必要がある。水はうんと冷たければ固体に、うんと熱ければ気体になってしまいます。そうなると太陽系の場合は、太陽からの距離で、液体水の有無が自ずと決まると同時に、生命の有無も決まってきます。

太陽系の惑星のうち、水星と金星は太陽に近く熱過ぎて生命は存在できない。一方、地球、火星よりさらに遠い木星、土星以降の惑星になると、今度は、水は凍ってしまう。ですから、水が液体の状態で存在し生命が存在しうるのは、地球と火星だけだと一般的には考えられています。それはほとんど正しい。けれども、必ずしもそれだけだと言い切れないのは、実は木星や土星のようにサイズが大きい惑星の場合には、その内部構造を考えなくてはいけないからです。つまり、表面は凍っていても、中は液体という状態もありうるわけです。おまけに木星と土星にはそれぞれ、地球で言えば月にあたる、その周りを回っている衛星があります。そのいくつかの地中には、水が液体で存在しているものがあるのです。

その一つが木星の衛星エウロパであり、もう一つが土星の衛星エンケラドスです。その二つの衛星についてもう少し精密な調査を行えたなら、宇宙で地球以外に生命が存在しているという証拠が見つかる可能性がある。これが一つの可能性です。

もう一つの可能性としては、太陽系の外に生命がいるというものです。この宇宙には太陽系の太陽に相当する恒星は、それこそ無数に存在しています。夜空を見上げたときに星として見えるものは、あれは全部恒星、すなわち太陽と同じです。だとしたら、夜空の星の周りには太陽系と同じように、それぞれ惑星がいくつか広がっているということになります。

その無数の惑星の中には、ハビタブルゾーンと呼ばれる、要するに生命が生命として存在可能なゾーン、言い換えれば、水が液体で存在できるゾーンに入っているものがあることが予想できます。実際に、そのハビタブルゾーン内に入っている惑星がいくつあるのかについて、かつては単にコンセプトとして検討することしかできませんでしたが、最近では観測することが可能となりつつあります。具体的に言うと、数年前からケプラーという人工衛星が上がっています。ケプラーは、太陽系の外にある恒星の惑星系の中に、ハビタブルゾーンがどれだけ存在するのかを調べるために作られたアメリカの人工衛星です。

ケプラーは、しばらく前から飛んでいて、データを蓄積していますが、その結果がはじめて二〇一〇年に発表されました。解釈によって見解の相違はあるにしても、ハビタブルゾーンにある惑星はほとんど無数に近いことがわかりました。とにかくとんでもないポテンシャルがあることがわかった。だから今は、「宇宙は生命に満ちあふれている」「今までは生命は地球だけに存在するものだと考えられていたが、実は地球こそが生命の辺境だ」と極端なことを言う人もいます。

二〇〇六年に、国の大学共同利用機関法人として、自然科学研究機構という組織ができましたが、そのときから一貫して、ぼくは経営協議会委員をしています。自然科学研究機構の主要メンバーが国立天文台ですから、観測宇宙探査はここの最重要任務です。ということで、ここの研究会で数年前から、「宇宙と生命」の研究会を立ち上げた他、「宇宙に仲間はいるか」というタイトルで、系外宇宙探査をメインテーマにするシンポジウムを毎年数回やってきました。ケプラーの打ち上げもあって関心は高まるばかりです。数年以内に、本当に生命がある系外惑星が見つかるのではないかと思っています。

困ります、岩波さん

ぼくにも「この人の本についてはほぼ全部持っている」という人が何人かいます。そのうちの一人がフリーマン・ダイソンで、彼については英語の原著ではありませんが、日本語の翻訳で刊行されている本は全部集めています。そしてもう一人が天才物理学者リチャード・ファインマンです。著作はここにまとまっていますが、ファインマンの場合は、基本的な著作については、日本語のものと英語のものの両方が揃っています。どちらかと言えば英語のもののほうが多いですが。

このファインマンという人は、日本では、岩波書店から刊行された『ご冗談でしょう、ファインマンさん』（全二冊、一九八六）がベストセラーになったこともあって、親しみやすい、科学ものエッセイの著者として有名になっている感があります。

しかし彼は、一九六五年にノーベル物理学賞を受賞している正真正銘の物理学者です。ファインマンが書いた『ファインマン物理学』五巻本シリーズ（岩波書店、一九八六）は、日本で一番有名な物理学の教科書です。岩波書店が原著を翻訳して出版したものがものすごく売れて、今でも『ファインマン物理学』を教科書にしている大学も、少なくありません。このファインマンの教科書は、読者へのサービスが各所に施されていて、すごく面白い。そして通読すると物理学の本質がわかったような気になります。

けれども、実はこのファインマンという人は、自分で筆を執って一冊の本を書き下ろしたことはないのです。『ファインマン物理学』全五巻にしても、ファインマンが実際に行ったのは講義だけで、講義のテープ、速記や黒板の板書の記録などを元にして、弟子のレイトンとサンズがまとめて本にしたものです。また、この『ファインマン物理学』以外の、『ファインマン講義――重力の理論』(岩波書店、一九九九)などもそうです。書誌データを調べると、みんな著者名のところが「ファインマン編」となっているのは、こうした事情があるからです。

ただし、自分で書いていないからと言って、ファインマンという人物のすごさが減ぜられるわけではありません。講義録がこれだけの名著となることからもわかるように、実際のファインマンという人はその話が素晴らしく、アメリカでは、『ファインマン物理学』シリーズの元となった彼の講義そのものが、テープとなって販売されており、それもものすごく売れました。全六巻の「Complete Audio Collection」が四〇ドルですから、これは安いです。現在は、Basic Books より『The Feynman Lectures on Physics on CD』として全二〇巻のCDが販売されているようです。

このようにたくさんの名著を生み出したファインマンですが、日本で最も親しまれている『ご冗談でしょう、ファインマンさん』シリーズについては、ものすごく問題があります。

というのも、岩波書店は、『ご冗談でしょう、ファインマンさん』のⅠ・Ⅱ巻、『困ります、ファインマンさん』、『ファインマンさん最後の冒険』、『ファインマンさんの愉快な人生』Ⅰ・Ⅱ巻、『ファインマンさんは超天才』を単行本で出版しているのですが、これらをすべて同じ訳者、同じ装幀で揃えてシリーズ扱いにしています。

しかし実際には、ファインマンの手によるもの（口述によるもの）は、最初の『ご冗談でしょう、ファインマンさん』と『困ります、ファインマンさん』だけで、『ファインマンさん最後の冒険』と『ファインマンさんの愉快な人生』と『ファインマンさんは超天才』はそれぞれ、ラルフ・レイトン、ジェームズ・グリック、クリストファー・サイクスといった別の著者によって書かれたものなのです。これはほとんど読者への詐欺的行為と言われても仕方がありません。

おまけにシリーズらしく見せるためか、すべての書名に「ファインマンさん」とつけていますが、原著のタイトルに「ファインマンさん」とついているのは、『ご冗談でしょう』の『Surely You're Joking, Mr. Feynman!』だけで、『困ります』は本当は『What Do You Care What

Other People Think?』であるなど、ファインマンの名前は一切出てこないか、注釈的につけられた副題に出てくるだけなのです。

このように、実際にはファインマンが携わっていない書籍もファインマンの著書であるかのように扱うなど、岩波書店は、日本人がファインマン関連の書籍について大変な誤解をするようなことを続けてきました。これは本当にとんでもないことです。

この岩波書店のめちゃくちゃぶりについては、ぼくが岩波現代文庫版『困ります、ファインマンさん』の解説を書く機会があった際に、詳しく解説しておきました。というより、この解説を読まないと、日本の読者はファインマンの著作について、まるきり誤解をしてしまうことになっています。本当に「困ります、ファインマンさん」じゃなくて、「困ります、岩波さん」なんです(笑)。

ファインマン最大の仕事

タイトルの件しかり、違う著者のものを勝手に、あたかも、同じ著者のものであるかのように扱っていることしかり、岩波は信じられないくらい、おかしなことをしているのですが、中でも本当に腹が立つのは、翻訳の際に、原著の中で最も重要な部分を勝手に抜いてしまったことです。ファインマンの書いたものの中で、世界的に最も有名なのは、「チャレンジャー事故調査委員会報告書附録F」というものです。

一九八六年一月にNASAのスペースシャトル、チャレンジャー号が打ち上げ直後に爆発するという大変な事故を起こしました。その後、「スペースシャトルチャレンジャー号事故調査大統領委員会」が組織されることになります。この委員会は、委員長の名前からロジャース委員会とも呼ばれるのですが、ファインマンは最有力メンバーに任命されます。

そして、ファインマンは、事故の原因が外部補助ロケットの接合部にガス漏れ防止のためについていたOリングの不具合であったことをつきとめます。不具合の原因をつきとめただけでなく、さらに氷点下近くになった冷気のためにOリングの弾力性が失われて密閉性が損なわれたことを、テレビ放映中の公聴会の場でコップの氷水に試料を浸す実験を通して、証明してみせたのです。

その後、ファインマンは、こうした事故原因を結果的に放置してきたNASAの組織的病理を明らかにすべく、ロジャース委員会に対して独自に「シャトルの信頼性に関する個人的見解」("Richard P. Feynman's Minority Report to the Space Shuttle Challenger Inquiry")を提出します。

けれども、委員会の多数派からは、正式の報告書にその見解を盛り込むのを拒否されてしまいます。それで、ファインマンは委員会で「ぼくの報告を見た人は誰もいないようですね」と苦情を申し立てる。委員会としても、「では、この報告をどうするか会議で決めるので、その会議を来週やりましょう」という話になったのです。その結果、一般向けの記者会見のときにはファインマンの報告は公表されなかったのですが、少数派ではありましたが、何人かの委員の強い要望によって、記者会見の一カ月後に、あくまでも「個人的見解」として、報告書に「附録」の形で添付されることになったのです。この「附録F」は、そうした曰くつきの文書だったのです。

この文書は本来、『ファインマンさんは超天才』の原著である『The Pleasure of Finding Things Out』に入っていました。けれども、それを岩波はなぜか翻訳の際に抜き落とすという、とんでもないことをするのです。

本当にそれはおかしなことです。

なぜなら、ファインマンが関わった仕事の中で最も有名な文書を抜いてしまったわけですから。なぜ、そんなことをしてしまったのか、今となっては真相はわかりません。おそらく、とにかく最初の『ご冗談でしょう』がこの手の科学ものエッセイとしては信じられないほど売れてしまったので、「このような読みやすい科学エッセイ路線で貫こう」と考えたのかもしれません。見てみると、「附録F」の内容は専門的過ぎる。それで「一般の人に読ませるには適当でない」と岩波が勝手に判断したのではないでしょうか。

「附録F」は分量としては短いものです。短いけれどわかりやすくて重要です。そして、チャレンジャー号事故の根本理由を理解しようと思えば、まずはこれを読まなくてはならないと言うべきものです。彼が書いたものの社会的影響力から言えば、これが圧倒的に大きい。そしてその後、チャレンジャー号事故に言及するとき、必ず引用される文書なのです。これほどまでに重要な「附録F」が『ファインマンさんは超天才』刊行時にはカットされてしまい、「附録F」発表から一五年もの間、日本ではずっと読むことができなかったのです。二〇〇一年になってようやく翻訳が収録された『ファインマンさんベストエッセイ』が刊行されました。

奇妙なほどに馬鹿げた事件だとぼくは思っています。

くりこみ理論

チャレンジャー号の事故原因究明に関する逸話は、それはそれで劇的です。しかし、物理学者としてのファインマンを語る上では、ノーベル賞の受賞も欠かすことはできません。

ファインマンは、朝永振一郎と同じ一九六五年に、同じノーベル物理学賞を受賞しています。あの年の受賞者には朝永とファインマンと、もう一人、アメリカ人のシュウィンガーという人が入っていました。この三人が量子電磁力学を確立したという理由で、ノーベル物理学賞を受賞したのです。この辺りの事情を説明しようとすると、とても難しいので省略しますが、とにかく当時、素粒子物理学はどうしようもない難題にぶつかっていました。従来の定説に従って、ある計算をすると、それがどうしても発散してしまうというのです。「発散する」とは、計算していくと物理量が無限大になってしまうことを意味しますが、それは計算の解答としては、絶対に間違っていることが明らかなわけです。なぜなら、量子電磁力学の対象となるいかなる事象も、実際の実験を見れば、いかなる意味でも別に発散など起こしていないのだから。しかし、計算上は発散することになってしまう。これは何かがおかしい。でもどこがおかしいのかわからない、のです。

量子力学の基本思想に基づいて計算していくと、現実に起きるはずがないことが起きることになってしまう。この問題をどう解決するのか。それが、その頃の素粒子物理学における最大の問題でした。そして、その問題に一つの解決法を示したのが、朝永振一郎だったのです。彼の受賞理由となった理論を、日本語では「くりこみ理論」と言います。では、くりこみ理論とは何か。これを説明し始めると、それはまた大変なことになるのは必至で、朝永さん自身もいろいろわかりやすく書こうと試みた本が何冊かありますが、読んでもたいていの人はわからないと思います。『量子力学』『物理学とは何だろうか』など朝永振一郎の本は、この辺りにまとまっていますが、要するに、くりこみ理論は、発散を起こすものを、現実には発散していないのだから、ならばその問題の部分をすべてより大きな問題の中に放り込んでしまえ、つまり「くりこんでしまえ」というものです。もちろんこれは、ものすごく大雑把な説明です（笑）。しかし、これによって、素粒子物理学が理論として生き還ったのです。

その朝永振一郎と、ファインマン、そしてシュウィンガーは、三人ともそれぞれ独自に行った研究成果によって、ノーベル賞を受賞しました。けれども、「彼ら三人が成し遂げた学術的成果は、実は、実質的に同じものだ」ということを主張し、証明した人がいるのです。それが先ほどご紹介したフリーマン・ダイソンなのです。

そしてフリーマン・ダイソンは、その事実を証明したことで、その年、朝永ら三人に続く四人目のノーベル賞受賞者になって当然だと言われました。けれども、フリーマン・ダイソンは、「あくまでもその三人のほうが自分よりも上だから、自分は賞をもらわない」と固辞しました。この固辞によって、彼はますます評価が高まり、プリンストン高等研究所名誉教授としてとどまります。実際には、ノーベル賞は、複数受賞者を許すが、各部門各年度最大限三人までという規定もありますが、彼は彼で、本当に魅力的な人物です。

科学を「表現する」天才

ファインマンもフリーマン・ダイソンも、本当に独特の天才です。「ファインマンさん」シリーズの中にある『ファインマンさんは超天才』という本は、BBCが制作した「ファインマンという人物は何者?」という番組を元に編んだものなのですが、その原著の英文タイトルは『No Ordinary Genius』です。すなわち「普通じゃない天才」なのです。

では、どのように普通ではないか。

彼は何においても直観的に把握し、それを直観的に言語で表現することにおいて、まさに天才的と評されてきたのです。それも、天才がゴロゴロいるコミュニティの中で、たくさんの「その他大勢の天才」たちによって、あの人は本当の天才と言われ続けたのです。

実際に、彼が『ファインマン物理学』の講義を行ったのは、CALTECH《カルテック》（California Institute of Technology）の略で知られるカリフォルニア工科大学です。アメリカでは「○○TECH」と略される大学がいくつかありますが、これはいわゆる総合大学であるユニバーシティと違う工科大学を指します。その中でもCALTECHは、MITの略称で日本でもよく知られているマサチューセッツ工科大学と並んで、アメリカで本当に天才的な理系学生たちが集まることで有名なサイエンス系大学です。

ファインマンの最大の業績は、ファインマン・ダイアグラムを発明した点にあります。そして、これがノーベル賞の受賞理由にもつながります。

ファインマン・ダイアグラムとは、一つの図解のことを言いますが、そのダイアグラムを使うと、素粒子の世界で起きている現象が、すべて記述できます。事実、専門書を眺めてみると、素粒子論の本はすべて、このダイアグラムに基づいて記述されています。素粒子と素粒子が衝突すると、違う素粒子に姿を変えたり、光を出したり、エネルギーが発散されたりしますが、そうした現象のすべてはファインマン・ダイアグラムによって記述できるのです。そうして、先ほど解説した当時の素粒子物理学における最大の問題とされてきた発散の問題も、ファインマン・ダイアグラムに載せてみると、「ああ、このように記述すればいいんだ」とわかったわけです。

要するに、科学というのは、論理が大事なのですが、一方で、それを記述するための「科学の言語」が十分に発達していない場合があるわけです。言語、つまり表現方法が大事なのは、哲学や文学といったいわゆる文系の学問だけではありません。

表現方法とは、言い換えれば「物事の見方」です。どうやっても解けない難問だと思われていたものが、ふと違う角度から見ると、「問題ですらなかった」という展開となったり、違う角度から見ることによって、その問題の根本的なところでこれまで気づかなかった側面が見えたりする。科学の進歩とは、その繰り返しなのです。

ある場合には、数学を使わなくてはいけないし、ある場合には、ファインマン・ダイアグラムのような図を使わなければいけない。数学にしても、図解にしても、その時代における本当に天才的な頭脳を持った人が、独特の記述方法を考え出す。そしてそれによって新しい科学の世界が記述される。そうして学問が進化していくんです。

このダイアグラムの中に素粒子のすべてが書き込めるというのを、ファインマン自身も生涯誇りにしていたようです。ですから、彼が愛用した自家用車の横っ腹にはファインマン・ダイアグラムのエッセンスがでかでかと書き込まれていました。彼を紹介するとき、その写真がよく使われます。

科学は不確かなものである

ファインマンについての話の締めくくりとして、これまで挙げたもの以外のお薦め本をざっと紹介しておきましょう。まず、『光と物質のふしぎな理論』（岩波書店、一九八七）という本があります。これは現代物理学における最先端、要するに「光とは何か」「物質とは何か」という問題そのものに斬り込んだ本です。カリフォルニア大学ロサンゼルス校（UCLA）での講演をまとめたものです。

その他、特に面白かったのが『物理法則はいかにして発見されたか』（ダイヤモンド社、一九八三）と『素粒子と物理法則』（培風館、一九九〇）と『科学は不確かだ！』（岩波書店、一九九八）です。全部専門書ではなくて一般向きの講演をまとめたものです。

この『科学は不確かだ！』は、「光」や「物理」といった枠組みをさらに超えて、「科学というのは何か」ということをテーマにした一冊です。

実は科学の周辺にも、多くの怪しげな話がたくさんあります。例えば、空飛ぶ円盤やテレパシーや信仰療法をどう考えればいいのかについて、ファインマンはこの本で真正面から答えています。これはまさに現代人必読の書と言えるでしょう。「科学をむやみやたらに信じる」のもまったくのナンセンスであるということをきちんと押さえていながら、科学の本質をよく伝えている本です。読んで面白いだけでなく、人間が科学と向き合う場合の心構えを考えさせてくれる非常にいい本です。

サイエンスについて語ることの難しさ

さて、次はアインシュタインです。アインシュタインに関する本はだいたいこの辺りにまとまっています。デニス・ブライアンの『アインシュタイン』、アリス・カラプリス編『アインシュタインは語る』、アブラハム・パイス『神は老獪にして…――アインシュタインの人と学問』などは、ぜひ読んでみるといいでしょう。

アインシュタインは、もちろん天才ですが、彼のどこがどうすごかったのかを伝えるのはなかなか難しい。まず、彼の研究成果である相対性理論や量子論を、「一言で簡潔に教えてもらいたい」などと言われても、困ってしまいます。というのも、聞き手が物理学や数学についてどれくらいの基礎知識を持っているかによって、伝えるべき内容が大きく変わってしまうからです。

サイエンスの最先端の内容というのは、予備知識を持たない相手に対して、一言で伝えられるようなものではありません。だから、サイエンスに関係する本も、「どの程度のレベルの人が読者なのか」をまず設定しないと、何も伝えようがない、といったところがあります。最先端の一歩手前まではみんな理解していて最新の研究成果だけを伝えればいいのか、あるいは初歩の初歩についての解説から始めて、最新の研究成果のエキスだけを伝えればいいのか。非常に幅の広い選択肢があり、どの道を選択したかによって、話す中身は、レベルもボリュームも全部変わってくるものなのです。ということは、サイエンス系の本を読むときは、その著者が、どういうレベルの人に向けて書いた本なのかを素早く判断し、自分がそのレベルに入っている人間なのかどうかを判断してから読まないと、読む必要がない本を読むことになるのです。レベルがズレ過ぎた本を読むのは無意味です。上のほうにズレ過ぎても、下のほうにズレ過ぎても、読む意味がありません。注意しなければならないのは、内容のズレもさることながら、説明のレベルのズレがもっと大事だということです。「そんなことわかっている。そんな説明いらない」ということをくどくど書いてある本を読むことほど、うんざりするものはありません。そういう本はすぐ読むのをやめないと時間の無駄です。サイエンスに限らず、あらゆる領域の本でこの判断は大事です。

本当はどんなコミュニケーションでも、お互いにまず相手のレベルを摑むために、「当たりを取る」ことが必要になります。どんな問題でも、その問題について、ほんのちょっとした会話をして、相手のレベルを判断し、そのレベルに合わせた対話をする。「レベル合わせ」が正しいコミュニケーションの基本です。工学的な世界で、あらゆる異種のシステムをつなぎ合わせるときに、キャリブレーションを取るといって、「目盛り合わせ」をするのと同じ事です（原義は、銃口の口径と弾丸の径を合わせること）。電気を使う回路をつなぐときには、インピーダンス合わせをする必要がある（合わないとスピーカーから蚊が鳴くような音しかでなかったり、耳をつんざく大音量の音が出たりする）。機械的なパワーの伝達系では、機械インピーダンスを合わせる（自動車のエンジンの回転力と車輪の回転抵抗値を合わせるために変速器〔ギヤボックス〕を使う）のと同じことです。人の頭の回転力は個々人で相当に違うから、説明をする側と説明を受け取る側が、理解力のインピーダンス合わせをしないと、説明がほとんど通じなかったり、そんなアホバカレベルの説明はやめてくれとなるわけです。

本を読む側、選ぶ側が、インピーダンス合わせとしてやるべきことは、本を立ち読みして、パラパラめくって部分読みをしたり、前書きを読んだりすることです。本ではなくて、相手が目の前にいて、その人に量子論の説明をしなければならない場合、一番いいのは、「量子論について何か知ってますか?」とか、「どの辺りがよくわからないですか?」といった率直な質問をして、その答えにあわせて話をすることです。

そうじゃないと、本当の意味では、サイエンスがからんだコミュニケーションは取ることができないのです。その世界について少しでも知っている人と、まったく知らない人とでは、レベルに差があり過ぎます。車と言えば自転車しか知らない人と、F1のレーサー、あるいは高速路線バスの運転手、重要物運搬のトレーラー運転手では、車の理解がまったく違うのと同じことです。

実はこの問題は他の世界にも当てはまります。例えば哲学の話をするときに、聞き手が哲学の世界を少しでも齧った人間なのかそうでないのかによって、話し手は話す内容が変わってきます。哲学の世界においては、ある時代の問題群と今現在の問題群とは、ものすごく異質なものになっています。そうした違いを理解している人と理解していない人の間では会話が成り立たない。会話を続けてもズレてしまうだけなのです。

ただ、サイエンスでは、それがより色濃く出てきます。サイエンスの世界では、「基礎概念中の基礎概念」にあたるのが、数学であることが多いのですが、この数学ほど、本格的に取り組んだことのある人とそうしたトレーニングをまったく積んでいない一般的な人との間で、認識のズレが出てしまう分野はありません。日本の学校制度に乗せて言えば、高等学校で文系のコースを選択したか、理系のコースを選択したかによって、サイエンスの世界を理解する土壌そのものに大きな違いがあるのです。

文系コースも初歩的な微分積分くらいは習うと思いますが、たいていの学生はほとんど理解せずに卒業してしまいます。だから微分積分のさらに先となると、もうほとんど何もわからない。つまり内容以前に、最先端の数学の世界が、微分積分で理解がとどまっている場合に見える数学の世界とは、大きく異なったものなのだという事実がわからないのです。

例えば、数学に群論という分野があります。これはフランスの数学者であり、革命家であるガロアが考え出した数学理論です。このガロアも十代で現代数学の礎を築きながら、二十歳という若さにして決闘の末亡くなるという壮絶な人生を送った天才です。『ガロアの生涯――神々の愛でし人』（日本評論社、一九九六）という本に上手くまとまっています。

そして、この群論に対する理解がないと、現在では、化学や物理学、そして生物学まで、理解のレベルに歴然とした差がついてしまいます。もちろん、群論をまったく抜きにして取り組む、あるいは微積分をまったく抜きにして取り組める世界もあります。実際に、世の中でマジョリティを占めているのはそちらのほうです。しかし、やはり最先端のことを理解するためには、どうしても必要な知識ではあるのです。理系であれば微分積分は必須になっていますが、群論は大学院に進学した上で、特殊なコースに進む人でもなければ修める人はいない。実は難しくはないのですが、よく知られていない世界なのです。

そうした説明の難しさを踏まえた上で、量子とは何か、量子論とは何かと問われた場合に、何と答えるか。一言で言えば、「自然は量子というかたまりでできている」ということです。これが、アインシュタインが「神はサイコロを振らない」という言葉とともに生涯にわたって否定的でありながらも、決定的に発展させた量子論の基礎の基礎です。

現実では起きないけれども……

　ある変化があったとして、1から2へ動くとします。すると普通の感覚であれば、1と2の間には、1.1があって、1.2があって、1.3があって……と、「間」があり、その「間」を経由して1から2へ移るものだと考えます。けれども、量子論では、そのようには考えません。1から、「間」を飛ばして、突然2になる。その間はありません。「ぴょん」というか、「ぴっ」と次に行ってしまう。要するに、1と0だけがあって、すべてを1と0の組み合わせだけで表現するデジタルの世界と同じです。

　世界はどこを見ても量子と呼ばれるきわめて小さな単位量で組み立てられた世界だと考える、より正確に言えば、そういう世界だと認識するということです。これは考え方の問題ではありません。事実問題としてそうなのです。電気の世界は、一つ二つと数えられる電子が電気の素量を伝えています。光は、一つ二つと数えられる光子が光の素量を伝えています。といっても、それは、高感度の計測器を使えば数えられるということで、われわれの日常的な感覚能力では、それはとらえられません。量子はいずれも、きわめて微細、微小なものであって、人間的感覚能力の世界にはあらわれてきません。人間的な感覚能力の世界はすべてニュートン力学の世界です。

この説明で気がついたかと思いますが、量子論というのは、一般社会で起こる日常現象の説明には使えません。むしろ量子論など考えずに、ニュートン力学の枠組みの中で、世の中を見たほうがスムーズでしょう。けれども、きわめて微細な世界においては、今度はニュートン力学では説明のできない動きが出て来る。そして、量子力学だと上手く説明できるのです。

こうして、原子核の世界のような、日常的な視覚世界などとは隔絶した、極端に小さいものの世界を記述するのに、量子論は役立ったのです。

しかし、今日ではまた様子が変わってきています。これまでは日常生活においては量子力学などまったく触れる機会がなかったはずですが、最近では、量子力学で考えないとわからない技術が、どんどんリアルな日常生活の中に入ってきています。

例えば、シャボン玉です。これは技術というより、遊びの中で、誰でも接したことがある現象といったほうがいいかもしれません。シャボン玉というのは触ってみると不思議な感触です。脆いのか強いのかよくわからない。あのシャボン玉の膜のうすさは、すでに量子力学でないと理解できない領域に入っているわけです。光学的な現象として、シャボン玉を膨らませると、色が変わります。あの色の変化も量子力学的に考えない限り、わからない。ある色合いをしていたものが、パッと違う色になる。変わる前と後の中間の色というのはなくて、「ぱっ」と変わる。これは量子の世界の現象です。

そして、かつてはきわめて特殊な手段を用いなければ、観察できなかった世界で起きることが、今は日常世界の中で可視化されてしまう。こうしたことが、実はしばらく前から起きています。

その代表例がレーザーです。『量子効果ハンドブック』（武者利光他編、森北出版、一九八三）にも書かれていますが、誰でも一番よく知っている量子効果が顕著である世界は、レーザーです。現在の世の中は、もうレーザーなしではほとんどたちゆかないというくらい、日常生活の至るところに入っています。レーザー（LASER）とは、「輻射の誘導放出による光の増幅」を意味する英語Light Amplification by Stimulated Emission of Radiationの頭文字をまとめたものであることは、誰もが知っていると思います。しかし、それを説明するとなると、なかなか骨が折れる。実はすごく難しい先端技術の粋を集めたものなのです。

具体的にレーザーはどこに使われているのか。例えばコンビニのレジで値札を読み取るバーコードリーダーなどがそうです。CD、DVDのデータ読み取り装置もそうです。後は、医療の分野での導入も思っている以上に進んでいます。歯医者さんに行けば、虫歯治療として患部にずっとレーザーを当てる体験ができます。それから眼医者です。現在では目の手術はほとんどレーザーで行っています。半導体レーザーができてからは、ありとあらゆる世界にレーザーが入り込んでおり、今ではそこにレーザーがあるとまったく意識させないほど、その使用は日常化しています。現代は情報社会で、あらゆる領域のあらゆるマシーンが膨大なデータの書き込み、読み取りを前提として動いている。それがレーザーの得意技ですから、現実にあらゆるマシーンの内部で働いています。

アインシュタイン最大の功績

レーザーに対するかつてのイメージは、SFに出てくるレーザー砲のようなパワーレーザーのイメージだったと思います。鉄板をあっという間に切断してしまうイメージだから、もし眼球に当たれば、たちまちジュワッと焼けてしまう。そんなイメージではなかったでしょうか。しかし、実際には目を潰すわけでもなく、手術に使える。なぜなのか。それは照射するのがきわめて短時間だからです。ほとんど瞬間と言ってもいい極端に短い時間だから、目を潰すようなエネルギーは放出されないのです。

では、それがどれくらい短時間なのかというと、「フェムト秒」という単位で計測される時間です。平尾一之、邱建栄編『フェムト秒テクノロジー』（化学同人、二〇〇六）という本に詳しい説明があります。「マイクロ秒」というのが百万分の一秒です。英語の単位は三桁刻みですから、「ナノ秒」は十億分の一秒、「ピコ秒」は一兆分の一秒で、その次の「フェムト秒」は千兆分の一秒にあたります。実際に眼科医が目に照射するのは、千兆分の十秒から百秒ほどになります。

このくらいの時間であれば、きわめて強力なエネルギーを持ったレーザー光線でも、対象とする生体を破壊する以前に、ほんの一瞬ぴかっと光るだけで消えますから、破壊現象は何も起こりません。だいたいピコ秒、フェムト秒単位で起こる現象は、目では確認ができません。人間の感覚能力を超えているんです。痛みも感じません。瞬間的に過ぎ、過ぎた後の結果を知るだけです。われわれは、そういうことが普通に使われている世界に足を踏み入れつつあります。

そして、そのレーザーは、まさに量子力学的な現象そのものであり、その理論的基礎を構築したのがアインシュタインなのです。

アインシュタインと言えば、誰でも知っているのは相対性理論でしょう。そして「相対性理論には、特殊相対性原理と一般相対性原理がある」程度までは、一般常識として知っています。
特殊相対性理論は一九〇五年に発表され、一般相対性理論は一九一五年から一六年にかけて発表されました。その次にアインシュタインが書いた論文が、彼が書いたものの中では必ずしも有名ではないですが、現代社会で最も役立っている理論、すなわちレーザーの基礎理論でした。それが一九一七年発表の「放射の量子論について」です。ここで発表された「誘導放出」の原理を現実化した技術が、レーザーなのです。

レーザーの世界

レーザーというのは、非常に不思議な現象です。どのように不思議なのか、日本が最近作ったX線自由電子レーザー「SACLA《サクラ》」を説明する形でお話しします。

ちなみに現在のところ、レーザー技術の最先端と言えるのが、X線自由電子レーザーです。これを実用化すべく、アメリカ、日本、ヨーロッパの三極がそれぞれ独自に開発を進めてきました。アメリカが少し前に成功して、日本は二〇一一年に成功したところです。一方ヨーロッパは、二〇一五―一六年に現実化する予定でしたが、まだまだ遅れています。日本のものが画期的に優れていたため、それに追いつくため、さらに改良しつつあると言われています。

レーザーには、量子力学的現象の特徴である「間がなくて、ポンと、ある別の違う状態に行ってしまう」という性質があります。

光（電磁波）を鏡の小部屋（光共振器）の中に入れると、二枚の向かい合った鏡の間を繰り返し往復します。さらにその小部屋の中に、ルビーやガラスあるいはCO_2などレーザー媒質となりうる物質を入れておくと、光が二枚の鏡を往復して媒質を通過するごとに誘導放出によってエネルギーが増幅されていくという現象が起こる。これがアインシュタインの唱えた理論の骨格です。

そして、ここからがものすごく難しくなるのですが、要するに、この量子力学的な現象の発生している世界で、重要な概念はエネルギーなのです。それも、日常用語的な意味でのエネルギーではありません。量子力学的な世界では、すべての事柄がエネルギー準位というもので規定されます。光は、実はエネルギーのかたまりです。光とエネルギーはお互いに転換できるのです。アインシュタインの相対性理論（$E=mc^2$）で、エネルギーと物質が互いに変換できることが示されましたが、お互いが変換できるのは、エネルギーと物質だけではありません。エネルギーと光も転換できるのです。物質のエネルギー準位が変化すれば、その変化した分だけ光になったり、逆に光を吸収してエネルギー準位を変えたりといったことが可能になるのです。別の表現をすれば、エネルギーと光と物質は本質においては同じだが、そのときどきでペルソナを変える三位一体の関係にあると言ってもいいのです。ここで、究極の物理学が神学と結びついていると言ってもいいでしょう。物理学をきわめると神学になるとも表現できるでしょう。存在の究極が神学になると言ってもいいし、存在の哲学の究極は神学になると言ってもいいかもしれません。物理学と哲学と神学が三位一体の関係にあると言ってもいいかもしれません。

ある物質が、ある特定のエネルギー準位にあるとします。その物質が別のエネルギー準位に移る場合は、ポンと移動する。その間はありません。それで、エネルギー準位が上がるとき、あるいは下がるときに、光が発されます。ではその光は何かと問われても、「エネルギー準位が変わるときに発される光」と説明する以外にないのです。

そして、普通の物質世界全体では、エネルギー準位が下のものを土台にして、エネルギー準位が高いものが上部に集まる、ピラミッド状の末広がりの形を成しています。ところが、エネルギー状態が高いものが多くて、エネルギー準位が低いものがほんのちょっとしかないという反転状態を人為的に作れることを、アインシュタインは提唱したわけです。

そして、そういう人為的にエネルギー準位を上げた状態を引き起こしているところに、ある種火を入れると、一気に雪崩現象を起こして、二枚の鏡の間を光が無限に往復を繰り返して、信じられないまでに増幅される。そして、そこからそれこそウルトラマンのスペシウム光線のようにビームが「ビーッ」といった感じで出てくる。大雑把に言えば、それがレーザーというものなのです。

日米、「光」の競争

光の世界では、その光が見えるか見えないかは、その光の波長によって決まります。波長が可視光域の光は目視できますが、それと比較してより波長が短くても長くても、目視することはできません。可視光の外の紫外線も赤外線も見えません(赤外線ストーブやコタツの光が赤く見えるのは、わざと見えるように人工的に赤く色付けしているからで赤外線が見えているわけではない)。X線自由電子レーザーも、そういった目では見えない光の一種です。波長がうんと短い。そして波長は短ければ短いほど、その光を、物質の観察に利用する場合には有利に働きます。

例を挙げましょう。普通の顕微鏡は、観察対象に可視光を当ててその反射光で見るという原理上、可視光の波長以下のものは可視光の波と波の合い間にもぐりこんでしまうため、見えないわけです。そうした微細なものを観察しようと思えば、可視光より波長の短い光を対象に当てる必要があります。そこで登場したのが、可視光より波長の短い電子線を利用する、電子顕微鏡でした。

しかし電子顕微鏡にも限界があります。さらに微細なものを観察しようとすれば、電子線よりも波長の短い光が必要となるわけです。そこで出てきたのがX線自由電子レーザーです。このレーザーを使えば、波長がオングストロームのレベルの光を出力することができるのです。

オングストロームというのは、ナノメートルよりさらに一桁小さい単位で、ちょうど原子の大きさを表すのに使われます。そして、そのオングストロームレベルの波長の光を使えば、理論上は原子そのものが見えるわけです。ただ、電子顕微鏡も走査型で五〇―二〇〇オングストローム、透過型では二―三オングストロームまでいけますから、いろいろ工夫をこらして大きな原子ならばギリギリ見られるところまでいっています。しかし原子の種類を選ばずに観察できるところまではいっていません。X線自由電子レーザーなら、原子の世界は当たり前に観察できるようになるのです。

実は、アメリカの研究チームが世界に先駆けてその実験に成功しました。最初のレーザーの波長は一・五オングストロームでしたが、その後さらに改善して、二〇一一年のはじめには一・二オングストロームまで達していました。

日本は、二〇一一年の六月に初めてX線自由電子レーザーを発振したのです。その最初の一発目、動かしたとたんに一・二オングストロームをクリアして、いきなり世界タイ記録となった。さらに三日後には一・〇オングストロームまでいき、今では〇・八オングストロームまで達成しています。設計時の試算では、〇・六までいくことになっています。

これはもう、想像を絶することが起こりつつあります。それだけではありません。このレーザーはパルス光で発振されます。その光が点滅する時間の短さを表すパルス幅が、フェムト秒クラスというのも、大変なことです。それだけの時間分解能力を持つと、化学反応の過程を観察できることになります。一般に化学反応は反応速度が速すぎて、過程がわかりません。はじめと終わりだけ、反応前の状態と反応後の状態がわかるだけです。化学反応の中間過程が分かれば、反応のその部分を操作改良できるようになると予想され、化学工業、石油化学工業に革命的変化をもたらすと考えられています。産業界に与えるインパクトの大きさは計り知れないものがあると予想されます。

　もう一つ大きなインパクトを与えると予想されるのは、生理学、生化学の世界です。生体の中で起きていることは、どんな化学工業、石油化学工業の工場より複雑な生化学反応の連鎖です。X線自由電子レーザーに期待されるのは、そのような生化学反応の反応過程の解析もさることながら、細胞の膜チャネルの解析が与えるインパクトが最も大きくなると予想されています。あらゆる生体反応の舞台は細胞です。細胞へのあらゆる物質の出入りを管理しているのが、膜タンパクが作る膜チャネルです。細胞の表面にこの膜チャネルがビッシリ並んでいて、それが巾着状の口を開けたり閉じたりして、細胞の物質の出入りを管理しているのです。この膜タンパクの解明が即、薬品の開発につながります。ところが、その解明がこれまで困難をきわめていました。それが一挙に楽になると予想されています。

　ここでちょっと補足しておくと、X線自由電子レーザーは、光学的なレーザーとまったく違います。先のレーザー光をどう発振させるのかの説明のところで、二枚の鏡でできた光共振器の中に光を入れると、光が鏡と鏡の間で何度も反射を繰り返しているうちに光ビームが発振してレーザーになるとお話ししましたが、これはあくまで光が鏡で反射する光学的世界で起きることであり、光の波長がさらに短くなってX線の領域まで達すると、X線は鏡に反射することなく、鏡を突き抜けていってしまうので、光共振器でレーザー発振させることができなくなります。ではX線をレーザーにできないのかというと、光学式とはまったく別の方式によって可能となります。

レーザーとは何かというと、光の波の位相（波の山と谷の続き具合）がピッタリ揃った干渉性がきわめて高いビーム光のことです。光共振器の場合は、鏡の間に入れられた光が無数の反射を繰り返しているうちに、光が互いに干渉し合って、光の位相が揃い始め、それがあるレベルを超えると、同一位相のビームとなります。それがさらに干渉し合って、これ以上合わせようがないというほど位相をピッタリ揃えると、発振現象を起こして、光の強度が一段と増したビームになります。これがレーザーです。

光共振器を使えないX線の場合、どうやって光の位相合わせをやっていくかというと、ウィーグラー磁場という強力な磁力を、S極とN極、交互に並べた特殊な磁界を用います。ここに電子ビームを導入すると、電子ビームは強力な磁界に誘導されて、電子のかたまりがスキーの回転競技の選手のようなクネクネ運動を開始します。この装置をアンデュレータと言います。電子ビームはアンデュレータの中で、走る方向を急激に変えるときに、放射光という特殊なX線を出します。電子ビームの走行方向が変わるたびに放射光がどんどん出て、束状になってビームとなる。これによって、磁力をどんどん強めていくと、放射光X線ビームは干渉性の高いX線ビームになり、さらに位相合わせを強烈にやり続けさせると、ついにはX線がレーザー発振してしまう。これは理論的には前から予測されていたことですが、それを最初にやり遂げたのはアメリカ（二〇〇五年）で、日本が二番目です。日本は二番目ながら、特に優れたアンデュレータを発明したので、世界最高性能のX線自由電子レーザーを持つことができたのです。

性能が高いだけでなく、世界最小、しかも世界最低予算で作りあげたというすぐれものです。成功の鍵は、「真空封止型アンデュレータ」にあります。X線の元になる電子ビームは、真空の中を飛ばさなければなりません（空気中だと電子線がいろんな分子と衝突してかき乱される）。電子ビームを強力な磁界で動かすためには、磁石と電子ビームをできるだけ近づけなければなりません。そこでアメリカは、電子ビームを真空パイプの中に通し、そのすぐ外側に強力磁石をパイプに貼り付けるようにして置いた（磁石とビームはパイプ径だけ離れている）。ところが日本は、アンデュレータ全体を真空パイプの中に入れてしまい、ビームと磁石をほとんど極限まで接近させて世界最高性能を導き出したわけです。

日本がこんなことをできたのも、日本が昔から（戦前から）強力磁石の世界では世界一の技術を持っていたからです。X線放射光の技術では、前から日本が世界一（スプリング8が世界最大最強の放射光施設）だからです。スプリング8はもともと高エネルギー加速器研究機構にあった放射光研究施設が発展したものですが、X線自由電子レーザーの成功の元になった真空封止型アンデュレータも、もともと高エネ研の加速器研究グループが発想して、作り出していたものです。高エネ研が持つ「Bファクトリー」というB中間子大量生成のための加速器は、一九七三年に小林、益川両博士の素粒子理論（小林・益川理論）を証明して、お二人にノーベル賞をもたらした世界最高性能の加速器として有名ですが、これを作った連中と、スプリング8を作った連中、およびX線自由電子レーザーを作った連中は、みんな同根なのです。日本のX線自由電子レーザーの快挙は、世界一を三つも四つも作ってしまう、このような研究グループがあればこそのものです。

特に今日の快挙は、当分他の国がまったく追いつけないような差をつけ、しかもこれからこれを用いての、化学の世界、バイオの世界、製薬の世界の大発展が期待できるだけに、日本としては、国家的に慶賀すべきことと言っていいはずです。しかし、一般にはそういう空気が出てこないのは、日本のマスコミの現場の知識と理解力を超えた話なので、それがさっぱり報道されなかったからです。X線自由電子レーザーは、国家基幹技術の指定を受けて、国家資金を大々的に投入してのプロジェクトであったにもかかわらず、それにふさわしい注目を集めていないのは、わびしい限りです。

タンパク質の構造解析

このX線自由電子レーザーで劇的に研究が進むであろうと言われているタンパク質の構造解析について述べておきます。タンパク質の構造解析というのは、X線を照射して行っていました。ワトソンとクリックも、核酸にX線を当てて反射した像を見ながら、この像の元になったものは何かと逆演算していくことで「DNAというのは二重らせんの形をしているんだ」という世紀の大発見を成し遂げました。このDNAの発見物語についてはワトソン自身の手による『二重らせん』(講談社、一九八六)に詳しく書いてあります。

細胞の表面には膜タンパク質というものがあって、細胞の内側と外側をつなぐチャネルになっています。すべての物質は、その膜タンパク質が作るチャネルを通って、細胞の中へ入るのです。

このチャネルが、実は七回膜貫通型タンパクと言われているきわめて特殊なタンパクなんです。長い糸状のものが細胞膜の内側と外側を七回縫うようにつないでいて、細胞膜の外にある神経伝達物質やホルモンを受容して、その信号を細胞内に伝える役割を果たしています。

この構造がわかれば、つまり、チャネルがどのように開いたり閉じたりして、何を入れたり出したりするのかがわかれば、生物科学の大きな秘密が解明されることになる。

その解明に向けて、膜タンパクの構造の研究はここ数十年にわたって世界中で大競争の形で進められてきました。ヒト以外のタンパクについては、いくつかその構造が解明されたものもあります。しかしそれらはほとんど偶然の発見に過ぎません。ヒトタンパクについて言えば、二つか三つしか解明できていない。こうした旧来の研究では、実際の研究に取り掛かる前に、採集してきた膜タンパクを元にある程度の大きさの（数ミリ以上の）結晶を作らなければならず、それが難しかったことがX線構造解析を行う上での支障となっていたのです。しかし、X線自由電子レーザーならば、煩わしい結晶作りは必要ありません。X線自由電子レーザーの解像力をもってすれば、ナノメートルサイズの極微小な結晶でも十分で、それならすぐにでもできるのです。

そこで期待が高まるのが医薬品の開発です。

膜タンパクは新薬開発における国際的競争の最大の焦点になっています。そこでもしX線自由電子レーザーを自由に使えるようになったら、次から次に新しい膜タンパクの研究に挑戦していくことができるようになる。

アメリカがこの分野で先行して実験にも取り掛かり始めていたので、アメリカの独走態勢ができかかっていたところでした。そこへ日本があっという間にアメリカを追い越してしまった。

これは大変なことなのです。しかし、日本ではほとんど報じられていません。いや、ぼくと組んで取材をしていたTBSだけが唯一報じました。でもそれが唯一です。

スーパーコンピュータもそうですが、今日本では世界的に見てもすごいことが次々と行われているけれども、その価値がわからないマスコミのおかげで、ほとんどその成果が伝えられていません。そういう状況があります。

第四章

ネコビル地下一階と地下二階

地下一階
ラック 一群

P.305 拡大◆明治維新についてきちんと押さえておこうと思ったときに集めました

P.305 拡大 ◆ これらは基本的に『農協』を書いたときの資料です
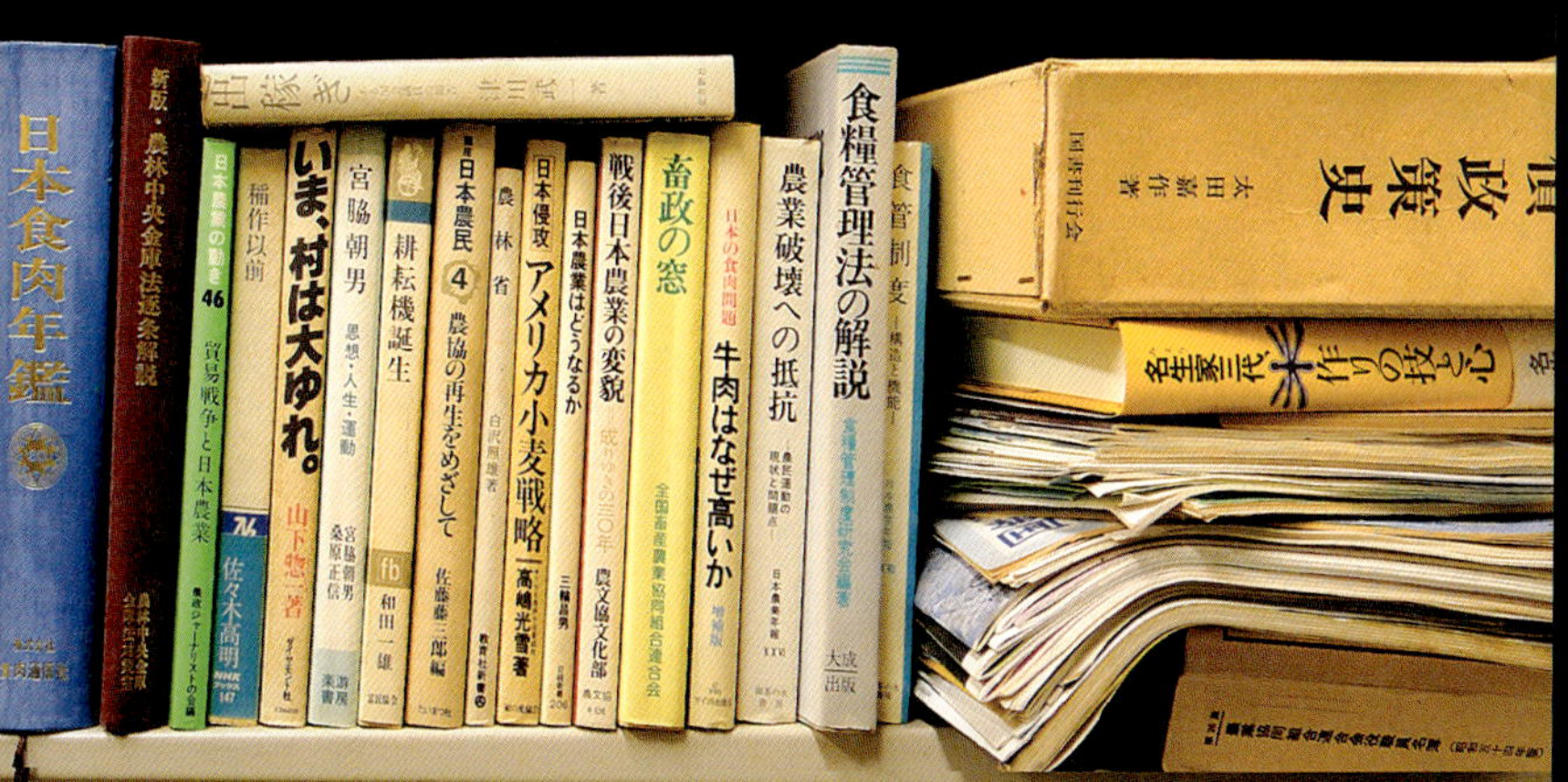

死後の生命
霊界の秘密
死後の世界の不思議
私は死後の世界を見た
IMMORTALITY THE SCIENTIFIC EVIDENCE
丹波哲郎の死ぬ瞬間の書
死の扉の彼方
サイレント・コーリング
高橋佳子
Far Journeys
魂の体外旅行
霊魂離脱の科学
死後生存の証拠
DIANETICS
ダイアネティックス
L.ロン ハバード
臨床分析 人間が死ぬとき
THE RETURN FROM SILENCE
D SCOTT ROGO
死の地帯
ラインホルト・メスナー
CLOSER TO THE LIGHT
超意識の旅
スタンリー・クリップナー
臨死体験の不思議
高田明和
催眠力
臨死体験の世界
中村雅彦
ドリーム・テレパシー
魂のライフサイクル
西平直
サイ科学の全貌
関英男
死後の世界
臨死体験
生老病死の心理学
大法輪
光の歌
21世紀の福音書
金粉が出た人たち
金粉のメッセージ
理想的な死に方
KENNETH RING, PH.D.
LIFE AT DEATH

精神エネルギー
Spiritual Energy
政木和三
馬鹿と大悟は紙一重
「気」とは何か
湯浅泰雄
催眠の科学と神話
死の体験 臨死現象の探究
カール・ベッカー
死の位相学
遠藤周作
ラインホルト・メスナー自伝
偉大なる登山家の軌跡
臨死のまなざし
立川昭二
新潮社
アウト・オン・ア・リム
シャーリー・マクレーン
「超能力」と「気」の謎に挑む
天外伺朗
宇宙人ユミットからの手紙
死後体験
坂本政道
宇宙人ユミットからの手紙 II
オメガ・プロジェクト
「超科学」をきる
「超科学」をきる
未来からの生還
死後の生存の科学
わたしの臨死体験記
臨死の深層心理
パラサイコロジー
アウト・オブ・ボディ
FULL CIRCLE
THE NEAR-DEATH EXPERIENCE AND BEYOND
サイ・ババの奇蹟
LIFE BETWEEN LIFE
RETURN FROM DEATH
究極の旅
死後体験
死のクレバス
臨死体験で見た地獄の情景
前世を記憶する子どもたち
わたしの臨死体験記
臨死体験の不思議
臨死体験
立花隆
魂が肉体を脱け出す体外への旅
TRANSFORMED BY THE LIGHT
BANTAM
誕生の記憶
リユニオンズ 死者との再会
科学の進化
神と王権のコスモロジー
山折哲雄
神秘体験
臨死体験 未来の記憶
光のなかに再び生まれて
死のバイブル
いまわのきわに見る死の世界
人は死ぬ時何を見るのか
「あの世」からの帰還
霊界探訪
かいまみた死後の世界
Otherworld Journeys
生還
宗教と臨床精神医学
らくらくリラックスで元気になる本
精神療法と瞑想
見えるものと観えないもの
横尾忠則
夢虫
死の世界を考える

石油については、文春をやめてから間もない時期に『諸君!』に「石油のすべて」という長大なレポートを書いたのです。この辺にあるのは、そのとき集めた本がメインです。『石油事典』（石油学会編）や『石油便覧』（日本石油株式会社編）などと一緒に、『現代の産業』のシリーズ『石油精製業』『石油化学工業』、『オイル・ロビー』『アラブとイスラエル』などが並んでいますね。

　実は、当時はとにかく場所がなかったものですから石油そのものに関する資料は、ほとんど処分してしまっています。ここにあるのは、『石油帝国』（H・オーコンナー著、岩波書店、

一九五七）のように、石油資本もしくは中東情勢に関わる本がメインです。

石油と中東は切り離して考えることはできません。エネルギーを考えるにあたって中東問題は無視できないし、中東問題を考えるにあたってエネルギーは無視できない。実際、ぼくは石油について取材するために、イスラエルをはじめ中東にも何度か取材に行っています。ここにある本の中には、その取材旅行の際に現地で買ったものもいくつかあります。

（第四章本文より抜粋）

P.305 拡大 ◆ 石油の話から、イスラエルと中東の話へなど、一つのテーマを起点に取材することが増えていくのがぼくの仕事のやり方です

原爆は誰でも作れる
近藤鉄雄 著
新版 材料革命
原発の安全性への疑問
原子力 その神話と現実
Walter C. Patterson/Nuclear Power
原子力戦争
田原総一朗
世界 特集 プルトニウム大論争
地下原発 共存のための選択
アトミック・ソルジャー
世界のエネルギー戦略
あすのエネルギー
朝日新聞科学部
核燃料 探査から廃棄物処理まで
セミナー エネルギー問題の常識
核メジャー
99パーセントへの挑戦
現代の産業 アルミニウム工業
新素材革命
理科年表
東京天文台編纂
東京・21世紀
渡辺茂
ドイツ科学の再興 —その過程と現状—
Mineral Resources
プルトニウムファイル（上）
プルトニウムファイル（下）
日本の資源問題
板垣與一 編
有限な地球と日本の将来
大来佐武郎 著
柳田邦男
チェルノブイリ刻一刻
原発建設
原子力発電の条件
工業文明の行方
ハリソン・ブラウン
核の目撃者たち
原発と共存できるか
原子炉を眠らせ、太陽を呼び覚ませ
原子力発電の諸問題
日本物理学会 編
別冊宝島 81 原発大論争!
昭和63年度 文部省科学研究費補助金 採択課題・公募要覧
科学研究費研究会 編
監修 科学技術庁 全国試験研究機関名鑑 〈上巻〉
'87-'88
「筑波研究学園都市」研究便覧
日本を支える人と技術
ある数学狂の一世紀
数学物語
繰り返しと循環
The Consumer's Guide to Mental Health and Related Federal Programs
未来史のなかのメガシティ
学問の創造 福井謙一
マリー・キュリー
NUCLEAR WEAPONS
米ソ核戦争が起ったら
核に汚染された国
ウラルの核惨事
糸川英夫
世界終末大戦
核の人質たち
チェルノブイリ診療記
菅谷昭

『原発の安全性への疑問』『あすのエネルギー』『原子力発電の諸問題』『世界エネルギー市場』『ウラルの核惨事』などが並んでいます。エネルギーや原発関連は、専門家や熱心な運動家を除き、しばらく世間からは注目を浴びませんでした。実際これらの本も、ほとんど日の目を見ることがなかったのですが、福島の原発事故が起きてしまったこれからは必要とされる機会が増えるでしょうね。これまでとは少し違う意味になっていると思いますが。

（第四章本文より抜粋）

P.305 拡大◆この辺は原発、エネルギー関連の資料です

P.317 拡大 ◆ スパイに誤解されて取材中に殺されかけたこともあります

八〇〇枚の書下し ノンフィクション
中央公論社
ピーター・ライト
ポール・グリーングラス
朝日新聞社
潜み，企み，謀る!!
科学的スパイの現情
衝撃のスパイドキュメント
サンケイ
PETER WRIGHT
SPYCATCHER
VIKING
John Ranelagh
THE AGENCY: The Rise and Decline of the CIA
Touchstone
Simon and Schuster
MOSCOW STATION
Scribners
BOB WOODWARD
VEIL
SIMON AND SCHUSTER
Harry Rositzke
THE CIA'S SECRET OPERATIONS
ESPIONAGE, COUNTERESPIONAGE AND COVERT ACTION
Reader's Digest Press
SECRETS, SPIES and SCHOLARS
Ray S. Cline
Acropolis
TULLY
CIA: The Inside Story
MORROW
獄中からの手紙
ヴェール 上
VEIL
ボブ・ウッドワード
池央耿 訳
ヴェール 下
NON
滅亡のシナリオ
栄光の男たち
元CIA長官回顧録
CIAの戦争 下
苛烈なる情報戦争
スパイの世界史
史上最大のスパイ事件
CIA THE INSIDE STORY
Andrew Tully
10,000 EYES
RICHARD COLLIER
CIA 謀略の全貌
講談社
大統領のスパイ
SPY COUNTERSPY
スパイ／カウンタースパイ
第二次大戦の陰で
憂国のスパイ
イスラエル諜報機関モサド
GIDEON'S SPIES
ペンコフスキー機密文書
佐藤亮一 訳編
集英社
FBI
行動する巨大捜査網
早川書房
日本を愛したスパイ
スパイはなんでも知っている
春名幹男
世界史を動かすスパイ衛星
江畑謙介 訳
水面下の経済戦争
経済情報をめぐる各国情報機関の攻防
トップ・スパイ
文藝春秋
マタ・ハリ
ハヤカワ・ノンフィクション文庫

世界で最も有名なスパイの一人ゾルゲの協力者として検挙された経験もある共産党の指導者に川合貞吉という人がいます。彼の『或る革命家の回想』（谷沢書房、一九八三）もまた非常に不思議な本です。

共産党の草創期は混沌としていたようで、その時代のことについて書かれた本は、あまり信用できるものがない。まともに取材もせずに、明らかに憶測で書いているものなど、内容的に相当怪しい本ばかりなんです。しかしこの本は、当事者が記した回想記で、かなり信用できる。しかも川合貞吉は、ゾルゲが上海で活動していた頃は共産主義者としてその下で活動しつつ、一方で右翼の北一輝などとも交友を結んでいた不思議な人物ですから、彼の見聞

P.310 拡大 ◆ ここは、かつて『日本共産党の研究』を書いたときの資料です

きしたことには大変な価値があるんですね。

当時、日本ではまだ共産党が組織されていませんでした。そして上海に、日本に共産党を作ろうとするコミンテルンの拠点があったんです。ゾルゲはそのときすでに、コミンテルンの指導者として上海に来ていた。だから、ゾルゲと日本共産党は縁が深いんですね。この辺りの過程はとても面白い。話し出すと、とても長くなるので、ぜひぼくの本を読んでください（笑）。

（第四章本文より抜粋）

P.311 拡大 ◆ ゾルゲと日本共産党は意外な関係があるんです

ブラック・ボックスの謎
YS-11 国産旅客機を創った男たち 前間孝則 講談社
テストパイロット G.C.ウィルソン 増田興司 訳 講談社
墜落の夏 日航123便事故全記録 吉岡忍 新潮社
目標は撃墜された 大韓航空機事件の真実
零戦の運命 坂井三郎 講談社
「ゼロ」の伝説 加藤寛一郎 講談社
零戦の秘術 加藤寛一郎 講談社
中島飛行機物語 エンジニアの苦闘!
墜落 ハイテク旅客機がなぜ墜ちるのか 加藤寛一郎 講談社
死角 巨大事故の現場 柳田邦男 新潮社
中国の鳥人 飛行記録
ジャンボ・ジェット機の飛ばし方
大事故は夜明け前に起きる 講談社
世界航空機文化図鑑 鳥人間からスペースシャトルまで
翼よ、北に アン・モロー・リンドバーグ 北まわり日本へ みすず書房
墜落 着陸 危険な時間
墜落 機体異常
墜落 驚愕の真実
墜落 人間のミス
THE MONTAGE IV
THE MONTAGE V
THE MONTAGE VI
THE MONTAGE
THE MONTAGE I
THE MONTAGE II

P.311　拡大◆日本には東京帝国大学航空研究所という伝説的な研究施設がありました

地下一
南棚

地下一階 西棚

地下二階
中央棚

地下二階
東棚

地下二階
南棚

地下二階
西棚

自動排水装置

（地下一階からさらに床下へ降りて）ここはネコビルの地下一階の床下収納といいますか、地下二階にあたる部分です。基本的にワインと雑誌と資料が置いてあります。以前は自作のものも含めてもっとたくさんワインが並んでいたのですが、飲む一方で補充をあまりしないので、今はほとんどありません。

また、取材先での記録をファイルしたものも、袋に入れてテーマ別に保管しています。角栄、ロッキード関連の資料が多いです。最初の角栄研究に使った資料も残っており、『田中角栄研究全記録』を電子書籍化したときに、その一部を付録としてＰＤＦで収録しました。

これは角栄の初公判資料です。ずっとどこへいったのかわからず、実はつい先日も見たかったんです。小沢一郎の初公判と角栄の初公判を比べてやろうと思って、探し出したものです。

ただし、ここは水が出ることがあったんです。だから本も資料も、スノコを敷いて、その上に置くようにしています。ただ、たまにスノコくらいではどうにもならない量の水が溜まってしまうことがある。そのたびに、この部屋の壁の防水をすべてやり直していたんです。でもこれを何度も繰り返すのはたまらないということで、今は自動排水ポンプを備え付けています。一定量以上の水が溜まると「浮き」が浮かぶんですね。するとポンプのスイッチが入って、自動的に排出するようになっている。ちょっと大げさかもしれないけれど、これで水の心配はまったくなくなりました。

取材は「資料集め」から

（地下一階に上がって）この辺りにある「日共上田兄弟論」と記されている段ボールは、『文藝春秋』誌上で「不破・上田兄弟論」を連載（一九七八年）していた際に集めた資料類一式ですね。このように、ぼくは連載や著作ごとに資料一式を保存しています。

「取材をする」というと、取材先で聞いたことを書き留めたり、記録をとったりすることだと思っている人も多いと思います。もちろん、誰かに会いに行って、話を聴くことは重要ですが、何の準備もしていなければ、大した話は引き出すことができません。つまり、取材というのは、実際に取材に行く前の、「資料集め」から始まっているわけです。この資料集めが上手くいったかどうかで、インタビューの質がまったく違ったものになりますし、結果的にいい記事が書けるかどうかにもつながってきます。

しかし、重要な資料ほど、そう簡単には入手できないことも多いんですね。そこで、さまざまなツテをたどって、その資料を借りて、コピーをとることになる。これらの段ボールに詰め込まれた資料は、そうやって相当の手間と時間をかけて地道に集めたものですから、それぞれが思い出深い。一つ一つについて語り始めたら、もういくら本を厚くしても入りきらないでしょうね㈶。

明治維新について書くなら必須の資料

地下一階は、基本的に移動式ラックになっています。この形の書棚が一番収納力に優れているんですね。はさまれないように気をつけないといけませんけれども。

では手前から順番に見ていきましょう。

この辺にあるのは、『日本史籍協会叢書』（一九六七―七五）です。日本史籍協会というのは、戦前にできた組織で、明治維新に関係する資料をすべて集めて刊行しました。収集・編纂をしたのは東京大学出版会です。

タイトルを見てみるとわかりますが、例えば、大隈重信についてであれば、『大隈重信関係文書』として巻三八から巻四三までの計六冊、大久保利通についてであれば、『大久保利通日記』『大久保利通文書』として、それぞれ巻二六—二七の二冊、巻二八—三七の一〇冊の計一二冊に収録されています。相当なボリュームが、特徴というか、〝売り〟のシリーズです。『日本史籍協会叢書』と、続篇の『続日本史籍協会叢書』を併せると全巻二九三ある。

大隈重信や大久保利通など明治の元勲以外にも、『奇兵隊日記』や『三條家文書』、そして『明治天皇行幸年表』などといった、幕末から維新そして明治期の資料がほぼすべて揃っています。明治維新について何か調べよう、何か書いてみようとする際には、一番の基礎資料となりますね。ぼく自身もいつだったかは忘れましたが、明治維新についてきちんと押さえておこうと思ったときに、一揃え集めました。また、これらはどれも、読み物として読んでも非常に面白いので、興味のある方は手にとってみるといいと思います。

今でも古本屋のサイトを検索すれば、全部揃いで売っているはずです。けっこういい値段がついていますけれども。

貴重な『Newsweek』

その裏側の奥には、『Newsweek』『TIME』や『朝日ジャーナル』などの雑誌を保存していま す。他には『東京人』や『プレジデント』もありますね。一般的に雑誌は、そのときどきで処分していますから、とってあるものは、それぞれに理由があるんです。

この『Newsweek』は、合本として製本した版ですが、もともとは『Newsweek』の東京支局にあったものです。『Newsweek』はかつて東京支局のオフィスを整理したことがあったのですが、その際に、「要らないか」と言われたので、「それならもらうよ」ともらってきました。

以前、『Newsweek』の、あるバックナンバーが必要になったのですが、国会図書館も含めて八方にあたって探したのだけれども見つからなかったことがあるんです。あれは本当に困りました。そんなことがあったので、ありがたく頂戴しました。そういう意味で、ぼくにとって、この『Newsweek』は貴重なものです。

大学は「自分で学ぶ」ところ

この辺りは、エコロジー関連の本ですね。レイチェル・カーソンの『沈黙の春』から、『公害と東京都』『しのびよるダイオキシン汚染』『サイレント・スプリングの行くえ』といったものが並んでいます。かつて『エコロジー的思考のすすめ』『環境ホルモン入門』などを執筆した際に、資料として集めたものです。結局、環境問題を考えるにあたっては、自然全体を生態学的に、つまりエコロジカルに捉えなくてはいけないんです。これまで日本人はそれがわからずに、環境問題を個人の健康問題と結びつけて考えてきた。それでは何も解決しないんです。

その向かい側の棚は大学関係の資料です。『分数ができない大学生』『小数ができない大学生』『学力崩壊』『ヨーロッパの大学』『「ゆとり教育」亡国論』『どうする学力低下』『中世の大学』『イギリスの大学』など、ベストセラーになった読み物から、教育学者による専門書まで集められています。また、大学に関する記事の載った雑誌や、学習指導要領もありますね。

こういう資料を元に、『東大生はバカになったか』（文藝春秋、二〇〇一）の中に収められている「知的亡国論」を書きました。『ぼくはこんな本を読んできた』（文藝春秋、一九九五）『脳を鍛える』（新潮社、二〇〇〇）などでも大学について書いてきましたが、大学生の学力低下というのは、大学の先生にとっては最高の酒の肴なんですよね（笑）。飲むと必ず出てくる話題の一つが、こういうバカがいたという話です。でも、これは冗談ではすまない本当に恐ろしい話です。大学生の学力、能力は、そのまま国の体力に直結します。大学生の学力が低下しているということは、日本の国力も低下しているということを意味しますから、笑い事ではありません。日本の大学生と中国の大学生に同じ問題を出して試験した結果のグラフが「知的亡国論」の中にあるけど、それを見ると、愕然としますよ。

ところで、今は高校の延長のように手取り足取り学生に勉強を教えるような大学が増えているようですが、大学は本来、「先生に教えてもらう」ところではありません。大学というのは、「自分で学ぶ」ところなんです。その違いを日本人がわからないようでは、これからもバカな大学生はどんどん増えていくと思います。

保存できなかった農協関係資料

この辺りの棚は、農業・農協に関する本が並んでいますね。これらは基本的に『農協』（朝日新聞社、一九八〇―八四）を書いたときの資料です。けれども、当時本当に使った資料はもっともっと膨大だったんですが、そのほとんどはもう処分してしまいました。ここにあるのは、その残りに過ぎません。

農協の取材では、行った先々で、ものすごくたくさんの資料をもらったんです。当時はまだ、このネコビルも建っていませんでしたから、すべてを保存しておくことはとても不可能でした。

基本的にぼくは一度入手した本は、よほど整理に困らない限り、捨てるということはありません。ネコビルができてからは、ほとんど捨てていないと思います。というのも、後からもう一度入手するのが難しい場合が非常に多いんですね。おまけに、捨てたとたんに必要になるというケースがけっこうある。本に限らず、資料類を捨てたりすると、そこに控えてあった連絡先の電話番号が必要になったりする。もうあの取材先とは絶対に仕事で関わることはないと思っていたのに、突然必要に迫られることになる。あれはどうしてなんでしょうね（笑）。

取材先からもらってきた資料は、本当に貴重というか、珍しいものばかりです。たとえば、この『長野県蔬菜発展史』（長野県経済連、一九七四）『胎動――北海道家畜人工授精発達史』（北海道家畜改良事業団、一九七八）などは、なかなか手に入るものではありません。『胎動』は、北海道の畜産における人工授精発達史などという特殊な内容を、しっかりとした本にまとめています。イラストまで入って、しっかり編集されていますね。それにしても人工授精の現場を見たときは驚きました。牛の陰門に腕をすべてぐっと入れるんですからね。

本を書いた後に、資料が増えていく不思議

それから、ここは、『臨死体験』(上下、文藝春秋、一九九四)を書いたときに集めた本の棚です。「死後の世界」や「魂」といった関係の本ですね。『霊魂離脱の科学』『魂の体外旅行』『死と友になる』『サイ・パワー』『臨死(ニアデス)体験』(春秋社)『アウト・オブ・ボディ』『催眠の科学と神話』『生と死の境』『「あの世」からの帰還』などなど、たくさんあります。

実は、あの『臨死体験』を出版したことで、日本中のさまざまな人から臨死体験に関わる本が送られてくるようになったんです。本を書く前に全国各地から資料を取り寄せたことは何度もありますが、本を書いたあとに本が大量に送られてきたのは、このときが初めてでした。臨死体験って、こんなに関心が持たれているんだと、びっくりしました。

どうやら臨死体験については、実際に経験された方を含めて、みなさん独自にいろいろなこと

を考えているんですね。自らの経験や自説を書物の形にまとめている方もたくさんいる。それらがドッと送られてきた。だから今ここにある本も、もしかしたら、本を書くための資料として買ったものよりも、送られてきた本のほうが多いかもしれない。

これがある種のジャンルでは起こり得るのです。あることを狂信的に信じている人たちは、いわば親切心から本を送ってきてくれる。「私はこのような真理を知っているのに、あなたは知らないでしょう。この本を読んでごらんなさい」という感覚です。

ただ、本を送ってくれるのはありがたいのですが、何と言いますか、どれもものすごく怪しいんです(笑)。正直に言って、ほとんどすべての本が怪しくて、本としては読むに堪えないような内容のものがほとんどでした。ひどい内容だけれども、本を送ってくる人は、その内容を完全に信じ込んでいる。これは不思議な体験でした。

問題は、そういう本を読んだテレビのプロデューサーや制作会社が、さらに煽《あお》るような番組を作ることですね。一時期、サイババというインドの霊能者がテレビで大流行したことがありましたね。本の世界では、イアン・スティーヴンソンの『前世を記憶する子どもたち』が流行りました。少し前では、江原啓之さんでしょうか。このようなジャンルは、必ず、繰り返し流行します。

ここのところ落ち着きを見せているようですが、数年のうちに次の流行が来ると思います。

もちろんテレビ局もそれぞれに「放送基準」を定めていますので、どんな内容のものでも放送できるというような、ひどい野放し状態にはなっていません。要するに、科学的根拠がない番組、怪しい世界のことをもっともらしく伝える番組を作ってはいかん、ということに一応はなっているわけです。それでも一時期は、どのチャンネルを回しても、何ともヘンな番組ばかりだった時期がありました。フィクションとして楽しむ分にはもちろん問題ありません。けれども、実はけっこう多くの視聴者がちょっと怪しい、あるいは相当に怪しいことを今でも信じてしまっているのではないかと思います。といって、どの辺りから放送禁止にすべきかというのは簡単には決められません。あまりにも強い基準で番組を縛り付けるのも、言論の自由という観点から見れば由々しきものがあります。だから、厳しくすればいいというものでもない。これは難しい問題です。

でも、「霊を通して、知りえない情報を言い当てる」「あなたの前世を言い当てる」という番組は、さすがに禁止にすべきだと、ぼくは思いますよ。ただのコールド・リーディング(何気ない会話から相手の情報を引き出す話術)に過ぎませんからね。今は、さすがに反対の立場の人の声が大きくなっていますから、何とかバランスがとれているようですが、八〇年代の一番盛んなときは、見るに堪えませんでした。

まあ、こういった不思議なものを信じている人たちは、世間の人が考えているよりも、ずっとたくさんいます。これだけ雑誌の休刊が相次ぐ中、『ムー』はまだ続いていることからも、それがわかりますね。

石油から、イスラエルと中東問題へ

この辺は原発、エネルギー関連の資料です。『原発の安全性への疑問』『あすのエネルギー』『原子力発電の諸問題』『世界エネルギー市場』『ウラルの核惨事』などが並んでいます。エネルギーや原発関連の問題は、専門家や熱心な運動家を除き、しばらく世間からは注目を浴びませんでした。実際これらの本も、ほとんど日の目を見ることがなかったのですが、福島の原発事故が起きてしまったこれからは、必要とされる機会が増えるでしょうね。これまでとは少し違う意味になっていると思いますが。

そしてエネルギーつながりということで、奥のほうには、原油・石油に関わる書籍も置いてあります。石油については、文春をやめてから間もない時期に、『諸君!』に「石油のすべて」という長大なレポートを書いたのです。この辺にあるのは、そのとき集めた本がメインです。『石油辞典』（石油学会編）や『石油便覧』（日本石油株式会社編）などと一緒に、『現代の産業』のシリーズ『石油精製業』『石油化学工業』、『オイル・ロビー』『アラブとイスラエル』などが並んでいますね。実は、当時はとにかく場所がなかったものですから石油そのものに関する資料は、ほとんど処分してしまっています。ここにあるのは、『石油帝国』（H・オーコンナー著、岩波書店、一九五七）のように、石油資本もしくは中東情勢に関わる本がメインです。

石油と中東は切り離して考えることはできません。エネルギーを考えるにあたって中東問題は無視できないし、中東問題を考えるにあたってエネルギーは無視できない。実際、ぼくは石油について取材するために、イスラエルをはじめ中東にも何度か足を運んでいます。ここにある本の中には、その取材旅行の際に現地で買ったものもいくつかあります。

ただ注意しなくてはいけないのは、イスラエルをめぐる問題というのは、非常に複雑で、石油のことだけを考えていてもわからないということです。イスラエルと他の中東諸国をめぐる問題は、議論を始めると本当に一筋縄ではいきません。国家の存亡の根幹に関わる問題ですから、当然と言えば、当然です。二〇一一年、ようやくパレスチナは国連に加盟申請を提出しました。これはそれなりに大きなニュースとして取り上げられました。そもそもこれまでは、加盟を許可されるかどうか以前に、申請を出すことすらできなかったわけです。

イスラエルと中東諸国は、とにかく「悪いのはすべて相手側だ」という姿勢でお互いにめちゃくちゃな宣伝をしあってきました。そういう状態を取材するにはどうしたらいいのか。どちらかの言い分を信じるのではなくて、双方の言い分をよく聞くことが重要です。これは中東の問題に限りません。基本的に、争い事の本質を考えるためには、一方の言い分だけではなく、双方の言い分を知ることが大事です。

ぼくが『中核VS革マル』（講談社、一九七五）という本を書いたのも、そのような視点からです。いわゆる新左翼派の中核派と革マル派は、お互いにどう違って、どのような主張をしているのか。とにかく双方の言い分を知らなければ、どちらに理があるとも言えません。

そうして党派争いについて調べているうちに、赤軍派など過激派関連の貴重な資料も、ここに揃うことになりました。例えば、この『赤軍――共産主義者同盟赤軍派政治理論機関誌総集』はかなり珍しい本です。刊行はいつの頃なのでしょうか。革命運動の理論をまとめた概要を活版で刷っただけのもので、レイアウトには何の工夫もないし、巻末には奥付もない。とにかく普通の書籍印刷ではありえない体裁です。でもこれは赤軍派自身による最も古いステートメントという意味で、貴重な資料なんです。彼らにとって、初めて自らの理論をまとめ上げたものなのです。

石油の話から、イスラエルと中東の話へ。共産党の話から中核と革マル、そして赤軍の話へ。一つのテーマが起点になりつつ、必要な取材をする中で、さらに知るべきことが拡張していく。それがぼくの仕事のやり方です。

モサドのスパイ、エリ・コーエン

そしてこの棚は、中東・イスラエルから派生して、モサドというイスラエルの秘密情報機関についての資料が置いてあります。モサドと言えば、「暗殺などお手のもの」という、世界でも特に恐れられている諜報機関です。

イスラエル建国前は、パレスチナ全土がイギリスの支配下にありました（国際連盟の委任統治領）。その間、イスラエル建国を目指す人々が反英国の武装闘争を始めた。そのための地下組織が、モサドの前身ですから、モサドはイスラエルの建国前からあると言ってもいいわけですね。

そのモサドについては、『ザ・モサド――世界最強の秘密情報機関』（D・アイゼンバーグ他著、時事通信社、一九八〇）や、『超スパイ軍団モサド秘史』（J・ドロジ、H・カルメル著、自由国民社、一九八〇）などが、よく書けています。

有名なモサドのスパイに、エリ・コーエンという人物がいます。彼は敵国であるシリアに対する諜報活動をするために、シリア人になりきり、シリア政府に奉仕し、シリア政府の上層部に食い込んでいきます。そして何と国防大臣の椅子をオファーされるほど、シリア政府の深いところまで入り込むことに成功する。

ユダヤ人は世界のあらゆる地域に入り込んでいましたから、イスラエルには世界中のあらゆる国の出身者がいます。なかんずく多いのが、中東諸国の出身者です。ユダヤ人もアラブ人も民族的にはセム族の人種ですから、非常に近いんです。ユダヤ教、イスラム教、キリスト教も非常に重なる部分があって、共通の神話がたくさんあります。モーセなんか、三教共通の祖先とみなされています。宗教を除くと、文化的には相当近い部分があり、イスラエル人がシリア人に化けるなど、そう難しいことではありません。だから、こういうことがありうるんです。

しかし結局は、身元がばれてしまいます。シリア政府によって逮捕された後、公開の絞首刑に処されてしまいます。エリ・コーエンは、スパイという立場上、逮捕されるまでその存在は秘密にされていましたから、イスラエルの国民は誰も知りませんでした。けれども、死刑になったことで一躍有名となり、イスラエルの英雄となるわけです。その英雄をたたえる内容の本が、現地で出版されたばかりの頃、ちょうどぼくは取材で中東をあちこち回っていたのです。その本も、この辺にあるはずなんですけどね。ちょっと見当たりませんね（笑）。

それから、この辺りに積み上がっている資料は、その中東への取材旅行中に集めたものです。例えば、『Yoni-Hero of Entebbe』（Sir Max Hastings, Littlehampton Book Services, 1979）は、一九七六年のイスラエル国防軍とモサドによるハイジャック制圧の秘密作戦（エンテベ事件）の記録です。もちろん資料は、イスラエル側とパレスチナ側、その両方のものを集めています。先ほども言いましたが、片方だけ取材しても何も見えてはきません。両方の事情を理解して、初めて真実らしきものが見えてくる。

本には書いていないエルサレム

イスラエルの軍事関連で言えば、いつも片目を黒いアイパッチでおおっているので、「片目の将軍」の異名で知られたモーシェ・ダヤンという将軍がいました。彼は「イスラエルの独立戦争」である第一次中東戦争で大きな功績を挙げ、後に参謀総長も務めました。イスラエルの英雄の一人といっていいでしょう。この『Moshe Dayan: story of my life』は、彼の自叙伝です。イスラエルへ取材に行ったときに彼にも会いたいと思ったのですが、テルアビブ事件の直後ですから、警戒厳重でとても会えません。テルアビブ事件の本当のターゲットは実はダヤンだったというウワサが流れていました（事件当日、ダヤンは事件現場のすぐ近くにいた）から、それもうなずけます（この件については、『思索紀行』に収められた「パレスチナ報告」の中の「狙いはダヤン暗殺だった」に詳述してあります）。結局、少しでもダヤンに近い人から、ダヤンの人となりを聞きたいと思って、ダヤンの奥さんを取材しました。彼女はすでに離婚していたのですが、なかなかの女傑で、いろんなことを率直に話してくれました。

この取材で現地へ持っていったのが、『Hebrew for Travelers』と『Jerusalem: Illustrated History Atlas』です。それぞれ旅行者向けのヘブライ語ガイドブックと、エルサレムの歴史地図です。どうして、普通の地図ではなくて、歴史地図を持っていったのか。エルサレムというのは、現代史として見てもとても興味深い土地ですが、歴史的に見ても、ものすごく面白いところなんです。やはり何千年にも及ぶ歴史の蓄積がありますからね。どこを見ても、ここは、○○の時代はどうだったかと、歴史が気になるところです。

エルサレム旧市街にしても、イエスが生まれ育った地とされるガリラヤ湖辺りにしても、歴史の積み重なりを表すかのように遺跡だらけでした。いや、イスラエル全土が遺跡だらけなんです。それにしても、こんなに遺跡だらけの国で、建国後ずっと戦争が続き、至るところで破壊が続いているのですから、歴史家にすればたまったものではないでしょう。至るところ遺跡だらけの国ですから、いろんな考古学的な出土物を売る骨董屋がたくさんあります。考古学はイスラエルで最もポピュラーな趣味ともいわれ、日曜考古学者がたくさんいます。ダヤンもその一人といわれています。

一応、ぼくの中東情勢の展望を述べておくと、二〇〇〇年代に入って、パレスチナの国連への加盟申請など前進も見られるものの、中東問題はまだ当分の間は解決できないのではないかと思います。イスラエルという国は、イスラエル一国で存立しているのではありません。いわばアメリカと国家的な結合体みたいになっているところがある。よく知られているように、アメリカの金融資本の世界、ジャーナリズム、芸術文化の世界では、ユダヤ人がきわめて強いパワーを持っています。アメリカのユダヤ人は、イスラエルという国を自分たちの祖国ぐらいに思っているから、政治的にも、財政的にも、イスラエルを支えるためにあらゆる努力を惜しみません（制度的にも、国外に離散状態でいるユダヤ人たち〔ディアスポラのユダヤ人〕は、みな潜在的なイスラエル国民であるということになっているから、国籍が欲しければいつでも獲得できる）。中東で戦争が起これば、ユダヤ系のアメリカ人は義勇軍としてそれに参加することが法的に認められているんです。

中東問題のそもそもの間違いの始まりは、第一次世界大戦中にあります。イギリスが敵国オスマン・トルコの足を引っ張るために、当時トルコの支配下にあったアラブの独立を支持するマクマホン宣言を発する一方で、ユダヤ人社会からの経済的協力を引き出そうとして、ユダヤ人のパレスチナ復帰運動（シオニズム運動）を支持するバルフォア宣言を発したんですね。

要するに、イギリスは両方にそれぞれ真逆の約束を与えてしまった。これが現在の中東情勢をどうしようもない、解決不能な状態にしてしまっている原因なんです。

そしてさらに、第二次世界大戦の末期、ナチス・ドイツがユダヤ人を絶滅させようとしたことが明るみに出るにつれて、ユダヤ人に味方する国際世論が盛り上がりました。ユダヤ人を二度とあんな目に遭わせないためにもユダヤ人の国家を作らせてやろう、そんな気運の下でイスラエルは建国されたのです。だけど、その土地は決して無主の地などではありませんでした。すでにパレスチナ人が住んでいた。もちろん、「何千年前の大昔には、ここにユダヤ人の祖先が住んでいたから」などという理由で、パレスチナ人を追い出すなんて話は通用するわけがない。しかし、通用しないはずの話をイギリス、アメリカの後押しで無理やり国連で押し通して、一九四八年にイスラエル建国が認められてしまったのです。

しかし、この英米のごり押しに怒ったのが、アラブ諸国で、イスラエルが建国されるとすぐに、アラブ諸国が連合して、イスラエルを押しつぶそうと、大挙して進攻してきます。しかし、数量的には圧倒的に優位だったはずのアラブ諸国軍を、イスラエルがアッという間に打ち破ってしまうのです。装備と軍事技術、それに士気において、イスラエル側が圧倒的にまさっていたからです。これが第一次中東戦争で、ここから中東問題が混迷の度を加えていきます。そのあと、第二次中東戦争（一九五六年）、第三次中東戦争（一九六七年）、第四次中東戦争（一九七三年）が起きますが、いずれも、イスラエルの側が勝利を収めます。その後、全面戦争は両陣営とも起こさないように努めているものの、問題解決の糸口はまったく見えてきていません。

最近、国連で、パレスチナに国家の資格を認めるとの決定が下されたものの、アメリカ－イスラエル関係はゆらいでおらず、拒否権を持つアメリカが後楯についている以上、イスラエルの国家としての存続をゆるがすような事態が起こるはずはありません。この問題が解決するには、まだ数十年単位、場合によっては、百年単位の時間が必要なような気がします。

そんなこんなで、中東取材旅行では、すべての取材を終えてからもすぐに日本に戻らず、エルサレムに二週間くらい滞在して隅々まで見て回りました。この旅行で集めた資料が相当あります。

パレスチナ報告

中東取材では、一九七四年にレバノンへも行きました。七二年の取材はもっぱらイスラエル側からだったので、アラブ側からパレスチナ問題を見たいと思って、アラブ側の取材拠点として選んだのが、レバノンのベイルートでした。ベイルートは、その後、パレスチナゲリラ間の対立抗争と、それに肩入れしたシリアの軍事介入ならびにレバノン内部の宗教党派と政治党派の争いが複雑に絡み合った抗争によって、二〇年近く続く内戦状態になり、めちゃくちゃに破壊し尽くされてしまいます。今となっては、想像もつかないでしょうが、ぼくが訪問した七四年頃は、あの街は、中東のパリと呼ばれる文化水準の高い、美しい街だったんです。

アラブ世界は、政治の中心はカイロでも、文化の中心はベイルートでした。音楽でも、ファッションでも、映画、演劇、出版、ジャーナリズム、エンタテインメント、学術機関、文化のすべてのアイテムが揃っていて、アラブ世界の大金持ちたちが別邸を持ちたがる街でした。アメリカン大学があり、街中のちょっとしたレストランなら、英語もフランス語も通じました。世界中のメディアがここに支局を構えていましたから、アラブ側のメッセージを世界に伝える基地にもなっていました。実際、PLO（パレスチナ解放機構）にしても、PFLP（パレスチナ解放人民戦線）にしても、あるいはアルファタにしても、本部はベイルートに構えていました。そして、そこに日本赤軍も入り込んでいくわけです。

ベイルートにはパレスチナ側のさまざまな研究所がありました。政治、経済、外交、社会、アラブ社会のあらゆる側面を研究する学者たちがいます。そういう研究所をたずねて、アラブ系の学者に会うと、たいていのことについて、欧米の学者に劣らぬ見識を持っていました。そういう人々に会ったり、パレスチナゲリラ系の組織のスポークスマンに会ったり、あるいは、中東をカバーする欧米のメディア記者にあったりといった活動を続けていって書いたのが、「パレスチナ報告」（『思索紀行』所収）です。

パレスチナゲリラというと、普通の人のイメージは、派手なテロ活動を行う国際テロ組織というところでしょうが、ああいう派手な活動は、そのときどきで臨時に作られる特別コマンド部隊が行う特殊作戦であり、日常活動は違います。彼らの日常活動は、パレスチナ難民の生活支援です。

これを持続的にずっとやってきたから、彼らは変わらぬ支援を民衆から得ているのです。それは主流派のアルファタにしろ、今、ガザなどで主力活動部隊になっているハマスにしろ、同じです。パレスチナ人の組織を支援する資金はアラブ各国からきます。パレスチナ解放運動を支援することがアラブの大義だからです。アラブの目から見たら、イスラエルがやっていることは不正義そのものです。彼らの目からすれば、イスラエルがやっていることは、パレスチナ人の土地を乗っ取って、勝手な理屈をこね、そこに彼らの国家を作ってしまって、武力と、お金の力と、アメリカの支援でテコでも動こうとしないという行動です。そのイスラエルを追い払い、パレスチナ人の手にパレスチナを取り戻すことは正しい。それに対する支援を惜しまないというのが、いわゆる「アラブの大義」です。これに反対する国は、アラブ系の国に一つもありません。力は貸さないが、金銭的支援、心理的支援は各国とも惜しみません。少なくとも惜しまないふりをします。

中東でアラブ系でない国はペルシア系のイランですが、イランはアラブの国々よりも熱心に、アラブの大義（というよりはイスラムの大義）の実現を目指して、イラン系（宗教的にはシーア派系）の独自組織ハマスを作って、より頑強な抵抗運動を組織しているわけです。

パレスチナゲリラというのは、四次にわたる中東戦争で、正規軍による戦闘では、イスラエルに勝って土地を取り戻すことはとてもできそうもないと悟ったパレスチナ人たちが、せめてゲリラ的にでも抵抗運動を継続したいと考えて作った組織です。思想的に、政治的に、資金的に、あるいは行動的にいろんな流れがあって、必ずしも統一がとれていません。主流派は統一組織を作り、パレスチナ人の大多数を代表する政府を作り、国連で国際的認知を得ようという方向で、徐々にその方向に向かいつつありますが、アメリカが拒否権を持つ国連でそれが可能かといえば、見通しはあまりかんばしくありません。結局、相手がそう簡単にウンと言わない以上、平和的に目的を達成することにこだわって、ゆっくり、慎重にことを運んでいく（といいつつ実質的には大したことは何もやらない）か、それともプッツンして、平和闘争路線は捨てて、過激な武装闘争ないしテロ活動によってこちらの意志を無理やり相手に押し付けるか、二つに一つになります。

歴史的には、この二つの方針をめぐってさまざまなグループが乱立して、それぞれによかれと思うことをやってきたというのが、パレスチナ闘争の歴史です。すべての組織のすべての行動を律するような上部機関はありませんから、それぞれが勝手をやる中で、突出したグループが時に世界中が目をむくような過激な行動に走る。その繰り返しでした。

そして、七二、七三年の時点で、最も突出した行動をしたグループが、「黒い九月」です。一九七二年のミュンヘンオリンピック開催中、パレスチナ武装組織「黒い九月」がイスラエル選手を人質にとって選手宿舎に立てこもりました。そして、犯人グループと地元警察との銃撃戦の結果、イスラエルの選手やコーチら一一名が犠牲となりました。

その後イスラエルのモサドは報復として（名目的にはテロ再発抑止のため）、黒い九月メンバーを暗殺する「神の怒り」作戦を計画して、実際に数年をかけて犯人をすべて殺していったのです。その作戦全体を描いたのが、スティーブン・スピルバーグ監督による映画『Munich』です。ミュンニックというのは英語で「ミュンヘン」のことです。これはものすごく面白い映画でした。とにかくモサドの暗殺団がものすごく苦労しながら、ヨーロッパ各地に散っているパレスチナゲリラを、一人ひとり見つけて殺していく過程を綿密に描いて、手に汗握る展開の連続です。ある夜、船でベイルートに潜入したイスラエルの諜報機関員がやって来て、PLOのしかるべきポジションの人が入っている建物を襲い、あっという間に殺してしまう。あの場面を見たとき、ハッとしました。あ、この辺見たことあると思ったのです。あの特殊部隊が上陸してくる小さな港も、あの辺の坂道も、襲撃される建物も、みんな見覚えがあるのです。あそこは、七四年の取材で、ぼくがPLOのしかるべき人に会って取材をした場所だと思います。あの映画は、フィクションではなく、ほとんど実話に即しています。

もちろんベイルートの現場でロケして撮ったのではなく、ただ、現場を可能な限り再現したといわれています。ぼくが取材した人が映画の中で殺された人かどうかはわかりませんが、あの頃、取材して、後に殺された人というのは珍しくありません。ぼくが取材した頃は、あそこまでの殺し合いはあまりありませんでしたが、「殺した」「殺された」という話はよく聞きました。

ぼく自身が殺されかけたこともあります。レバノンに入ってしばらくして、ここまで来たからには、イスラエルの国境地帯に行ってみたいと思って、バスで国境の町まで行きました。バスの中で英語ができる地元の若者に話しかけられ、お前は何者で、なぜこんなところにいるんだと聞かれ、正直に、これこれこういう人間で、「イスラエルとの国境が見えるところまで行きたいと思っている」というと、自分はまさに国境の村の住人だから、オレが連れて行ってやるといいました。その言葉にあまえて、彼の住む村に行きました。山の中の村という感じで、着いたときはかなり遅くなっていたのですが、彼が近所の人に声をかけて、六、七人の村人が集まって、いろんな話をしてくれました。といっても、ぼくは会話ができるほどには、アラビア語ができないので、全部その青年が訳してくれる英語を通しての会話ですが。ぼくとしては、村人たちと、和気藹藹たる会話を交わしたつもりだったのですが、翌日帰路につくと、ベイルートに向かうバスの中で、その青年が、「昨日お前が寝たベッドの下に重機関銃があったんだぞ。あの村は全員コマンドさ」というのを聞いてびっくりしました。

ここまでは「パレスチナ報告」の中に書いてあるのですが、実はそこに書いてないもう一つの話があるのです。青年はそのとき、こう付け加えたのです。「実はあれから、お前が寝たあとで(ぼくは疲れきっていたので、みなの会話がにぎやかに続いているうちに、眠くなってコックリ、コックリを始めたら、「こっちで寝ろ」といって、固い木のベッドに案内された)、みんなで、お前を殺すべきかどうか議論していたんだ。こんな国境地帯に一人で入り込んでくるなんて怪しい奴だ、というのがいて、お前を殺しておいたほうが安心だというので、しばらく議論が続いたんだ」というわけです。

ぼくがそのとき、そんな国境地帯の村に入り込んでいるという事実は誰にも告げてありませんから、そのとき、村人たちの意見が「やっぱり殺してしまったほうが安全」の方向に傾いて、それが実行されていたら（国境地帯のコマンドの村だったら十分ありうること）、ぼくの死は闇から闇に葬られて、ぼくが死んだことすら誰も知らないままに、ぼくの人生が終わっていた可能性があります。その頃、ぼくは有名人でも何でもありません。「角栄研究」を書くのは、この旅から帰ってからですから、たとえ殺害事件が明るみに出たとしても、せいぜい、中東が好きだった、冒険好きの無鉄砲な青年ぐらいの評価で終わっていたでしょう。ぼくがあのときあそこで死んでいたら、結局、「角栄研究」は世に出なかったことになります。何しろ、あの年、パレスチナから帰ってから書いたのが「パレスチナ報告」（八月）であり「角栄研究」（十一月）だったわけですから。したがって、角栄失脚もなかったでしょうから（別の理由で失脚していたかも）、歴史が違う展開をとっていた可能性もあります。

レバノン、イスラエルの国境地帯からは、しょっちゅうゲリラ（コマンド）が入ってくるので、両国の間で紛争が絶えず、ついには、イスラエルからレバノンへの地上軍の侵攻が起きたり、映画『Munich』にあったように、イスラエルの特殊部隊が強襲作戦でベイルートを襲ったりということが、その頃も、その後も続くわけですから、たしかに、ぼくが怪しい人間（イスラエルが派遣したスパイ？）と見られても仕方がなかったわけです。あそこで殺されるのは十分ありえたのです。

ん？　この本は何だろう。まずタイトルの『Magic Cable』ですが、「Magic」は暗号、「Cable」は電報のことです。つまり、「マジック」と呼ばれた電報の中に埋め込まれていた情報を、どのようにして読み解いたかという話が書いてあります。具体的には、真珠湾攻撃前に日本海軍のパープル（紫暗号）が解読されていたという、暗号の世界では最も有名なエピソードについての本ですね。面白い話ではあるけれども、この本はここにあるべきではありませんね。ここのラックは裏側とつながっているから、もしかしたら、向こう側からこぼれてきたものかもしれない。

科学史が重要なわけ

この学陽書房の『「通史」日本の科学技術』シリーズ（全五巻＋別巻一、一九九五－九九）は、日本の科学技術史を通史としてまとめたもので、なかなかいい本です。「占領期」「自立期」「高度経済成長期」「転形期」「国際期」といった五つの時期に区切り、年代ごとに追っていくという面白い試みの本になっています。

刊行開始は一九九五年ですから、比較的新しいものですね。これは今、読み返してみると、ちょっと面白いかもしれない。例えば、原子力がどのような経緯をたどって今のような形で実用化されるに至ったのかが、よくわかるはずです。原子力発電所の問題を考えるためには、戦後の原子力研究の禁止解除や、ビキニ環礁での第五福竜丸被曝などまで遡って知っておく必要がありますからね。

でもやはり特に重要なのは、「占領期」における、軍の解体とマンパワーの平和転換です。敗戦まで、日本の科学技術研究と言えば、そのほとんどが軍事的な研究だったわけです。それが解体されて、マンパワーが平和的な民生分野へと移っていく。そうした流れの中で、科学論研究者の常石敬一さんや、科学史家の中山茂とかいった人が登場してくる。

ある時期、こうした科学史研究者の人たちが東大の先端研（東京大学先端科学技術研究センター）にいたときに、ぼくも東大の先端研にいた関係から、この分野の研究グループとつながりができたのです。それは非常に貴重な経験となりました。やはり最先端の科学技術のことを正確に知ろうとすれば、科学史的に遡って調べる必要がありますから。科学史が重要なのは、もちろん日本だけの話ではありません。世界各国、それぞれの事情を抱えながら、科学技術を発達させています。

その中でも有名なのが、中国の科学史を総ざらいにした、ニーダムの『中国の科学と文明』全一一巻です。版元は思索社（一九七四－八一）。この『中国の科学と文明』は、中国における科学の通史という意味では、先ほどの『「通史」日本の科学技術』シリーズと同じ性格のものですが、カバーする範囲が広いというか、はるか遠くまで狙いを定めている点で、素晴らしい本です。

日本の航空機製造の元祖

この辺りは飛行機に関わる書籍がまとまっています。坂井三郎の『零戦の運命』（講談社、一九九四）から、加藤寛一郎の『墜落』シリーズ（講談社、一九九〇－）まであります。

東京大学に先端研という組織があって、一九九五年からぼくも客員教授として関わっています。この組織はもともと東京帝国大学航空研究所でした。つまり、飛行機の研究所だったんですね。

実際に、世界最高水準の飛行機を三回くらい作ったことがあります。

なかでも、周回航続距離と平均速度の二つで、日本が初めて航空機における世界記録を達成した「航研機」を作ったことでよく知られています。記録を樹立したときの飛行時間は六二時間二二分四九秒だったので、無着陸で二日半ほど飛び続けていたことになります。食べ物もほとんどない。トイレもないのでおしっこなどは垂れ流し。さらに、空気抵抗を減らすためにキャノピー（操縦席をおおう透明の風防）を折り畳み式としたため、飛行中は前もまともに見えないという、まあ、何ともすさまじい飛行機でした。しかし、この航研機は、太平洋戦争開戦前の一九三八（昭和十三）年に、軍とは関係のない純粋な学術研究の試験機として開発されて、世界記録を達成したんです。その点は評価されてしかるべきでしょう。

この航研機には発展型があります。太平洋戦争が開戦した後に、もう一度試験機を製作して、周回航続距離の新記録を目指そうとしたんですね。ただ、今度は戦争中ですから、「戦争中に世界記録云々の話をしている場合ではないだろう。それより、それだけの技術があれば、その延長線上で、太平洋を無着陸で往復し、アメリカ本土を爆撃できるのではないか」と考える人々ももちろんいました。そうして、このアイデアは、「幻の巨人爆撃機」と呼ばれることになる「富嶽」という機体の開発計画へとつながっていきます。実際に当時の航研には、アメリカ往復が可能な試験機A－26があり、満州で周回記録飛行を行っています。

その他、航研では、研二《けんに》、研三《けんさん》や研八《けんぱち》をはじめとする、さまざまな種類の飛行機を作ろうとしていました。研二は成層圏飛行用の高高度研究機、研三は高速試験機、研八はガスタービンやジェットエンジンを積み込んだ機ということで、それぞれ最新鋭の技術に取り組んだプロジェクトでした。当時の航研の研究者たちの技術水準は、かなりのものだったといえるでしょう。

その航研の関係者だった栗野誠一さんから頂いた手紙が手元にあります。一九九八年に頂いたということはそのときはまだご存命だったのですね。ぼくがあそこに籍を置いていたのは九五年からの三年間だったから、ちょうどその頃ですね。この栗野さんからは、いろいろな面白い話を聞くことができました。戦況が悪化し、B－29が飛んできて爆弾を落としても、日本軍は迎撃の戦闘機を飛ばすこともままならない状況下でしたが、航研のエンジニアたちは、新鋭機の開発のために必死になって最後の最後までトライアルを続けたそうです。

そんな航研の記録として、『航研機――世界記録樹立への軌跡』（三樹書房、一九九八）という本があります。著者の富塚清さんは東京帝大出身で、航空機エンジンの専門家ですが、航研機の研究者としても有名な方です。

現先端研のキャンパスはもう新しくなってしまったので、昔のものはほとんどなくなってしまっていますが、ぼくが在籍していた頃には、航研によって作られた試作エンジンなどがゴロゴロ置いてあったんです。

とにかく、日本の航空機製造は、航研から始まっているのです。例えば、日本初の金属製の飛行機も航研で作られたものです。昔の飛行機というのは布張りの木製だったのですが、初めて金属製の飛行機を作ったのです。ジェラルミンそのものをどう製造し、加工しなければいけないか。そうしたノウハウを蓄積するために、ジェラルミンの鋳造設備から作ったのです。さらに木型の模型を作って風洞実験を重ねるといった、まさにゼロからの作業がすべてあのキャンパスの中で進められた。そして、航空機の研究開発に必要なものすべてが、あの研究所には揃っていたのです。

そのような伝説的な研究施設が、比較的最近まで良好な状態で残されていたのに、キャンパス全体を新しくするという理由で壊すことになってしまいました。そこで「保存ができないのであれば、せめて記録を残すべきだ」ということを発案して、ぼくが「先端研探険団」というのを作って、学生とキャンパスの中を見て記録して歩くという活動をやったんです。昔の読みにくくなった文献資料などは、書き起こしたりしました。

そのときの調査記録が、ネコビルの二階にあります。ちょうど戦況が悪化し始める昭和十七、八年くらいの記録というのがけっこう残っていたのが印象的です。その中には、当座の航空戦の現状分析と、戦争の今後の展望を分析したものもありました。それらに目を通すことで見えてきたのは、あの時代でも、あの戦争がどのような状態で、どのような結末を迎えるのか、わかっている人たちには相当わかっていた、ということです。

前間《まえま》孝則《たかのり》さんという人は、日本の近現代における技術史に関わる話をずっと書いてきた人です。先ほど挙がった富嶽についても『富嶽――米本土を爆撃せよ』（講談社、一九九一）という著書がある他、『YS-11――国産旅客機を創った男たち』（講談社、一九九四）や、『弾丸列車――幻の東京発北京行き超特急』（実業之日本社、一九九四）といった著書があります。戦前に、東京発北京行きの超特急を作ろうとした弾丸列車計画の発想は、戦後に新幹線となって実を結ぶことになります。その辺りの話が伏線となって、この『新幹線をつくった男――島秀雄物語』（高橋団吉著、小学館、二〇〇〇）へとつながっていくわけですね。

そしてこの島秀雄は、後には宇宙開発事業団初代理事長として、日本の宇宙開発の舵取りを任されることになる人物です。新幹線開発という巨大プロジェクトの経験があるからこそ、日本の宇宙開発の船頭を任されたわけです。

この辺りには、『零戦の秘術』（加藤寛一郎著、講談社、一九九一）をはじめとする、加藤寛一郎さんの著作が揃っています。加藤さんともいろいろ仕事をしたつながりから、新著が刊行されるたびに送ってくれたりしたのです。飛行機事故に関するもののほとんどは、加藤さんの手によるものでしょう。

郷土史研究の名資料

これはとても珍しい本です。『豊後キリシタン関係資料』といって、大分県のキリシタンの記録です。発行元を見ると、宇佐風土記の丘歴史民俗資料館と書いてある。だから、怪しげなものではないですね。むしろ、相当によくできた資料だと思います。日本には地域ごとに、こうした地道な研究を積み重ねている研究者というのがいるんですよ。日本の郷土史研究はなかなかのものなんです。

豊後、現在の大分県で戦国期に開いたキリシタン文化というのは、当時の日本におけるほぼ唯一の国際水準の文化だったこともあり、その意味でもきわめて興味深いものがあります。たぶん何かの都合で現地に行ったときに、たまたま手に入れることができたのですが、キリシタン文化についてこれだけよくまとまった本を入手できたのは本当に幸運でした。

野坂参三の秘密

ここは、かつて『日本共産党の研究』（上下、講談社、一九七八）を書いたときの資料です。『安保闘争史』『共産主義批判全書』『日本の反スターリン主義運動』『革命の解剖』『共産主義者宣言』などが並んでいます。

基礎資料となった『赤旗』も、一九二〇年代のものから揃っています。これは『非合法時代の日本共産党中央機関紙』として戦後に刊行された、復刻版ですね。共産党関係については、ここ以外にも、第六章で紹介するネコビルの屋上にもまとめてあります。

この『闇の男——野坂参三の百年』（小林峻一、加藤昭著、文藝春秋、一九九三）というのは、野坂参三のソ連スパイ疑惑から除名に至るまでを描いた本なのですが、これが面白い。それまでも疑惑の声がなくはなかったとはいえ、もう少しで百歳を迎えようとする直前になって、「野坂はスパイだ」という資料がソ連から出てきた。そんなことは誰も想像していませんでした。

日本共産党の歴史において、彼はほとんど神格化された存在でした。そんな人物の闇に隠れた時代の資料が出てきたというわけです。しかし、その新資料の発掘によって、野坂が、同志である山本懸蔵をスターリンに売ったことが判明します。山本は、戦前の日本共産党の歴史ではヤマケンの愛称で知られた非常に有名な活動家だったのですが、ソ連に渡っていたときに、野坂の密告によってスターリンの秘密警察に摘発され、大粛清の犠牲となってしまったのです。そうした一連の事実が、ようやく明るみに出たのです。この『闇の男』を著した小林さんとは、「角栄研究」『日本共産党の研究』の頃から一緒に仕事をしてきた人です。「角栄研究」では、角栄に対する献金企業を調べあげて、「お宅の会社はいつごろからどういう理由で角栄に献金を始めたのですか?」という問い合わせを、終日しつこくやり続けるという地道な取材をやってもらいました。そんな縁もあって、この本の解説は、ぼくが書いています。

スターリンがらみで、一冊不思議な本があります。タイトルは、『悲しみの収穫 ウクライナ大飢饉――スターリンの農業集団化と飢饉テロ』(R・コンクエスト著、恵雅堂出版、二〇〇七)。

ロシア革命を経て成立したソヴィエト連邦でしたが、スターリンが強引な農業集団化を推し進めた結果、ウクライナを中心に大飢饉が起きてしまいます。ちょうど新中国建国後の毛沢東による大躍進政策が大飢饉をもたらしたのと同じですね（『毛沢東の大飢饉――史上最も悲惨で破壊的な人災 1958-1962』F・ディケーター著、草思社、二〇一一など）。そのときのことが詳しく描かれています。

重信房子へ接触を試みた

こちらは、日本赤軍による重信房子の法廷闘争支援委員会の資料です。特にこの『査証』という機関誌は、赤軍派元議長の塩見孝也や重信房子などが記事を寄せている貴重な資料です。ページをめくると、「重信房子はベイルートから……」などという文章が目に入ってきますね。

実はぼくもレバノンを取材していたときに、彼ら日本赤軍と接触しようとして、いろいろと工夫してみました。日本から出国した赤軍派が現地で合流していたのはＰＦＬＰ（パレスチナ解放人民戦線）でした。ＰＦＬＰにもぼくは取材をしていましたから、そのツテをたどれば何とか彼らと会えるのではないかと考えたんですね。実際、ぼくのようなジャーナリストが日本からレバノンに来ていて、取材を望んでいるといったような話は、彼らに伝わっていたのではないかと思っています。しかし、ＯＫはでませんでした。赤軍派の意志なのか、ＰＦＬＰの意志なのかはわかりませんが。

そしてこの「テルアビブ空港闘争声明」も非常に貴重な資料です。

一九七二年、イスラエルのテルアビブ近郊にあるロッド国際空港で、後の「日本赤軍」による銃乱射事件がありました。これが「テルアビブ空港闘争」と呼ばれるものです。この事件には前段があって、同七二年の五月八日に、パレスチナ過激派テロリストが、ブリュッセル発テルアビブ行きの飛行機をハイジャックして、ロッド国際空港に着陸させたんですね。そして、逮捕されている仲間の解放をイスラエル政府に要求したという事件があった。けれどもイスラエル政府はハイジャック犯の中の二人を射殺し、残る二人も逮捕したんです。そこで、ＰＦＬＰは報復をするために、ロッド国際空港を襲撃しようとしました。けれども、アラブ人が厳重警戒をかいくぐるのは不可能だとして、彼らは日本赤軍に協力を依頼したわけです。そうして、日本人によるロッド国際空港の襲撃が行われたんですね。事件後、無差別テロだったというので、大変な国際的非難にさらされるわけですが、その中で、ＰＦＬＰと重信房子は「闘争声明」を出して、戦い続けることを宣言しました。その宣言文全文がこれですね。詳しくは、『日本共産党の研究』の中で書いています。

その隣の『六・一五事件前後――銀杏並木から国会へ』（東京大学職員組合、一九六〇）もなかなか珍しい資料です。この六・一五事件というのは、六〇年安保反対闘争で東大の樺《かんば》美智子さんが犠牲となった事件のことを指します。つまり、これは彼女の死後、彼女の死に抗議するビラなどをまとめて収めた本です。これを東大の学生ではなく、東大の職員組合が作ったというのも興味深いところです。

一方、日本共産党を批判する人たちによる本もあります。この兵本達吉という人は、もともとは共産党の幹部だった人ですが、後に『日本共産党の戦後秘史』（産経新聞出版、二〇〇五）を書くなどして、共産党批判の急先鋒に立つ人です。この『新左翼運動40年の光と影』なども、共産党批判の本です。

ゾルゲと日本共産党

世界で最も有名なスパイの一人であるゾルゲ。その協力者として検挙された経験もある共産党の指導者に川合貞吉という人がいます。彼の『或る革命家の回想』（谷沢書房、一九八三）は非常に不思議な本です。

共産党の草創期は混沌としていたようで、その時代のことについて書かれた本は、あまり信用できるものがない。まともに取材もせずに、明らかに憶測で書いているものなど、内容的に相当怪しい本ばかりです。しかしこの本は、当事者が記した回想で、かなり信用できる。しかも川合貞吉は、ゾルゲが上海で活動していた頃は、共産主義者としてその下で活動しつつ、一方で右翼の北一輝などとも交友を結んでいた不思議な人物ですから、彼の見聞きしたことには大変な価値があるんですね。

当時、日本ではまだ共産党が組織されていませんでした。そして上海に、日本に共産党を作ろうとするコミンテルンの拠点があったんです。ゾルゲはそのときすでに、コミンテルンの指導者として上海に来ていた。だから、ゾルゲと日本共産党は縁が深いのです。この辺りはとても面白くて、話し出すと長くなるので、ぜひぼくの本を読んでください（笑）。

篠田正浩監督による『スパイ・ゾルゲ』という映画があります。この映画は、当時の上海の雰囲気が、すごくよく撮れていました。当時、「ゾルゲ諜報団」の一員として尾崎秀実《ほつみ》が上海で暗躍していたことも、しっかり描けていましたね。

警察資料まで売っている古本屋

ここの棚は、一九六〇年代の全学連についての資料です。例えば、大野明男の『全学連――その行動と理論』（講談社、一九六八）などです。大野明男という人は、もともと全学連の委員長をしていました。全共闘世代ではなくて、その一つ古い世代に属する人です。その大野が後に文筆家になり、当時を振り返って書いたのが、この本です。だから、一番新しいエピソードでも、一九六七年に起きた羽田事件（新左翼による佐藤栄作首相の外国訪問阻止事件）くらいまでしか書かれていません。

ぼくたちの学生時代には、いわゆる「五流十三派」などと呼ばれた新左翼が主流になっていました。それが六〇年代も末に向かうにつれて、赤軍派などいわゆる過激派がどんどん出てきた。その辺りのことを知るには、また別の本を参照するといいでしょう。

一方、こちらの『回想――戦後主要左翼事件』は、左翼にとっては敵側の警察庁警備局が作った資料です。ページをめくってみると、共産党が内部分裂した一九五〇年くらいのわりと古い時期から、しっかり押さえていますね。一九五五年の徳田球一追悼大会や、五六年の野坂参三の参議院議員初当選などについても、もちろん書いてある。この資料を手に入れたのはどこかの古本屋ですが、このような警察が刊行した資料まで、古本屋では売っているんですね。

この一九五〇年刊行の『共産主義批判全書』（天満社）も、警察側からの本でしょうね。この本の著者とされている「共産主義批判研究会」というのは、警察系の機関と見てほぼ間違いない。また、この『特審月報』もすごい。発行元が法務府特別審査局となっていますが、これは公安調査庁の前身組織です。坂東國男の冒頭意見陳述などが載っている『連合赤軍問題の形成と弁証法』も、発行元はやはり公安警察や公安調査庁に連なる組織でしょう。入っている広告を見ると、一流企業ばかりですしね。歴史的に見て、こうした公安警察の息のかかった組織が、この手の資料を作るケースはけっこう多いんですよ。戦前の共産党の時代からそうでした。

あらためて日本の古本屋って面白いところだと思いますね。こういった警察側の資料が、けっこう出てくるんですからね。

雑誌はなかなかいい資料

この『統一評論』は、北朝鮮系の機関誌です。韓国のことを北朝鮮式に「南朝鮮」と呼びつつ、「南朝鮮経済の危機の深化」「朴政権粉砕」といった記事が並んでいます。貴重な資料ですね。そして、この『平和と独立』というのは、戦後の共産党の一派が刊行していた機関誌です。

雑誌というのはとてもいい資料になります。書籍と違って、物事を真正面からではなく、角度を変えて批評してくれる場合があるんです。例えば、ここにある『週刊サンケイ』を見てみると、「共産党の言論弁術」についての批判記事が並んでいます。さすがサンケイですね（笑）。共産党には、ぼくもめちゃくちゃに攻撃されましたが、あの弁論術には辟易したものです。こうした記事も読んでおくことで、共産党という存在がより立体的に見えてくる。

そしてこれは『赤旗』の昭和二十四年発行の分です。昭和二十四年といえば、まだ占領中で、朝鮮戦争直前、共産党が地下潜行中ですから、今となっては実に貴重な資料となっています。そういえば、『日本共産党の研究』に取り組んでいた時分に、この『赤旗』のような一次資料にあたりながら、共産党の歴史を年表にまとめたことがあります。その年表には、各年代の委員長、中央委員などの名前を入れたのはもちろん、党員数の趨勢や選挙の得票結果、『赤旗』の発行部数など、執筆に際して必要となるデータはすべて入れました。

おっ、ありました。これがその手書きの共産党資料年表です。一九二一年から二二年辺りを見ると、「キシカツ」と書いてありますね。このキシカツというのは、この時代の共産党の指導者の一人です。共産党の取材では、いろいろな人にヒアリングしたのですが、そのときに取材相手が話したことも、逐次この年表に反映させていきました。

ぼくは本を書くときには、この手の年表をよく作るんです。田中角栄についての本を書いていたときも、同じような年表を作って常に手元においておいたものです。その角栄の年表は、今はどこにあるかわからなくなってしまいましたが。こうして書棚を洗いざらい見ていくうちに出てくるといいのですが。しかし、この『警視庁職員録』みたいなものは、残しておいても仕方がないね、正直なところ(笑)。

共産党関係では他に、一九五三年に伊藤律が「スパイ」として除名される事件が起きた前後の資料が残っています。これは、国立国会図書館でひたすらコピーを取り、それをまとめました。

こちらの資料には「ホームページ集」と書いてありますが、インターネット以前のパソコン通信や、インターネット黎明期のホームページなどから拾ってきた資料をまとめたものですね。

連続企業爆破事件はまだ終わっていない

この辺りは公安警察や公安調査庁がらみの本ですね。この田村隆治という人はちょっと面白い。『図解　日本左翼勢力資料集成』『歴程残欠――戦後二十年の「平和」の中の悲劇抄』などをまとめた人ですが、これが一九七〇年代に東アジア反日武装戦線が起こした「連続企業爆破事件」の関係資料として、とても貴重なものになっています。

この辺りにある新聞スクラップもすべて「連続企業爆破事件」の資料ですね。

あの事件は、もうすべてが終わったというわけではありません。というのも、大道寺将司など犯人の一部は、死刑が確定していながら、まだ執行されておらず、拘置所にいるはずですし、佐々木規夫や大道寺あや子は、日本赤軍のクアラルンプール事件とダッカ事件による超法規的措置によって釈放されて、現在も海外逃亡中です。

機関誌へ寄稿していたビッグネーム

ここは浅間山荘事件についての資料です。ただ置いてあるのは半分くらいですね。極左関係とオウムについては、立教の研究室にもあります

ここにあるものでは、この『共産主義』という理論機関誌が貴重な資料ですね。これが、東大の共産党細胞の一部から生まれ、後の日本の新左翼運動の源流となったブント（共産主義者同盟）の理論の柱になりました。この誌面で、「姫岡玲治」のペンネームを用いてブントの理論的支柱となる論文を著したのが、後に経済学者となる青木昌彦です。彼はスタンフォードに留学して経済学を学び、一時はノーベル経済学賞の候補に挙げられるほど、有名な経済学者になりました。

文春に勤めていたこともある作家の桐島洋子と事実婚の関係にあったのは、まあ、ともかくとして、経済学者として非常に優秀でした。「新しい公共」という発想の先駆者であるだけでなく、多岐にわたる世界レベルの業績を積み重ねている存在です。

青木昌彦が、学生時代に姫岡玲治の名前で発表した論文が、日本初の非共産党系のマルクス主義者集団の理論的支柱となり、日本の新左翼運動の礎を築いていったというわけです。

そして機関誌『共産主義』の後に、今度は『共産主義者』が作られます。これが「革共同革マル派」の機関誌となっていく。中核派と革マル派というのは、革共同の分派として登場したもの

であり、その意味では源流を同じくするのです。

こうした党派機関誌とは異なり、もう少し雑誌として幅広く記事を掲載したのが、一九六八年に創刊された共産主義者同盟の『情況』でした。

ぼくがどうやってこの手の機関誌をこれほど集めたのかというと、今はもうなくなってしまいましたが、かつて神保町に、この手の出版物ばかりを扱うことで有名な、ウニタ書店というのがあったんですね。そこにいけば、あらゆる機関誌が揃った。公安警察もしょっちゅうそこへ行っては、新しい機関誌やパンフレットを入手していたようです。この棚に入っている新左翼関連の資料は、ほとんどすべてその書店で買ったものです。

ところで、この『武装』を発行していた中核派の本多延嘉書記長は、革マル派に襲撃されて殺されてしまいました。実は、本多書記長に取材したことがあるんです。でも、その取材した直後に殺されたものですから、ぼく、ないし、ぼくの担当編集者が、本多書記長の居場所の情報を漏らしたのではないかと疑われたりしました。あれにはまいりましたね。

ぼくが取材をした時点で、本多書記長は他のセクトに狙われないように基本的に隠密行動をとっていましたし、守備隊というか、警護の人間が常に付き従っていましたが、それでも殺されてしまった。この本多書記長襲撃が引き金となって、両派の間でその後の止めようのない殺し合いが始まったのです。

いわゆる「内ゲバ」というのは、それ以前からありました。けれども、内ゲバというのは、殺し合いまでには発展しません。例えば、早稲田大学のように複数のセクトが拠点を置く大学があるとしますね。すると、あるセクトの学生が集団でゲバ棒を持って、学内の別のセクトのメンバーをヘルメットごとたたきのめす。それくらいはやっていました。でも殺すことはしない。しかし本多書記長の事件を境に、殺し合いが始まります。

先ほども名前の挙がったウニタ書店のおやじさんに話を聞いたところでは、ある日の深夜、店の目の前で殺し合いが起こったことがあったそうです。おやじさんは二階からその一部始終を見ていたというのですね。その際に、相手にとどめを刺すために彼らが何をしたかというと、まず相手の頭を割って、その中に鉄パイプを突っ込んで脳みそをぐじゃぐじゃとかき回したそうなんですね。そうすると、必ずしも死なない。殺人罪にはならず、傷害罪にとどまる。でも、脳はめちゃくちゃになってしまいますから、人間としては使い物にならなくなる。そこまでやっておきながら、かろうじて殺人にはならない。そういう限度を踏まえたやり口だったというのです。

そのスピーディで無駄のない、プロフェッショナルを感じさせるやり口があまりにも見事だったので、彼は「あれは普段からそういう仕事に就いている人に違いないだろう」とも言っていました。もちろん、このおやじさんの発言も、おやじさんが仕事柄よく目を通していた、活動家たちの機関誌やパンフの類に影響されてのものだったかもしれませんけれども。

アメリカの新聞も危ない

この辺はメディア関係の本ですね。まず、本についての本があって、それから新聞、雑誌、テレビについての本があります。パッと目につくところだと、『メディア裏支配』『新聞が危ない！』『改造社と山本実彦』『新聞学』『情報メディア白書』などですね。『朝日新聞社史』もあります。メディア関係の書物といっても、さまざまな系統があります。裏話エッセイのようなものもありますし、メディア学的なものもある。

メディア論では、『キャサリン・グラハム——わが人生』（TBSブリタニカ、一九九七）がありますね。キャサリン・グラハムという人は、ウォーターゲート事件で名を挙げた『ワシントン・ポスト』の女社長です。ニクソンに脅かされたときに、「キャデラックで牢屋に乗りつけてやるわ」と啖呵《たんか》を切ったと言われる人です。でも、今やアメリカでも『ワシントン・ポスト』がそれほど注目をされるということもないでしょう。残念ながら、新聞が危ないというのは、日本だけでなく、アメリカでも、ずっと以前から言われていることですから。『ワシントン・ポスト』や『ニューヨーク・タイムズ』のようなアメリカの代表的なクオリティペーパーですら、今やいつつぶれてもおかしくない経営状況におちいっています。

西欧諸国における下水道の意味

ここはガラリと変わって、ニューヨークに関する資料です。特に歴史に関する資料は、いいものが揃っていると思います。

例えば、この『ニューヨーク金融市場概説』は、ぼくが東京銀行の調査部を取材した際に入手したものです。東京銀行の調査部といっても、東京ではなくニューヨークにある調査部です。というのは、やはりニューヨークを知ろうと思えば、ニューヨークの金融を知らなければ話にならないと思って、丹念に調べました。

ニューヨークについては、文春の雑誌『くりま』のニューヨーク特集号（第四号、一九八一）

にすごく長い記事を書きました。本としては『ニューヨーク読本Ⅰ／ニューヨークを知る』（福武文庫、一九八六）に収められています。

とにかくその記事では、ニューヨークの歴史から始まって、都市デザイン、人間図鑑、ファッション、劇場、市場、下水道まで、本当にさまざまな面に光を当てました。ニューヨークの下水道は、壮大ですごいんですよ。日本のものなんて目ではありません。西欧諸国の下水道というのは、それぞれ長い歴史を持っているんですね。例えば、ヴィクトル・ユーゴーの『レ・ミゼラブル』でも、主人公ジャン・バルジャンが下水道を逃げまわるシーンが出てきますね。このように発達した下水道は、革命騒ぎが起きると、非常に重要な役割を担う空間となるのです。下水道が重要な舞台になったのは、一九五六年のハンガリー動乱でも、一九六八年のプラハの春でも同じでした。第二次世界大戦中のワルシャワ蜂起については、巨匠アンジェイ・ワイダが、『世代』『灰とダイヤモンド』と並ぶ「抵抗三部作」として名高い『地下水道』で、フィルムに収めています。ちなみに、『灰とダイヤモンド』と『地下水道』は、同じ時期の一連の行動を、違う角度から見ています。

ところで、現在のポーランドには、ワルシャワ蜂起ミュージアムというのが開設されています。

このミュージアムはワルシャワ蜂起の全過程を、普通に記録として残すだけでなく、当時行われたことの「すべて」を記録するという独特なミュージアムなんです。ですから、そこには当時の地下活動の有り様もすべて記録されています。ワルシャワ蜂起の期間中に、レジスタンスを助けるため、連合軍は飛行機を飛ばしてさまざまな物資を投下したりしていたのですが、その際に使用された飛行機もそのミュージアムの中に展示されている。

その他、当時は地下出版が山のように行われたのですが、そのときに発行された刊行物がすべて残されていました。使用された印刷機をはじめとして何から何まで残してあるのです。

ワルシャワ蜂起というのは、第二次世界大戦における終盤局面で起きた事件です。ですから、東からは、ソ連軍がどんどん近づいてくる。ワルシャワ近郊のヴィスワ川の向こう岸までソ連軍が来るんですね。一方、ワルシャワ市街地側は、これまで通りドイツ軍の占領下にある。それで、ワルシャワの市民レジスタンスやポーランド国軍らが、「ソ連軍がもうそこまで来ているのだから、われわれも蜂起すべき」だと決起し、ドイツ軍に対して攻勢をかけたのです。

ところが、蜂起したものの、ソ連軍は川向こうで進軍をぴたりと止め、絶対に市街地側へ入って来ようとしなかったんですね。なぜかというと、このワルシャワ蜂起を指導したロンドンにあるポーランド亡命政府は、連合国側ではあっても、半分民主主義寄りというか、少なくともソ連寄りではない。その一方で、ソ連はソ連で、ポーランド共産党のようないわば「子飼いの組織」を用意していた。つまり、みんながこの戦争の「後」のことを考えながら行動し始めようとしていたのです。

そうした状況に巻き込まれた彼らは、せっかく蜂起したにもかかわらず、態勢を立て直したドイツ軍に、次々と負けて潰されていった。でもソ連軍は助けに来ない。見殺しです。この事実は、後の東ヨーロッパの人々の精神に大きな傷跡を残していくことになる。結局、一九八九年の冷戦終結から、旧ソ連影響下の東欧圏が解体していく過程というのは、このワルシャワ蜂起くらいから見直していかないと、理解できないものなのです。

スターリンとは何だったのか?

ここはロシア共産主義、そしてスターリン体制についての資料です。『革命の解剖』『大衆運動』『スターリニズム生成の構造』『スターリン問題研究序説』『ソヴェト連邦共産党史』などが並んでいます。

ソ連と日本の共産党の歴史を比べると、いろいろ面白いんですよ。例えば、ソ連では、スターリン体制確立以後は、基本的にコミンテルンの流れを継いだ、いわば「公認の歴史」のみが語られるようになっていきます。

ところが日本の場合は、共産主義運動が盛り上がりを見せた最初期の頃は、日本共産党が圧倒的な指導力を持っていたこともあって、そういったまやかしの「公認の歴史」を押し付けることはありませんでした。そうした土壌があった上に、先ほどもお話しした共産党中央に対抗する、いわばこれまでとは違う「新左翼」という組織が形成されていく。その過程で、共産党や共産主義が客観的に研究されて、いろいろなことがわかってくるようになる。

つまり、日本の共産主義運動の歴史を乱暴にまとめてしまうと、まず、共産党中央の主張することだけを良しとする「従来型の左翼」と、それには飽き足らない「新左翼」という、大きな二つの流れが生まれた。そして新左翼の一部が過激化して、いくつかの過激派が生まれていった。その過激派が昭和史に事件を刻み込む。大雑把にいえば、そういう流れだったといえます。

実は国際的にも、似たような流れがなかったわけではありません。ある時代までは、「スターリン指導下のソ連は、全世界の左翼・共産主義的な運動を完全に指導していた。だから、その指導に従うことこそが、社会主義運動の正当なあり方だ」と言われていました。けれども、ある時代から、いわゆる正統とは異なる流れが、さまざまなところから出てくるようになる。その中で代表的なものの一つが、キューバ革命のゲリラ活動を指導したチェ・ゲバラという存在なんですね。

ゲバラのような流れが出てきたことで初めて「スターリンとはいったいなんだったのか」が見えてくるようになった。もちろん二十一世紀になった今でもこれは難しい問題ですけれども、戦後史の最大のカギの一つであるのは間違いありません。

プーチンは帝国を作ろうとしている

もちろんこの問題を解くには、独特なロシアの風土も考えに入れなくてはいけません。では、ロシアの特徴とは何か。

それは今のプーチン首相を見ているとわかりますね。彼は、どこかスターリン的というか、ロシアの伝統とでもいうべきものを受け継いでいる、そんな人間のように見受けられます。結局、ロシアという国は、どんなときでも帝国を目指す、目指そうとする国なのです。ここに『プーチンの帝国――ロシアは何を狙っているのか』（江頭寛著、草思社、二〇〇四）という本もありますけれども、プーチンは新しい帝国を作ろうとしているんだと思いますね。

冷戦が終結した後、ソ連が崩壊し、ロシアとしてもガタガタになっていった。あの過程を、プーチン一人だけが不満を持って見ていたわけではありません。あの時代、ほとんどのロシア人が同じようにかなりの不満を溜めてきている。もっと言えば、ロシア人のメンタリティには、どこかで「アメリカ一国主義の世界を受け入れたくない」という思いがあるわけです。プーチンの人気を下支えしているのは、この一点だけは外さないところだとも言えます。

何と言いますか、ロシアにはたとえ「公認の歴史」で人心を縛り上げ、独裁政治を敷いたとしても、それでロシアが大国として生き延びられるのであればそれでいい、と考えるところがあるんです。ですから、この辺りの棚に並んでいるものも、やはり「帝国の公認の歴史」、つまり、スターリンが、「これを歴史と言っておけ」と言ったような歴史の本が中心になります。『国際社会主義運動史』（上下、W・Z・フォスター著、大月書店、一九五六、五七）とか、『世界社会主義運動史』（上下、P・ダット著、合同出版、一九六六）などがそうですが、こういう本がたくさんあるということ自体がロシアという国を表している。

そして、これについては日本共産党も同じですけれども、教科書的なものを一度作ってしまうと、それに違反することは許さない、ということになります。そういった締め付けの強さこそが、共産党の組織の特徴です。

こうして、あらためて見てみると、この棚は面白い本がたくさん入っていますね。この『日本における「新左翼」の労働運動』（上下、戸塚秀夫他著、東京大学出版会、一九七六）などは、版元が東京大学出版会ということもあって、内容も学問的にしっかり裏付けのとれたものになっています。

元共産党員のルポライター竹中労の『琉歌幻視行――島うたの世界』（田畑書店、一九七五）もなかなか読みごたえのある本ですよ。それから小説では、柴田翔の『されどわれらが日々――』ですね。六〇年代の学生の心象がよく描けています。五〇年代に共産党員として活動していたものの、ソ連の原爆開発に疑問を感じて離党した小松左京の『日本沈没』もありますね。

そしてこれは『週刊現代』などの週刊誌で特集された「毛沢東が死んだ後」について書かれた記事をスクラップしたものです。

旧岩崎邸の地下で起きた事件の真相

ここは戦争や軍事関連、スパイ関係の本ですね。先ほど取り上げた『Magic Cable』のような本は、本来ならこの『暗号戦争』（吉田一彦著、小学館、一九九八）などが並んでいるところに入っているべきですね。

ヒトラーがらみの本もここですね。そういえば、一昨年から去年くらいにかけて、ヒトラーについての本がまとまって出版されましたね。もちろん「没後○年」といったきっかけもありますが、本の出版には「波」があるので、それを見ているのも一興です。

それからこの辺りにある、『夜と霧』など、ユダヤ人のホロコースト、アウシュヴィッツ関連は、もともと二階にあった本をこちらに持ってきたものです。

また、ここにはモサド以外のスパイ関連本も置いてあります。大日本帝国のスパイ養成学校「陸軍中野学校」やCIAについての資料もあります。この辺のスパイ関係の本は、何ともみんな面白いんだ。あまりに面白過ぎるので、本当のことが書いてあるのか怪しいくらいです（笑）。

例えば、この『プロフェッショナル・スパイ――英国諜報部員の手記』（徳間書店、一九六九）

のキム・フィルビーは有名な二重スパイです。イギリスの諜報部員にして、ソ連のスパイでした。二十世紀を代表する二重スパイといってもいいでしょう。

それから、『キャノン機関からの証言』（延禎《ヨンジョン》著、番町書房、一九七三）という本がここにありますが、スパイとして外せないのが、キャノン機関です。キャノン機関というのは、GHQのスパイ活動の実行部隊です。著者の延禎という人物は、キャノン機関に属した朝鮮人です。

東大医学部の附属病院と不忍池の間辺りに、旧岩崎邸というのがあります。戦後の一時期、その地下室にキャノン機関が置かれていました。今、旧岩崎邸は文化財として公開されていますが、地下室までは行けない。だけど案内人に聞くと、教えてくれます。「この階段を降りていったところにあったそうです」と指さします。その怪しい地下室で、さまざまな拉致監禁や尋問、拷問が行われていたようです。

一番有名なのは、鹿地亘《かじわたる》という作家が拉致され、ここの地下室で拷問を受けた事件です。この事件は、鹿地が解放されるとともに、国会でも取り上げられました。鹿地自身も国会に証人喚問されています。そして、国会で、その事件の実行犯メンバーに、延禎がいたことが明らかになる。その一連の事実を、延禎はこの本で初めて告白しています。

国鉄三大ミステリー事件と呼ばれるものがあります。現在でも真相がわからない、一九四九年に起きた下山事件、三鷹事件、松川事件のことです。それぞれ、当時の国鉄総裁であった下山定則が出勤途中で失踪し、轢死体となって発見された事件、三鷹駅で列車が暴走して死者が出た事件、東北本線の松川駅から金谷川駅間で故意にレールが外され、死者が出た事件です。

でも、この一連の事件については、これから謎が判明する可能性はないと思いますね。キーの部分を担っていた人たちがもう死んでしまっていますから。これからも、GHQによる陰謀論など、さまざまな説が出てくるとは思いますが、決定的な証拠はおそらく出ないでしょう。この『下山事件の真相――下山総裁は生きている!』(宮川弘著、東洋書房、一九六八)は、内容は面白い。というより、面白過ぎて怪しい。その意味で有名な本です。この手の本はこれからも出るでしょうけれども、きちんとした本が出ることはないと思います。この事件については、相当多くの部分が永遠の闇に沈んでしまう。

ぼくが煙草を吸わない理由

ここは戦争論ですね。さまざまな角度から戦争について書いた本が集めてありますが、なぜか

『西之表市』という市の要覧が入っている。西之表市というのは、種子島の街の名前ですけれども、なぜこのようなものが、この書棚に資料として入っているのか。それは、種子島のすぐ隣に、馬毛島《まげしま》という本当に小さい島があるのですが、そこに沖縄や厚木の米軍基地機能を移転しようという話が出てきたことがあるからなのです。

実はぼくは、米軍基地移転とはまったく関係のない『週刊文春』の企画で、馬毛島に「島流し」にされたことがあるんですよ（笑）。あれは、本当に昔、といっても文春の社員時代ではなくて、物書きになってからのことでしたが。今でもぼくが煙草を吸わないのは、その「島流し」のおかげなんです。その島にいる間に、煙草と完全に縁を切ることができた（笑）。島流しの期間が終わって迎えに来た文春の編集者が、「どうぞ、どうぞ。吸いたいでしょう」と煙草を出したんです。でもぼくは、全然吸おうという気にならなかった。

編集者はすぐに飛びついてくると思って、飛びついてきたところを写真に撮ろうと思っていたらしいんです。ヘビーな煙草愛好家を長期にわたって禁煙状態に置いておくと禁断症状が出るのではと思ったらしいんですね。ところが、ぼくは全然その気にならなかった。ニコチン中毒のニコチンが完全に抜けきって、煙草がないならないで何でもないというところにまでいっていたんですね。それで、せっかくだからこのまま禁煙しようと思って、今に至るんですね。あれは娘が生まれた後のことでしたから、娘が生まれてすぐの頃は、まだ吸っていた。家の中でものすごく非難を受けていたのを思い出しました(笑)。

戦争についての本の話に戻りましょう。この辺は全部、終戦処理関係の資料ですね。例えば、連合国最高司令部の『終戦処理費予算提要』(特別調達庁長官官房調整課翻訳、一九五〇)ですね。『終戦処理費等関係通牒集』(大蔵省理財局)の表紙には、「極秘」の文字が入っています。何にどれくらいの金をどう使ったのかが、行政の一番の秘密ですからね。

この『昭和動乱私史』(全三冊、経済往来社、一九七一―七三)も面白いんです。日本の現代史、昭和史には、わけのわからない人がたくさん出てくるのですが、この本の著者の矢次一夫もその一人です。一九三一年の三月事件や十月事件といった日本陸軍のクーデター未遂事件にも嚙んでいるし、二・二六事件にも嚙んでいる。戦時中の統制経済下における国策立案にも嚙んでいるし、戦後の韓国や台湾などとのアジア外交にも嚙んでいる。こういう本当に不思議な存在が日本の現代史には何人もいるのですが、ぼくはこの矢次さんに直接取材したことがあります。また、それだけではなくて、ぼくが『昭和史の謎』という本を作ったときには、矢次さんと東大教授の伊藤隆さんとぼくとの鼎談形式で、昭和史のさまざまな事件に関して語り合ったりしました。矢次さんは、それこそありとあらゆる事件に関して、噛んでいましたね（笑）。

その『昭和史の謎』は、暁教育図書という版元が刊行したもので、一般書店売りはせずに、会員制というか、予約者のみへの販売しか行わない本でした。大判本で全部で二〇巻くらい。一番最後の現代史の巻を、「現代史をやる人ならば知らない人のいない」という伊藤さんに力を借りながら、ぼくなりに月次立てから自分のやりたいことをやりきった本だったと記憶しています。これはなかなか面白い本なので、古本屋で見つけたら、ぜひ買ってもらいたいと思います。

半藤一利さんと田中健五さんにはお世話になった

この辺りはとにかく雑多な並びになってしまっていますが、『この自由党！』（前後編）という本はなかなか面白いですよ。著者名は、板垣退助をもじって「板垣進助」となっています。これらは、戦後しばらくの間、出版されていた「アングラ出版物」の復刻版です。歴史の真相といったテーマばかりを特集していた『真相』という雑誌があったのですが、その『真相』をすべて復刻した『復刻版真相』がこれです。すごく貴重なものですから、けっこうな値段がついているはずです。一万八〇〇〇円ですね。全八巻。三一書房から出ています。

戦後の一時期、この手の「歴史の謎」は人気を博し、さまざまな形で出版されましたが、その大きな流れの一つが、終戦直後に、『文藝春秋』が別冊あるいは増刊号として次々出した歴史特集号です。それは後に文藝春秋の歴史ムックとなります。文春出身で、現代史研究をライフワークとしている半藤一利さんは、その増刊、別冊の頃からその手の仕事をよくやっていました。そして、歴史ムックの頃は編集長です。それらの仕事を通じて、戦争を生き残った人たちにすごい量の取材をしていた。だから半藤さんは、大変な知識を持っているわけです。

文春という会社は戦前からありましたが、一九四六年に「戦争協力をした」という理由で解散をさせられます。その後、文藝春秋新社という形で再発足する。その新社が大学の新卒をとった、その最初の一人だったようです。半藤さんと田中健五さんの二人が戦後一期生で同期です。この戦後の第一回同期生がそれぞれ社の最前線に立ち、健五さんは『文藝春秋』編集長として、ぼくの「角栄研究」を出してくれた。

ここは、新聞の縮刷版が並んでいますね。これは『朝野新聞』の縮刷版。ぺりかん社から出ていて一万八〇〇〇円。三八巻ありますね。それから、この『日本新聞』は、シベリアの捕虜収容所で有志が発行していた新聞です。めくってみると、「スターリン感謝」とか書かれていますね。値段は一万一〇〇〇円。でも、収容所では、本当にこんなことをしていたんですね。活字をいちいち拾ってきたりしてね。こういう「ソ連やスターリンを讃えよう」という連中が収容所から解放されたあと、日本に帰って、共産党に集団入党したわけです。

ソ連としては、捕虜を帰すことによって、一挙に日本共産党の運動を勢いづかせようという意図があったのでしょう。実際に日本に帰すにあたって、何人かを長期のスパイにしようと思っていた。今でもその流れで、旧ソ連そしてロシアの情報機関に情報を流している奴がいる可能性もあります。と言いますか、瀬島龍三はまさにそのスパイだという説がずっと後まで流れていましたね。でも、もしそうだとしても、もう瀬島も死んでしまったし、調べようがない。

ネコビル一階で、性に関する本を紹介したときに、ヴァギナの話をしたと思いますが、ここには、アラン・ダニエルーの『ファロスの神話』(青土社、一九九六)がありますね。つまり、おちんちんのほうですね。この『エロスとタナトス』(N・O・ブラウン著、竹内書店、一九七〇)と併せて、本当はここではなく、一階の性や精神分析の書棚に入れるべきですね。

第五章

ネコビル階段

階段室
上り北側を見る

階段室

二階 南棚

P.402拡大◆『ブルゴーニュ公国の大公たち』を読んだことがある人とない人では、ヨーロッパというものの捉え方がまるで違ってしまう

AKHENATEN

P.402 拡大 ◆ 論理学の基礎を学ぶ流れで、記号主義やソシュールについての本も置くことになった

P.403 拡大 ◆ 現代数学は、この世界を現実的にも抽象的にも描写するための言語

P.399 拡大 ◆ 本というのは、その本が書かれた時代背景によって、意味や価値が違ってきます

P.403　拡大◆ぼくは昔ホワイトヘッドが好きだったんです

『失敗学』シリーズから、チョムスキーやソシュールといった言語学が並んでいます。その横に続くのが、第二次世界大戦時にナチスドイツが使用した暗号機「エニグマ」に関するものをはじめとする暗号関連の書籍ですね。

なぜこのような並びになっているかというと、「この辺はそのときどきの経緯でこうなってしまったんです」としか言いようがない（笑）。ただ、一つ言えることは、要するに書棚というのはその持ち主の知的歴史の断面なんだということです。（第五章本文より抜粋）

階段室

三階 東棚

P.407 拡大◆ここトイレ奥の階段には全集と北極南極や動物についての写真集が置いてあります

階段室三階
西棚

階段室
屋上 西棚

政治家の自叙伝や回想録はだいたいここにまとめています。私家版も多いですね。『大平正芳回想録』『大野伴睦回想録』『池田勇人先生を偲ぶ』などがあります。

この手のものは、古本屋にて一括購入をするケースが多いですね。

（第五章本文より抜粋）

P.409 拡大 ◆ 岩波書店の『大航海時代叢書』『日本思想大系』『日本古典文学大系』は一揃えしてあります

P.419 拡大◆『職業としての政治』を読んだかどうかが
インテリかどうかの分かれ目になるといえるでしょう

階段一階下り
東棚

階段地下
一階上り 西棚

階段室一階
南棚

段室一階

棚

階段室屋上
東棚

ブルゴーニュからヨーロッパを知る

（三階から二階へと降り始めてすぐの右側の棚に目配せしつつ）ネコビルの書棚はときどき入れ替えをしていますから、「この場所にはこのジャンルの本が置いてある」とはっきり言い切るのはなかなか難しいんです。入れ替えの途中だったりすると、あるべき本があるべき場所になかったりすることもありますしね。

この辺りは今のところ、ヨーロッパに関する本を置いています。『ローマ帝国衰亡史』（全一一巻、筑摩書房、一九七六―九三）から『ブレア回顧録』（上下、日本経済新聞出版社、二〇一一）までさまざまありますが、数が多いのはフランスに関するものです。『フランス史』（山川出版社）、『フランス病』（A・ペイルフィット著、実業之日本社、一九七八）、『ルイ十六世』（上下、J＝C・プティフィス著、中央公論新社、二〇〇八）などですね。この大冊（上下巻で一三四六ページ）は、「聖王ルイ」についても書かれていて、日本人はほとんど知りませんが、十三世紀の封建王政を完成させたカペー王朝のフランス王です。この人は二度にわたって十字軍をひきいてパレスチナに渡っている（第七次と第八次）。エルサレム攻略中に病没し、聖人に列されている人物です。聖人になったのは、フランス国王では初めてです。トマス・アクィナスの同時代人で、中世キリスト教の最盛期を支えた王です。世俗王としても、分裂状態にあった南北フランスを初めて統一国家にした王としても有名です。

ぼくは一時期、フランス中部の田舎ブルゴーニュのニュイ・サン・ジョルジュの隣村に家を持っていて、毎年夏はフランスで過ごしていました。その辺は、コート・ドール（黄金丘嶺）と呼ばれる高級ワイン産地の中心部です。ブルゴーニュで最も有名なワインであるロマネ・コンティの畑がすぐ近くでした。畑に入っていって、本当はいけないんですが、そこにはえているロマネ・コンティのブドウの実を手でもいで食べたことも何度かあります。果実のブドウとしてもおいしいのでびっくりしました。ここにあるのは、ブルゴーニュが最も栄えていた時代の歴史が書かれた『ブルゴーニュ公国の大公たち』（J・カルメット著、国書刊行会、二〇〇〇）です。ブルゴーニュは後にフランス王国に併呑されて、独立国家ではなくなってしまいますが、もともとは、フランス王家と同格のブルゴーニュ大公が治める大公領で、その最盛期には、フランス王家を、権力においても、富においても、また文化においても、はるかにしのぐ地域だったのです。最盛期は十三世紀から十四世紀にかけてで、先の聖王ルイのあと、四代続いた偉大な大公たちの時代で、英仏百年戦争やジャンヌ・ダルクの時代のちょっと前の辺りです。

この大公たちの時代の後のブルゴーニュの歴史は、オランダの歴史家ホイジンガが『中世の秋』（上下、中公文庫、一九七六）に書いています。『中世の秋』には、ブルゴーニュ地方の中心都市であり、葡萄酒の産地でもあるボーヌの修道院が経営していた施療院「Hospices de Beaune（オスピス・ド・ボーヌ）」での出来事が記されています。オスピスとはホスピスのことです。そうした舞台設定の中で、十四－十五世紀頃のブルゴーニュ公国の文化について、鋭い考察を行ったのが『中世の秋』です。文化的に貧しいと言われていたこの時代ですが、実は非常に豊かな文化があったことを描いています。そしてその文化的な豊かさは「遊びの精神」と密接な関係があるんですね。

ホイジンガには、『中世の秋』と並ぶ代表作の『ホモ・ルーデンス』という作品があります。これは日本語で書くと「遊戯人」となります。つまり人間を、ホモ・サピエンス（知る人・理性の人）とだけ捉えるのでは不十分であって、人間の本質を捉えるには「遊び」という概念を忘れてはならないと指摘した本です。ただ気をつけなくてはならないのは、ホイジンガの言う「遊び」とは、いわゆる普通の「遊び」ではありません。知的労働と肉体労働以外のすべての行動を

「遊び」としました。ですから文化的な活動はすべて「遊び」に入ります。一節を引いておきましょう。「文化を動かすさまざまの大きな原動力の起源はこの神話と祭祀の中にあるのだ。法律と秩序、取引と産業、工芸と美術、詩、哲学、そして科学、みなそうである。それらはすべて、遊戯的に行動するということを土壌として、その中に根を下ろしている」。こうした考え方をしているホイジンガに言わせると、中世ほど遊びの精神に溢れた時代はなかったということですね。

さて、ブルゴーニュ地方というと、日本ではボルドーと並ぶフランスの二大ワイン産地として知られているのみです。しかし、ヨーロッパの地図をよく見るとわかりますけれども、ここはヨーロッパのど真ん中にあたる地域なんですね。地域の中心にはディジョンがあって、北はベルギーを中心とするフランドル地方へとつながっている。南に向かえばソーヌ川、ローヌ川に沿って地中海にまで至る。そういう場所なのです。そしてその一帯は、ドイツ語圏ではブルグントと言われていました。ヨーロッパでは、地名が、国ごと言語ごとに違うのはもちろんですが、時代によっても呼び方がコロコロと変わるので、正確に把握するのはなかなか骨が折れます。要するに、ここは、あるときはフランス王国の一部でブルゴーニュと呼ばれ、あるときは神聖ローマ帝国の一部でブルグントと呼ばれたということなのです。ブルゴーニュのワインは神聖ローマ帝国でもフランス王国でも珍重されました。あるときはエラスムスが好んで飲んでいたし、あるときはワーグナーが好んで飲んでいたという記録があります。

とにかくこの一帯は、ある時代にはヨーロッパの文化、文明が一番進んでいた。ですから音楽史から見ても、美術史から見ても、ブルゴーニュ公国の存在は大きいのです。特に近世の音楽はここから始まったといっていいほど、この宮廷の存在感は大きいのです。

近代国家の枠組みを相対化する

また、このブルゴーニュ公国というのは、近代以降の国民国家とは異なる枠組みで成り立っていました。つまり、ブルゴーニュ公領やブルゴーニュ伯領といったさまざまな公爵領・伯爵領と、その他教会が持っている教会領などが集まって構成されていた地域なのです。

中心部分にはディジョンという街があるのですが、このディジョンの街の博物館というか美術館の一室（シャンモル修道院のこと）に、ブルゴーニュ公の夫婦の遺体を収めた壮麗な棺がありま す。これがまた大変な装飾が施された石棺で、美術史の上でも最も有名な霊廟の一つです。中世において、どのような王様がいて、この地域一帯がどのような状況にあったのかを記述したのが、先ほど紹介した『ブルゴーニュ公国の大公たち』です。

この本を読んだことがある人とない人では、ヨーロッパというものの捉え方がまるで違ってしまいます。普通人は、どうしても近代国家の枠組みからしか見ることができません。けれども、ヨーロッパという地域は、近代国家の枠組みから見ただけでは、よく理解できないところがでてくる。近代国家が成立する以前の文化や慣習、政治的な因縁などが根強く残っているんですね。ですから、ヨーロッパを理解しようと思えば、最低でも第一次大戦以前の十九世紀的なヨーロッパ、あるいはもっと古い中世のヨーロッパが、どのような姿だったのかを知らなくてはいけない。その辺りまで遡らないとヨーロッパの本当の姿は見えてこないわけです。この辺りは、日本の教育でもものすごく欠けているところです。だから、日本人はヨーロッパを知っているようで、実はほとんど何も知らないのと同じなのです。

例えば、フランスという国を考えるにしても、まずは、ある一つの時代における空間の広がりとしてのヨーロッパを捉える。そして、そこに時間軸も併せて考える、四次元的な見方でヨーロッパを捉えなければいけない。その上で、そうしたヨーロッパの中のフランスを考えないと、フランスのヨーロッパでの存在感などは理解できない。現代を知るために、過去の知識は絶対に必要ですね。その他、フランス革命やナポレオンなど、時代ごとに注目すべき出来事がたくさんあるので、それらも無視できません。

これはフランスだけの話ではありません。今のユーロを知るためには、ECからEUができる過程を知らなくてはいけませんし、その中でそれぞれの国がどのような役割を果たしていたかを知らなくてはいけない。もっと言えば、近代以前、つまり中世から近代にかけて、ヨーロッパで何が起きて、近代国家がどのように生まれていったのかを知らないと、二十一世紀の「世界」もよく理解できないとも言えます。

ブルゴーニュ公国と並んで、もう一つヨーロッパを理解するために絶対に知っておかなくてはいけないものと言えば、神聖ローマ帝国です。ですから、この辺りは、神聖ローマ帝国とドイツについての本が並んでいますね。

その他、二十世紀のはじめまで長らく強大な勢力を誇ったハプスブルク家についての本（『ハプスブルク家』『ハプスブルクとハンガリー』『戦うハプスブルク家』など）が、この辺には並んでいます。古いところでは、『アレクサンダーの戦争』『アレクサンドロス大王』、そして『トロイアの黄金／コータンの廃墟／パピルスの国／粘土の国』（『世界ノンフィクション全集』10、筑摩書房、一九六〇）などアレクサンドロス関連の本がその横にあります。このように、この書棚には、広い意味での西洋史を理解するための本を集めています。

書棚は歴史の断面である

この辺りは、畑村洋太郎の『失敗学のすすめ』など、『失敗学』シリーズから、チョムスキーやソシュールといった言語学が並んでいます。その横に続くのが、第二次世界大戦時にナチスドイツが使用した暗号機「エニグマ」に関するものをはじめとする、暗号関連の書籍ですね。なぜこのような並び方になっているかというと、「この辺はその時々の経緯でこうなってしまったんです」としか言いようがない（笑）。そもそもぼくはソシュールについてはあまり詳しくない。便宜的に集めておいただけとも言えます。ただ、一つ言えることは、要するに書棚というのはその持ち主の知的歴史の断面なんだということです。

『ホワイトヘッド著作集』の中の『過程と実在』（上下、松籟社、一九八四―八五）、あるいは『ホワイトヘッドの対話』（みすず書房、一九八〇）や『ホワイトヘッドへの招待――理解のために』（V・ロー著、松籟社、一九八二）など、ホワイトヘッドの著作とその研究書が並んでいますが、以前はもっとたくさんあったんです。ぼくは昔ホワイトヘッドが好きだったんですね。彼の代表作は何といっても『過程と実在』です。これは難解な本ですが、面白いことは請け合いです。ドイツの数学者、哲学者フレーゲの『フレーゲ著作集』（全六巻、勁草書房、一九九九―二〇〇二）などへとつなげて置かれている。なぜこうしたつながりになるかというと、ホワイトヘッドというのは、数学の専門家というより数学基礎論の専門家でもあるからですね。バートランド・ラッセルとともに『Principia Mathematica』という本を出しています。これはニュートンの「プリンキピア」の向こうを張って二人が書いた本で、現代論理学の基礎を数学に求め、さらにその数学の基礎をなしている一番底の底にあるものは何なんだということで、再び論理学に戻ってくる、現代哲学の基礎文献として最も有名な本です。その同時代にドイツで、論理学の基礎を考えるうちに数学基礎論にたどりついた人としてフレーゲがいる。フレーゲは日本で長らく翻訳が出なかったけれど、この著作集で初めてその全貌が日本語で読めるようになった。

さらにその一連の流れとして、記号主義やソシュールについての本も置くことになった。ぼくはけっこう数学が好きなのですが、学生時代から得意だったわけではありません。あれは三十歳を超えた辺りだったと思いますが、『現代数学の世界』（講談社ブルーバックス、一九七四）というシリーズ本や『数学――その形式と機能』（S・マックレーン著、森北出版、一九九二）を読んで、現代数学は、この世界を現実的にも抽象的にも描写するための言語なんだということがわかったんです。

ゲーデルの功績に有用性はあるか

そしてこの辺りは、ライプニッツやゲーデルといった数理哲学関連の本ですね。例えば、この『ゲーデル再考――人と哲学』（ハオ・ワン著、産業図書、一九九五）などは面白いですね。ゲーデルの『不完全性定理』は、いわゆる文系の人にとっても面白そうな気分を味わわせてくれるけれども、結局はよくわからないものとして、有名ですね。不完全性定理の証明を本当に理解しようと思えば、なかなか難しい。

ゲーデルは、一時期アインシュタインとプリンストン大学の高等研究所で同僚になっています。純粋な研究者として招かれただけですから、講師として学生に教えていたわけではないのですが、こうした天才が一つの場所に集まることの意味は大きいと思います。プリンストンの高等研究所は、そういう天才的な研究者を世界中からかき集めて好きな研究をとことんやらせたところで、日本の湯川秀樹、朝永《ともなが》振一郎なども一時身を置いています。ぼくは二度ほど取材でこのキャンパスにいるバイオ系の学者を訪ねたことがありますが、キャンパスも学生たちも独特の雰囲気を持っていて、とてもいいです。アインシュタインやゲーデルが住んでいたところはあそこと、今でもすぐ教えてくれます。

ただゲーデルとアインシュタインは、ともに理数系の天才研究者であることには間違いありませんが、扱った研究の役割は少し違います。はっきり言ってしまえば、ゲーデルの研究は、世間一般の人が考えるレベルでは、「有用性はない」と言えるでしょう。もしこの瞬間にゲーデルの存在が歴史から消えさって、業績も何もかもなかったことになったとしても、世の中の物事一般には関係がない。このようなタイプの知的領域というのは、実はものすごくあります。

一方、アインシュタインの場合は違います。第三章でお話ししたように、例えば、一九一七年の誘導放出の論文は、現在のレーザー技術に直結しています。もしあの論文がなかったならば、現代のレーザー技術がすべて消えてしまうわけです。レーザー技術が消えてしまえば、現代の科学技術の世界もほとんどの部分が成り立たなくなる。アインシュタインの研究した世界は、そういう領域です。

ゲーデルが関わった研究というのは、学問における最も基礎的な部分の研究であって、ある意味でそれはものすごく重要です。けれども一方では、一般の現実世界からはかけ離れた世界に行ってしまっているとも言えます。そして、現代の研究のたいていのものがそうなのです。これ以上突っ込んで考えたところで、現実に有用な結果を導けるかといえば、それはわからない、というものなんですね。

そして、その辺りのレベルになると、生涯かけてそればかりを研究した人だけが了解できる内容で、ぼくのようなジャーナリストにとってはもとより、ちょっと研究領域の外れた人にとっても、ほとんど理解不可能なのです。そのような研究に意味があるのかどうかは、意見の分かれるところだと思います。本人にとっては、もちろん生涯をかけるだけの価値のある大問題なわけですけれども。

アジアは単純ではない

ここのキーワードは「アジア」です。ポル・ポト、カンボジア、東アジアなどに関する本を集めました。『東南アジア現代史』『チャベス』『わたしが見たポル・ポト』『カンボジア、遠い夜明け』などですね。なぜここにベネズエラの特異な革命左派の指導者チャベスの伝記があるのかと言えば、一時ベトナム解放戦線関連の本がここにあったからです（その後まとめて移動）。解放戦線つながりで、ラテンアメリカの解放戦線的な運動家の本もここに置いたためです。

「アジアの時代」と言われてから、もう久しいですね。実際に中国はすでに経済力でも政治力でも、世界中の国が無視できないレベルになりました。だからと言って、では「アジアとはどういう存在ですか？」と問われて、「アジアはこうだ」などと簡単には答えることができません。そんな単純な問題ではありません。

しかし、どうしてここにコンラッドの『闇の奥』があるのだろう。『闇の奥』という本は、イギリスの船乗りが若い頃体験したアフリカ奥地での経験を語るという体裁の小説ですが、西洋文明の闇を描き出した作品として、とても重要な本です。でもここにあるべき本ではない。うーん、こうして逐一見ていくと、分類の仕方に問題がある棚がずいぶんとあるね。

いや、わかった。これも理由があるんです。以前ここに、ベトナム戦争関連の本があった。そのつながりで、ここに、ベトナム戦争を背景にしたコッポラの『地獄の黙示録』関連の本が並んでいたんです。コッポラの『地獄の黙示録』は、いろいろなものを下敷きにして作られた作品ですが、その一つがコンラッドの『闇の奥』なんです。それはコッポラ自身が自作解説本の中で述べている有名なエピソードです。『地獄の黙示録』については、ぼくはいろいろな形で筆を執っており、最後には、『解読「地獄の黙示録」』（文藝春秋、二〇〇二）という本にまとめていますが、その関連資料は後に映画本があるコーナーに移してしまいました。しかし、何らかの理由で、『闇の奥』だけこぼれて、ここに残ったんだね。

教科書的な本をまず手にとる

アメリカ関係の書籍は、今、基本的には三丁目に置いてあるんです。だから、ここにあるのは必ずしもアメリカにだけ関わる本ではなく、むしろ外交というキーワードでくくられるような本が並んでいます。例えば、キッシンジャー関連の本がたくさんあります。『ジョージ・F・ケナン回顧録』もここにある。また、この辺からはアメリカ国家の諸問題というくくりになっていて、黒人問題、人種問題、宗教問題、女性問題などが、ごちゃまぜに置いてあります。具体的に挙げると、『ニクソン回顧録』『最後の日々』『アメリカ黒人の歴史』『フーヴァー長官のファイル』『ソフト・パワー』『アメリカン・ライフ』『アメリカの若者たち』などなどです。

一概に「アメリカに関わる本」と言っても、「アメリカ」というジャンルに分類するべきか、「外交」というジャンルに分類するべきか、しっかり区別をしないとわけがわからなくなってしまう。そして、そのとき、どのような仕事をしているかによって、それに適したジャンル分けは変わってくる。だから、書棚というのは、常に手を入れていないと、使い勝手が悪くなってしまうんです。

分類して並べるとなると、問題になるのは本のサイズです。違うサイズの本を、同じところに並べるとガタガタになってしまう。けれども本のサイズを揃えようとすると、今度は中身が統一されなくなってしまう。だから、本を分類するというのは、いろいろなことを考えながらやらなくてはいけない。

実は、先日からアメリカという国家の歴史を、わりときちんと書いてくれている教科書的な本を探しているんですが、どうしても見つからない。歴史家によって焦点の当て方はみんな違うので、一口に「アメリカとはこういう国だ」と言い切ることはできません。けれども、その本は、アメリカの国がどのような経緯でできあがっていったかについて、丁寧に歴史をたどりつつ記してあったんです。全三巻くらいで。誰かが動かしたに違いないんだけど。どこにいったのかな。

こういう本の行方不明事件はしょっちゅう起きています。その本の所在を探しているうちに、思いがけない本の発見、再発見がある。それがまた愛書家にとっては楽しみなところです。

ところで、どのようなジャンルについてであっても、教科書的な本というのは、重宝します。全体を見ることができる本をベースにすることで、その他のいろいろなものが見えてくる。その後で、例えば、こちらの『総合研究アメリカ』（全七巻、実教出版、一九九二）のように、個々のテーマごとに説明しているタイプの本を手にとる。さらに深く知りたい場合は、それぞれのテーマで一冊になっている本を読む、ということです。

ここは日米関係、特に日米同盟に関する本が集められています。ただ、「日米関係」と一言で言っても、時代によって意味合いがまったく違いますし、語られる角度も違うので、そうそうきれいに分類できるわけではありません。その隣の、経済、金融やポスト資本主義などに関する本についても同じです。一言で「経済」といっても、時代ごと、あるいは切り方によって、まったく違うものになる。

ぼくは、目先で起きている問題に対して、とにかく資料を集めることから仕事を始める。仕事のたびに、ひとかたまりの本の山を作って、片端からページを繰るところから始める。仕事が終わった後、手元に残った本をどう整理するか、常に頭を悩まされる問題なんですね。それらの本を今までとは別の枠組みで分類整理して書棚に収めようとしても、急にはできません。そうこうしているうちに、同じようなテーマの仕事にもう一度取り組むことになれば、必要に応じて本を集め直さなくてはいけなくなるし。

難しいのは、集めた本には、将来にも役に立つ本と、その仕事一回のためだけの本とがあること。本というのは、その本が書かれた時代背景によって、意味や価値が違ってきます。だから、このネコビルに並んでいる本も、本当に玉石混交です。さらに経験に即して言えば、政治や経済に関する本というのは、「石」のほうが圧倒的に多い。「玉」はきわめて少ないです。

では、ここに置いてあるアダム・スミスの『国富論』のような古典は玉なのかと問われると、それも答えに窮するところがある。というのも、この本はたしかに面白い。でも、その面白さは、時代背景に左右される。

古典とまではいきませんが、『日本資本主義の没落　2』（東京大学出版会、一九七〇）という古い本があります。これは面白いですよ。この本は、『双書　日本における資本主義の発達』という全一三巻のシリーズの第七巻にあたります。この巻の題名が『日本資本主義の没落　2』。日本資本主義が成立、発展し、それから没落へと向かう諸段階を、マルクス主義経済学の経済史の観点でまとめているのですが、これは、今でも十分に歴史資料として役に立ちます。

現実について、普段の生活とは違う時間の幅と角度で見る。そういう営為が常に必要なんです。それを促してくれる本こそ、一つの仕事が終わった後もきちんと残しておくべき、長く役に立つ本ということになるかもしれません。

しかしそれを取捨選択するのは常に難しい。ということで、書棚は常にめちゃくちゃになる。そうならざるをえないものと言っていいかもしれません。

宗教学者としてのマックス・ウェーバー

そしてこの辺りには、『マキァヴェッリ全集』(全六巻＋補巻一、筑摩書房、一九九八—二〇〇二)や、港湾労働者をしながら独学で哲学をやっていたエリック・ホッファーがまとまっていますね。『安息日の前に』『エリック・ホッファー自伝』『魂の錬金術』『波止場日記——労働と思索』などが並んでいます。

マックス・ウェーバーはあまりここには揃っていないようです。ウェーバーは、三階の宗教関係のところにも置いてあります。「ウェーバーのことは知っている」という人も、たいていは自分の興味に沿った一面しか知らないことが多いですね。ある人は社会学者としての一面しか知らない。でも実際のウェーバーは、経済学者でもあり、宗教史家でもあった。違う側面をいくつも持っている人でした。だからとりわけ分類がしにくい人と言えます。

『世界宗教の経済倫理』(『宗教社会学論集第3』、みすず書房、一九五三)や、『古代ユダヤ教』(みすず書房、一九八五)、あるいは『マックス・ヴェーバーと古代史研究』(内田芳明著、岩波書店、一九七〇)といった本を見ればわかるように、マックス・ウェーバーの功績には、宗教学的、古代史学的な側面が実は非常に大きいのです。これらの仕事を抜きにしてマックス・ウェーバーを語ると、どうしても彼の全体像が見えてこない。そもそも彼の代表作『プロテスタンティズムの倫理と資本主義の精神』における主張にも、その前段階にあたる部分がある。それがこの『ウェーバーの宗教理論』(金井新二著、東京大学出版会、一九九一)を読めばわかります。ウェーバーは宗教史家でもあったからこそ、『プロテスタンティズムの倫理と資本主義の精神』が書けたんです。だから、ただの経済学の書として、この本を読んでも駄目なんですね。

政治家の質を見分ける本

でも、やっぱりウェーバーの宗教に関する本はそれほど面白くない（笑）。一番面白いのは、やはり社会学です。また『職業としての政治』をまだ読んでいない方は、ぜひ手にとってみてください。

この本をちゃんと読んだことのある人と読んでいない人の差は、ものすごく大きい。特に政治家で、これをちゃんと読んだ人というのは、やはり言葉の使い方がまるきり違います。インテリかどうかの分かれ目になるとも言えるでしょう。例えば、現代日本の政治家としては長く総理大臣を務めた中曽根康弘はインテリ政治家ですが、彼は、わりとしっかりウェーバーを読んでいました。それと、もう一人は細川護熙《もりひろ》です。細川は書くものを見ても、使う言葉が他の政治家とは全然違う。ぼくはこの人は惜しいことをしたと思っています。国民福祉税構想とスキャンダルでつぶされなければ、彼はもっと大きな存在になっていたでしょう。

ちなみに、前の総理の野田佳彦は、細川の教え子といってもいいんですが、細川はどこかのインタビューで野田のことを誉めていますよね。どう誉めたかというと、「野田は距離感がちゃんととれる男だ」という表現を使ったんです。この「距離感をちゃんととれることが、政治家にとって最も大切な資質である」というのは、まさにマックス・ウェーバーが『職業としての政治』の中で最も強調していることなのです。中曽根も演説の中でよく引用していました。現在、目の前で起きている問題と自分との間にどのような距離があって、その距離を将来的にどう詰めるべきかといったことを、正確に考えることができる。それが有能な政治家というわけです。

ちなみに、「距離感」という言葉はドイツ語では、このように使われます。「der Distanz zu den Dingen und Menschen」。日本語に訳すと、「事物と人間に対する距離」ということになる。けれどもこの訳が、訳者によってかなり異なる。そして、中には本質的な意味が取れないような表現になっているものも多いのが、問題ですね。その辺りの翻訳の問題を一度原稿に書いたことがあります。内容をきちんと理解せずに、聞きかじりでこの箇所を引用する人は、「距離感」といったような表現にならないんですね。具体的な例を挙げたいところですが、ここには間違っているほうの訳本の現物がないので、正確には言及できません。

親父の形見

（トイレ奥階段へ移動して）ここは全集と北極・南極や動物についての写真集ですね。岩波書店の『大航海時代叢書』『日本思想大系』『日本古典文学大系』は一揃えあります。写真集のほうは、『NHK　地球大紀行』（全六巻）『NHK大型ドキュメンタリー　北極圏』や『猫の百科』『フクロウ』『ホッキョクグマの王国』などが置いてあります。

（トイレ奥階段から階段踊り場辺りの棚へ移動して）ここには本を上げたり下げたりできる、電動のリフトがつけられるようになっていました。

あと、ここにある『全国出版新聞』という新聞の綴じ込み合本は、今や非常に貴重なものになっています。その編集長は、ぼくの親父が務めていたのです。

今、『週刊読書人』という図書新聞がありますね。『全国出版新聞』は、その『週刊読書人』の前身にあたるものです。当時、読書人のための新聞としては、『日本読書新聞』『図書新聞』『全国出版新聞』の三紙がありました。そのうち『日本読書新聞』『図書新聞』の二紙がいわゆる書評新聞だったのに対して、『全国出版新聞』は出版業界の業界紙的な役割をメインとしていました。その後、もろもろの経緯があって、『全国出版新聞』は『日本読書新聞』と合併して、『週刊読書人』へとつながっていきます。一方『図書新聞』は今も『図書新聞』として続いている。というわけで、この『全国出版新聞』は、戦後日本の出版界のさまざまな出来事をリアルタイムで記録していて、その歴史としてたどるには、一番いい文献になっています。

それで、かつて不二出版という出版社が、「日本中にたくさんある各業界の業界紙を全部本にするという仕事をやっているので、『全国出版新聞』も入れさせてください」と言ってきた。そのときに、うちの親父がケチな根性を出して、断ってしまったんです。もし、あのとき不二出版のオファーを受け入れていれば、ぼくたちは今、『全国出版新聞』を普通に読める本の形で持っていたはずです。全国紙ならまだしも、業界新聞は、本になって人に読んでもらえなければ、その歴史が全部消えてしまう危険があるんですね。実際に『全国出版新聞』は、今、手元にある縮刷版の合本一式くらいしか、現物がない。これが親父の形見として残っているようなものですね。ただ、現代であれば、電子ブックにすればいいと思います。PDF形式でいいんだから。

それから、立教大学の研究室にも置いてある『17・18世紀大旅行記叢書』(岩波書店)もこの辺りに並んでいます。

政治家の自叙伝

（屋上へ上がる最後の階段の辺りで）日本共産党の機関誌『前衛』ですね。これだけバックナンバーを揃えている人は、そうはいないでしょう。わりと貴重な資料になっているはずです。

そして、政治家の自叙伝や回想録はだいたいここにまとめています。私家版も多いですね。『大平正芳回想録』『大野伴睦《ばんぼく》回想録』『池田勇人先生を偲ぶ』などがあります。

この手のものは、古本屋で一括購入をするケースが多いですね。

第六章 ネコビル屋上

中国文化大革命事典
B4
コピーペーパー P
自然水
自然水
A4

中国関係では、宮川書房の『毛沢東語録』（一九六六）が重要な本ですね。これは文化大革命時代の毛沢東語録の完訳本です。赤衛兵が手に掲げていた、あの赤い本の日本語版です。刊行が一九六六年、昭和で言えば四十一年ですから、ちょうど文革が始まった頃、まさにリアルタイムで発行された本ですね。

そしてこの『内部――ある中国報告』（朝日新聞社、一九八三）は朝日新聞の船橋洋一が最初に書いた本です。船橋さんが最初に特派員として勤務したのは、北京でした。中国共産党には、あるポジション以上にだけ配られる情報メモのようなものがありました。それが『内部』と呼ばれる文書なのです。その文書を元に、改革開放がスタートしたばかりの頃の「中国の今」が書かれています。

（第六章本文より抜粋）

P.446 拡大 ◆ 文革とその後続いた社会的混乱の時期に、中国でも、多くの資料が失われました

西浦みかん

屋上 中央棚東

ガラス
ビン
セトモノ

P.453　拡大 ◆ コリン・ウィルソンは、文芸評論からスタートして、性関係から殺人がらみの本、そしてオカルトまで非常に幅広い分野で著作を残しています。不思議なマルチ評論家です

P.453　拡大 ◆ 昔はこういう内容の本はワイセツ本として摘発の対象になった

P.453 拡大 ◆ ぼくはコリン・ウィルソンの本を通して、ウィトゲンシュタインと出会いました

屋上 東棚

P.457 拡大 ◆ 左翼学生の転向を指導するためのガイドとして、彼らの手記をまとめた本もあります

P.457 拡大 ◆ 共産党からはたくさん批判をもらいました

P.457 拡大 ◆ 文部省がマル秘でこうした本を出版していたところが時代を感じさせます

P.456 拡大 ◆ 埴谷さんへのインタビューは後に、『無限の相のもとに』という埴谷さんとの共著の本になります。だからこの『太陽』はすごく思い出深いんです

この屋上の一番奥の棚はぼくが書いた原稿が載った雑誌を保存してあるんです。『現代』『世界』『諸君!』『文藝春秋』といった総合誌に、『週刊現代』『週刊文春』『週刊ポスト』などの週刊誌、そして『スコラ』もあります。ぼくの『青春漂流』（講談社、一九八五）は『スコラ』で連載していましたからここにあるんです。ぼくの原稿が載ったのではないただの風俗資料としてとってある『スコラ』については、三丁目に置いてあります。

また各号ごとの雑誌もありますが、なぜその号を持っているかについては、それぞれ理由がある。例えば、『太陽』のこの号は埴谷雄高の特集です。ぼくが埴谷さんに大インタビューを試みた長文の記事が載っています。

（第六章本文より抜粋）

コリン・ウィルソンの多面的世界

ここにはコリン・ウィルソンの著作を中心に、それに関連した本が集められています。棚数個がまるごとコリン・ウィルソンの世界になっています。コリン・ウィルソンは、文芸評論からスタートして、性や殺人、そしてオカルトまで非常に幅広い分野で著作を残しています。不思議なマルチ評論家です。

一九九三年にNHKで対話番組を作ることになり、イギリスまで会いに行っているんです。放送時間が二時間以上にわたるとても長い番組でした。ですから、もちろん撮影も長かった。たしか、三日がかりでインタビューをしたように記憶しています。ここにある本はそのインタビューのための資料ですね。ものを書く人にインタビューをするときは、一応その人が書いたものを読んでおくというのが、礼儀というか、当たり前の準備ですが、彼の場合は、それがものすごく多いので（翻訳されているものだけで数十冊）、大変でした。

彼は、ぼくらの世代にとっては、世界的ベストセラー、『アウトサイダー』（紀伊國屋書店、一九五七）を書いて、一挙に若い世代の知的スーパースターになった人です。その後もベストセラーを次々と書いてきた人ですから、ちょっと緊張して会ったのですが、実際に会ってみると、気さくな人でした。そして彼の処女作であり、最大のヒット作でもある『アウトサイダー』という書名の通りの人でした。『アウトサイダー』は、カミュやドストエフスキーといった作家や、ニーチェやキルケゴールといった思想家など、古今東西のアウトサイダーたち、すなわち一般社会の常識的枠組みの中に収まることを拒否している人たちについて描いた本です。彼自身も、そういう雰囲気を持っていました。

この『アウトサイダー』は世界的に売れました。でもぼくは、コリン・ウィルソンなら、『アウトサイダー』のすぐ後に書かれた『宗教と反抗人』（紀伊國屋書店、一九六五）のほうが面白いと思います。ただこの本は日本では売れなかった（笑）。『宗教と反抗人』は、宗教人のさまざまなアウトサイダーについて書かれた本ですが、日本人は外国の宗教人にはあまり興味を示さないんです。具体的には、パスカルやスウェーデンボルグなどが取り上げられています。この本の中に、必ずしも宗教人とは言えない「ウィトゲンシュタインとホワイトヘッド」という章がある。この本でぼくはウィトゲンシュタインについて初めて知りました。あれは一九六六年、まだ文春にサラリーマンとして勤めていた頃でした。

ウィトゲンシュタインは、一般的には哲学者として知られています。けれども実は建築家でもあり、独特の大学教師でもあったり、さまざまな側面を持ち合わせていました。この『宗教と反抗人』では、神秘主義者的な側面に力点を置いて、アプローチしています。

『論理哲学論考』（大修館書店、一九七五）の中で書かれた最も有名な言葉に、「語りえぬものについては、沈黙しなければならない」というものがあります。神秘主義とは、まさに語りえぬことを直感的に認識してしまうことを指しますから、彼を神秘主義者といっても誤りではありませんが、あまり普通の取り上げ方ではない。

一般的には、彼は哲学者として、しかも、最も有名な現代哲学の革新者として知られています。ウィトゲンシュタイン以前と以後で、哲学の様相がまったく変わったといってもいいからです。昔の大学生（旧制高校生）によく歌われた歌に「デカンショ節」がある。「デカンショデカンショで半年暮らす……」という歌なんですが、このデカンショとは何かというと、デカルト、カント、ショーペンハウエルです。デカルト、カント、ショーペンハウエルは、近代の観念論哲学の代表的存在ですから、戦前の大学生の必須教養アイテムとして、文科の学生は哲学の時間に、徹底的に叩き込まれたんです。それが、この歌にうかがえます。

しかし、デカンショを真剣に読む学生なんて、今はもうほとんどいないでしょう。それらをありがたがって読んだのは、明治、大正、昭和戦前期まででしょう。戦後はむしろ、流行思想としては、マルクス、レーニンとか、サルトルの実存主義、ラカンなどのフランスの精神分析派が読まれたと思います。そして、二十世紀後半の哲学の世界に、圧倒的な影響力を及ぼしたのは、ウィトゲンシュタインでした。

ぼくが最も影響を受けた哲学者もウィトゲンシュタインです。三階の入り口を入ってすぐのところに、書棚三段ばかり、ウィトゲンシュタイン関連の本ばかり並べているところがあるでしょう。ウィトゲンシュタインの影響力がなぜそれほど大きなものになったかといえば、彼の登場によって従来の哲学のほとんどがナンセンスなものにされてしまったからです。ナンセンスというのは、意味がないということです。従来の哲学者がいろいろと論じてきた、いわゆる哲学的問題の大半は、問いの立て方そのものが間違っている。答えがあるはずもないことを問うて、ああでもない、こうでもないの議論を積み重ねているが、そのすべてが無意味だというわけです。問いの立て方そのものを間違えているから、答えの出しようがない議論だという。

ウィトゲンシュタインの主著の一つに『哲学探究』（大修館書店、一九七六）という本があります。その中で、ウィトゲンシュタインは、自分の哲学が何かといえば、「ハエ取り壺に落ちたハエにどうすれば外に出られるかを教えるものだ」と、説明を与えています。これはハエをとるのに、ハエ取り壺などというものは使わず、すぐに殺虫剤をシューシューやる日本ではあまりピンとこない発言かもしれませんが、向こうのハエ取り壺を知る人にとっては、何ともいえず、言い得て妙な発言なのです。

こういうものを想像してください。ハエが好むエサを大きくすっぽりと覆うような大きなガラス瓶があります。ハエがエサにつられて、エサのにおいがするほうへ近づいていくと、巧みな構造に誘導されて、ハエは中に入り、外に出られなくなるのです。ハエは一般に、飛ぶときは上に向かって飛ぶ。あるいは明るい外部に向かって飛ぼうとします。しかしそうすると、トラップに嵌《はま》りこんだようになって、ハエは外部に出られなくなるのです。とどのつまりは、ハエは出口近くにある水たまりに落ちて、死んでしまう。実は内部空間と外部空間は、つながっていないわけではないから、出方を知っていれば、外に出られます。

ポイントは、エサのにおいが強まるほうへ行かないということです。そして、本能にしたがって、上方に行こうとしたり、より明るい方向へ行こうとしないことです。そして、本能に反する方向へと飛び、迷路のような空間を通り抜けて、ガラス瓶の下の縁を回って抜ければ、ハエは外に出ることができるのです。しかし、ハエは全体の構造が理解できていないし、本能に従って飛ぶだけだから、どうしても、トラップにとらわれてしまう。そこから抜け出すことがどうしてもできないのです。

要するに、ウィトゲンシュタインは、そもそも間違った問いの立て方をし、それを重要な哲学的問題と見誤り、さらに、それを解こうとして、ますます間違った方向に向かい、どんどん迷妄の中に入り込んでいくのが、現代の哲学者が置かれている状況だといっているわけです。その哲学者たちが陥っている迷妄から抜け出す道を教えるのがウィトゲンシュタインの哲学なのです。

彼は、間違いの根本的原因は言葉の誤った使用によると言い、それを教えるといいます。こうして彼は、現代哲学の新しい潮流、論理実証主義と日常言語学派の二つの流れの源流となるのです。哲学的問題をそういう方向からよくよく分析すれば、迷妄も自ずから解けるのだというわけです。『哲学探究』において、それをさまざまの実例をもって示していくところはなるほどと思います。

このような新しい哲学の流れに、ぼくは、コリン・ウィルソンの『宗教と反抗人』を通じて、初めて接触することになったのです。

コリン・ウィルソンの紹介の仕方が独特でしたから、ぼくはウィトゲンシュタインと、少し独特な出会い方をしたわけです。翌一九六七年に文春をやめて大学の哲学科に学士入学で戻ると、そこでウィトゲンシュタインの『論理哲学論考』の原典講読のゼミがあり、「記号論理学」の授業ではウィトゲンシュタインの論理学に出会うことになります。こうして一挙にウィトゲンシュタインの世界にどっぷりつかることになりました。ちょうどウィトゲンシュタインが日本に入り始めたところだったのです。哲学科に戻ったときには、全然別の方向の中世哲学に興味を持っていて、そっちの方向をやろうかと思っていたのですが、まったく違う方向に向かってしまったのです。記号論理学の授業では、コンピュータの原理にまで話が及んでいったので、そこから現代科学技術の世界にどんどん入っていくことになります。要するに、ウィトゲンシュタインとの独特の出会いによってぼくの人生は大きく変わったわけです。そういう意味でも、『宗教と反抗人』は個人史的には思い出深い本です。

コリン・ウィルソンというのは、ものすごく多面的な人です。そしてどの面を見ても面白い。彼の家へ行くと、それこそそこのネコビル屋上のような小屋がずらっと並んでいます。そして、その小屋の一戸一戸に特定のジャンルの本が詰まっている。ぼくと同じように彼もまた、非常に独特なスタンスの執筆を続けていて、一冊の本を書くためにやはり膨大な本が必要なのだそうです。自分の興味の向いたことを調べて資料を集めていくと、結局一冊ごとに小屋が建っていく。そんな感じでした。

男はみんなスケベだ

具体的に棚を見てみましょうか。

まずこの辺りには、フリーメーソンやUFOといった、いかにも怪しげなテーマについての本があります。フリーメーソンについては、『ユダヤ人とフリーメーソン』『300人委員会』など、UFOについては、『私は宇宙人を見た』『超自然にいどむ』などですね。『オカルト』『世界超能力百科』はコリン・ウィルソンの著作です。

続いては、殺人がらみです。コリン・ウィルソンの『現代殺人百科』『純粋殺人者の世界』などが並んでいます。

そして、この辺には性関係の本が並んでいます。コリン・ウィルソンの著作である『形而上学者の性日記』『ジェラード・ソーム氏の性の日記』『性の衝動――新実存主義への道』『性のアウトサイダー』などとともに、『マルキ・ド・サド選集』『ソドムの百二十日』、性科学者のシェアー・ハイトが数千人もの男女を対象に性についての調査を行った『ハイト・リポート』もありますね。この辺りから、「性」のキーワードつながりで、どんどんそっち方面の書物につながっていくわけです。

日本版の『ハイト・リポート』ともいうべきものが、ここにある『幸福に酔いしれての記――性体験記録』『夫婦にみる性幻想の挫折と逸脱』『ためらう性・すがりつく性』などです。編者は「日本生活心理学会」となっていますが、以前、「日本何とか学会」といった編者名で不思議な本がたくさん出版されていた時期があったのです。

というのは、今ではこの手の内容の本（赤裸々な性体験の記録）だからと言って、書店に並べられないというわけではありませんね。ちょっと探せば、誰でも普通の書店で普通に手に入れることができます。しかし、昔はそんなことは許されませんでした。こういう内容の本はワイセツ本として摘発の対象になったのです。

そこで、その手の出版物は、そういう研究をする人たちが学会を作り、学会組織が学会員に配布する資料である、という形で刊行されたのです。一般書店で売るのはアウトだけど、「学会」の資料ならセーフというわけです。こうして、日本生活心理学会をはじめ、さまざまな「何とか学会」の手による学会資料が密やかに流通する時代というのが、けっこう長く続いたのです。

その筆頭格が、「日本生活心理学会」の高橋鐵《てつ》です。この人は、この「学会資料方式」で、秘本とでも言えばいいのか、会員をはじめとするさまざまな一般の人の性の体験記を刊行し続けました。高橋鐵本人について書かれた『セクソロジスト――高橋鐵』（斎藤夜居著、青弓社、一九九六）という本もあります。

その他、歴史上有名な本もいくつか並んでいます。『家畜人ヤプー』で知られる覆面作家、沼正三による『ある夢想家の手帖から』（全三巻、都市出版社、一九七〇―七二）とか、もう少し古いものでは、フロイト研究者である安田徳太郎の『人間の歴史』（全六巻、光文社、一九五一―五七）とか。この『Encyclopedia of Sexual Behavior』も、性行動について事典の形式でまとめた大変な名著です。これは本物の研究書で、その世界では有名な本です。これはロンドンで買った本だと思います。この辺りの資料には、『アメリカ性革命報告』（文藝春秋、一九七九）を書くために海外へ取材に行ったときに買ったものが、けっこうありますね。

実は当時、資料として海外で買って帰ってきたエロ雑誌がたくさんあったんです。でも今はもうない。それらの雑誌がどこへいってしまったかと言えば、『アメリカ性革命報告』を出した文春のスケベな編集者たちがみんな持っていって、分散してしまいました。あれは惜しいことをしたと思っています（笑）。特にたくさん持っていったのは、ぼくと同期入社で、『須賀敦子を読む』（新潮社、二〇〇九）という著書では読売文学賞を受賞した、湯川豊です。湯川という男はなかなかモテる奴だったはずです。何だかんだと言っても、男はみんなスケベだということですね（笑）。

埴谷雄高の思い出

この屋上の一番奥の棚は、ぼくが書いた原稿が載った雑誌を保存してあるんです。『月刊現代』『世界』『諸君！』『文藝春秋』といった総合誌に、『週刊現代』『週刊文春』『週刊ポスト』などの週刊誌、そして『スコラ』もあります。ぼくの『青春漂流』（講談社、一九八五）は『スコラ』で連載していましたから、ここにあるんです。ぼくの原稿が載ったのではないただの風俗資料としての『スコラ』は、三丁目に置いてあります。

また各号ごとの雑誌もありますが、なぜその号を持っているかについては、それぞれ理由がある。例えば、『太陽』のこの号は埴谷雄高《ゆたか》の特集です。ぼくが埴谷さんに大インタビューを試みた長文の記事が載っています。そしてこれは後に、『無限の相のもとに』(平凡社、一九九七)という埴谷さんとの共著になります。だからこの『太陽』はすごく思い出深い。

インタビューは、埴谷さんの自宅で行いました。ちなみに埴谷さんは、本を読んで想像する通りの人でした。埴谷さんは、ぼくが『中核VS革マル』という本を書いたとき、帯に一言をもらって以来の仲です。ぼくの担当編集者が、前に埴谷さんの担当もやっていて、「埴谷さんは原稿を頼んでもなかなか引き受けないけど、帯なら割合気軽に引き受けてくれる。頼んでみます」といって頼んだら、本当に引き受けてくれたんです。嬉しかったですよ。ぼくら安保の世代からすると、雲の上の人のような方でしたから。

でもその後、ぼくの駒場のゼミ生の中に、埴谷さんに入れ込んで、在学中に埴谷さんのドキュメンタリーを一冊書いた奴がいるのです。今は文春文庫に『変人――埴谷雄高の肖像』として入っています。

それが木村俊介という男で、糸井重里の「ほぼ日刊イトイ新聞」でライターをした後、今は独立しています。ちなみにあの時期の「ほぼ日」のスタッフの大部分は立花ゼミの出身者だったりします。

転向者の手記

この棚はほとんどすべて共産党関係の本で埋め尽くされています。日本共産党関係に、マルクス、レーニンの全集ですね。

いくつか見ていきましょうか。この『左傾学生生徒の手記』（文部省、一九三四－三五）は戦前、左翼学生の転向を指導するためのガイドとして、彼らの手記をまとめたものです。つまり、若い学生などに、「どのような経緯で、自分はマルクス・レーニン主義を信じるに至ったか」を書かせるわけですね。手記を書かされた学生の数は全部で九二人。中学生（旧制）の手記まである。これらはすべて、学校の先生が学生に課すような甘っちょろいものではありません。治安維持法違反の反省文として書かせたものです。

当時、治安維持法違反で捕まる人のほとんどが学生でした。その中で、反省した者については警察も許すわけです。ただ許すための条件として、このような手記を書かせる。だから、言ってみれば、これらはすべて、転向文とも言えるものです。だから、調べてみると驚くほど有名な人の転向の記録も、このような形でけっこう残っているのです。それにしても、文部省がマル秘でこうした本を出版していたところが時代を感じさせますね。

そして、ほぼ同じような時期に刊行されていたのが、この『佐野学一味を法廷に送るまで』（鈴木猛著、警友社、一九三二）です。当時は、一九二八年に起きた大規模弾圧事件「三・一五事件」など、さまざまな共産主義者の摘発事件が頻発していました。これは、そのような時期に、権力サイドから一般市民向けに、共産主義の脅威を煽るのを目的に出版された本です。警友社というのは、警察の友だから、警察系の出版社でしょう。警察の担当官がアルバイト代わりに書いたものではないでしょうか。

この北一夫編著『日本共産党始末記』（塩川書房、一九二九）も同じ系統の本ですね。刊行は昭和四年。歴史的には、まさに共産党に対する第二次一斉検挙が行われた四・一六事件のあった年です。

要するに、これは特高系の文書を一般向けに出した本なんです。この写真は党員たちが逮捕されている当時の生写真です。この辺に写っているのはみんな中央委員クラスですよ。こんな写真が使えるのは、警察系の出版社であればこそですよ。

この辺りはすべて『日本共産党の研究』を書くために集めた資料です。いろいろあります。資料的な価値ということを離れても、やはりこの時代の本は面白いものが多いですね。

共産党から連日のように批判記事を書かれた

共産党からは、ぼくの書いたものに難癖をつけるために、こんな本が出ています。『戦前の暗黒政治とたたかった日本共産党――「文春」立花論文の虚構を崩す』（日本共産党中央委員会出版局、一九七六）とかね。『日本共産党の研究』を書いていた頃、共産党はぼくを攻撃するため、連日、『赤旗』の紙面を大々的に潰して批判記事を書き続けたのです。一九七〇年代には、本屋にもこういう本がずらっと並んだものです。ただ本屋と言っても普通の本屋ではなくて、当時はまだ共産党系の本屋が街にあって、その店頭に並んだということですけれども。

この『戦前の暗黒政治とたたかった日本共産党』などもそうですね。それにしてもタイトルからしてすごいですね。これもぼくに対する反論です。「なぜ立花は、われわれ偉大な共産党を誹《ひ》謗《ぼう》するのか」といったことが延々と書かれています。その意味では、『聖教新聞』の一面と同じと思っていればいいですね。

今、思えば、この手のぼくへの批判記事を、もうちょっとちゃんと集めておけばよかったと思います。もう今では入手不可能ですから。

共産党の党員が起こした大森ギャング事件というのがあるんです。これは資金難に陥った共産党を救うべく党員たちが企画、実行した日本最初の銀行強盗（大森にあった川崎第百銀行を襲撃）でした。この昭和史に欠かすことのできない事件の中心的な指導者が、大塚有章《ゆうしょう》という人物です。これは本当に興味深い事件なんです。まず、この大塚有章の人生は、本当に波瀾万丈でした。彼はマルクス経済学者の河上肇の親戚です。その河上肇の次女が、河上芳子というのですが、彼女がギャングの一味に入って、大塚有章の下で働くことになります。この資料に書いてあります。「私〔大塚〕を援助するために上京していた二人の女性がいて、一人は元京都市長の次女で、もう一人が河上肇次女、河上芳子であった」。彼女の手記が大昔の『婦人公論』に大々的に出たときは、大変な話題になったものです。

それでね、大塚有章が銀行襲撃の犯行に及んだ当時、共産党の中央委員の中には、スパイM（飯塚盈延《みつのぶ》）というのがいました。そのスパイMは、共産党組織の総責任者として党活動のすべてを指導する、そういう立場の人間でした。もちろん大塚有章はスパイMの部下ということになる。けれども大塚としては、まさか党の大幹部が警察のスパイとは思わない。

しかし、実際は、共産党の中央本部は、すっかりスパイMの下に置かれていて、大森ギャング事件だけではなくて、さまざまなとんでもない事件を起こすことになる。つまり、この大森ギャング事件というのは、スパイMの掌の中で起きた事件なのです。

その頃、摘発を逃れるために、共産党の組織は、みんな地下に潜ることになりました。そうして潜伏する指導的立場の人を世話する係、かつガード役として、だいたい女の人がつくんですね。しばしば下半身の面倒まで見たということになっています。そうした女性を「ハウスキーパー」と言いました。つまり、先の資料に書いてあった元京都市長の娘も、河上肇の娘も、大塚のハウスキーパーだったわけです。しかし、大塚有章、河上芳子は、叔父、姪の関係だから下半身の面倒までは見なかったでしょうが。

それで、たしかスパイMは河上の娘を「ハウスキーパーに欲しい」と言ったとか言わないとか。とにかくね（笑）、この時代の共産党というのは、本当に面白いんです。

火炎瓶の作り方

この辺も日本共産党の文献資料なのですが、少し専門的なものが並んでいます。たとえば、この『日本共産党の文献集』（全四巻、日刊労働通信社、一九五一－五三）。戦後のある一時期、共産党が軍事方針を採用して、メーデー事件など計画的に暴力的な事件を次々と起こしたことがあります。これには、そのときに出された「指令」などを集めたものなどが収録されています。

また、『軍事ノート』『新しいビタミン療法』『料理献立表』などと名前のついている資料はみな、火炎瓶の作り方や爆弾の作り方をまとめたものです。当時の共産党の軍事部門というのは、まさに火炎瓶を作ったり投げたり、といったことをやる部門でした。

実際に『新しいビタミン療法』の中を開いてみますと、火炎瓶の作り方が載っていますね。まず、ガラス瓶、ビール瓶、サイダー瓶、何でもいいけれども、そういうビンに砂糖を入れる。それから塩素酸カリを入れて、濃硫酸を入れる。そのあとで、ガソリンを燃料として入れる。作り方が全部書いてある。この通りにすれば、簡単に作ることができるのです、火炎瓶というものは。『料理献立表』の四二四ページを見てみると、「直接マッチにて放火す」とある。これが「料理」の献立というわけです。まずは石油をかけてからマッチで火をつける。それからカーバイドを利用して……、などと詳しく書かれています。要するに、過激な爆弾とまではいかないけれども、人を傷つけられる武器を作る手段はたくさんあると、そのメニューがまとまっている。

この後七〇年代に入って、今度は学生運動が過激化します。あの時代もまた、これを参考にして同じことを繰り返すのです。つまり、技術的には完全に伝承されていたということですね(笑)。実は、人脈的にもつながっているのです。過激派として、学生運動時代にさまざまな過激な闘争を指導したのは、まさにこの軍事方針をとっていた共産党で火炎瓶を投げていた連中、ないしその後輩たちです。彼らが新しい若い世代の過激派に軍事行動のやり方を伝承していたのです。

その元を正せば、ソ連にたどり着きます。火炎瓶は英語で「Molotov cocktail」と言います。この「モロトフ」というのは、ソ連共産党の外相まで務めた人物の名前ヴァチェスラフ・モロトフから来ているんですね。そのモロトフが若いときに発明した火炎瓶の作り方が世界中に広まったというわけです。今でもあちこちのデモやテロで火炎瓶が使われる場合は、同じ製法で作られているはずです。これが一番簡易で確実な火炎瓶の製法だからです。こういう技術というのは、全部伝承されていくんです。

それで、これらの本がどうして出版されているのかというと、公安が共産党の内部文献をとってきて、それをまとめて本にしていたのです。だから要するに、この時代の共産党の活動のほとんどすべては、警察に筒抜けだったということです。そうした筒抜けの内容を、こうしてまとめて本にした。この日刊労働通信社という会社も公安の下部組織です。公安が集めた情報をまとめて本にする、そういう会社なのです。

ワイン作りの思い出

こちらは自著が並んでいますね。二階には置ききれなかったもので、対談や翻訳、記念出版の同人誌のようなものも置いてあります。

この『エーゲ』という本で写真を撮影してくれた須田慎太郎さんは、いろいろな仕事をずっと一緒にしてきたカメラマンです。もともと彼は、新潮社の写真雑誌『FOCUS』ができたときのスクープカメラマンでした。『スキャンダラス報道の時代——80年代』（翔泳社、一九九五）は、彼のそうしたスクープ方面の仕事を集めた本です。この後、ぼくは彼とギリシアとかトルコに旅行して、『エーゲ』という本を作ることになる。

これは、昔、フランスでシャトー・ド・ヴィラ・フォンテーヌというワインを作ったときの記念パンフレットです。写真に写っているのがその畑で、こちらがワインを醸造したカーブです。

まず、この男性がロベール・ピットというパリ・ソルボンヌ大学の地理学教授です。当時は副学長だったけど、後にソルボンヌの学長を長く務めました。実はこの人の奥さんが、日本人エッセイストの戸塚真弓さんなのです。戸塚さんは中央公論からたくさん本を出しています。このピットさん一家とは、ある時期、お隣さん同士だったのです。そんな縁から、共同でのワイン作りが始まったんです。もう一人、「クスミ」とキャプションに書かれているのが、新潟の「亀の翁」という有名なお酒を作っている久須美酒造の社長です。漫画やドラマになった『夏子の酒』(講談社、一九八八―九二)のモデルとなったことでも知られていますね。

こちらのピットさんと久須美さん、それにぼくの三人が組んで作ったのが、シャトー・ド・ヴィラ・フォンテーヌです。以前は、このネコビルの地下室のワインセラーにも置いてあった。ただ、駄目になってしまったので、今ではもうありません。このパンフには、どのようにワイン作りを進めていったかが詳しく書いてある。

『二十歳の君へ』という冊子は、二〇一〇年に駒場のぼくのゼミの学生たちが作ったもので、今、書店に並んでいる『二十歳の君へ——16のインタビューと立花隆の特別講義』（文藝春秋、二〇一一）の原型になったものです。『二十歳の君へ』を作る前にも、同じような冊子を作っています。一集目の『二十歳のころ』は一九九六年発刊です。この中には前に出てきた緑君や木村君も寄稿しています。木村俊介は水木しげるさんにインタビューして記事にまとめています。次の小冊子は二〇〇六年と書いてあります。これは、第二期のゼミ生が作ったもののようです。

また、この『立花隆の25年』（立花隆出版記念会事務局）は、ぼくのデビュー二五周年を記念して、梅原猛さんなど、さまざまな方から寄稿してもらった冊子です。

あの「赤い本」の日本語版

それからこのドア近くの左側の棚には、いわゆるノンフィクションというくくりに入る本が集められています。『ミカドの肖像』『巨怪伝』『森の回廊』『朱鷺の遺言』などですね。地下一階に降りていく階段の踊り場付近と近い感じの本ですね。おそらく、地下一階のラックに並んでいたジャーナリズム関係の本が、地下がもう入りきらなくなったということで、ここに上げられたのです。ですから、この辺りは、地下一階の続きのような雰囲気があります。

その向かい側の棚は、中国関係、次いで韓国、北朝鮮などの朝鮮半島関係がまとまっています。

まず中国関係では、宮川書房の『毛沢東語録』（一九六六）が重要な本です。文化大革命時代の毛沢東語録の完訳本です。紅衛兵が掲げていた、あの赤い本の日本語版です。刊行が一九六六年、昭和で言えば四十一年。ちょうど文革が始まった頃で、まさにリアルタイムで発行された。

そしてこの『内部（neibu）――ある中国報告』（朝日新聞社、一九八三）は、朝日新聞の船橋洋一が最初に書いた本です。船橋さんが最初に特派員として勤務したのは、北京でした。中国共産党には、あるポジション以上にだけ配られる情報メモのようなものがありました。それが「内部」と呼ばれる文書なのです。その文書を元に、改革開放がスタートしたばかりの頃の「中国の今」が書かれています。この本で船橋さんはサントリー学芸賞を受賞します。

それから、この『チャイナ・クライシス重要文献』（全三巻、蒼蒼社、一九八九）もまた面白い。この本には、文革時代の生文献がたくさん紹介されています。この本の編訳をした矢吹晋《すすむ》という人は、長らく横浜市立大学で現代中国論を教えていましたが、実はぼくとは大学の同級生です。ただ編著者紹介を見ると、彼は一九三八年生まれのようだからちょっとずれていますね。浪人生活が長かったんですかね。とにかく、ぼくが学生時代にヨーロッパへ行ったときの同行者は、中国語のクラスで矢吹さんの一年下の人間でした。そういう人間のつながりがあるんです。その頃は中国語をやるクラスは一クラスしかなくてね。だから、中国語のクラスの連中の結束力はすごく強かった。そういう時代です。結局、文革とその後続いた社会的混乱の時期に、中国でも、多くの資料が失われてしまいました。ですから、同時代の中国とつながりのある日本人が独自に集めたこの手の資料は、とても貴重なものになっています。

さて、中国関係のものに続いて、韓国、北朝鮮のものが並んでいます。この『月刊朝鮮《チョソン》』（朝鮮日報社）は、韓国の『文藝春秋』といわれる雑誌です。ページをめくると一目瞭然だけれども、レイアウトから記事の作り方まで、本当にそっくりなんです。以前は、このネコビルから少し坂を上がったところに住んでいたのですが、その裏に『Newsweek』のブラッドレー・マーティンという東京支局長とそのパートナーが住んでいました。彼の著書『北朝鮮「偉大な愛」の幻』（上下、青灯社、二〇〇七）の帯には、ぼくが推薦文を寄せています。ブラッドレーは、『月刊朝鮮』編集長とすごく親しかった。編集長が来日して彼の家に遊びにくるたびに、ぼくも招かれて、みんなで酒を汲み交わし、延々おしゃべりをした。そういう関係だったのです。

第七章
三丁目書庫＋立教大学研究室

AEGEAN ART
SENSATION
L'ART BAROQUE
MICHELANGELO
The Baur Collection
現代日本の美術

奈良六大寺大観
奈良六大寺大観
奈良六大寺大観
奈良六大寺大観
奈良六大寺大観
奈良六大寺大観
奈良六大寺大観
奈良六大寺大観
奈良六大寺大観
奈良六大寺大観
奈良六大寺大観
奈良六大寺大観
奈良六大寺大観
原色日本の美術
伊藤若冲
日本の仏像

まず、玄関を入り、左に曲がってすぐのところにあるこの棚には、美術書を集めています。この『Pre-historic』(Betascript Publishing) などのような有史以前の石器時代の美術に関する資料や、水墨画に伊藤若冲、浮世絵も美人画からエロティックなものまで、それなりに充実していると思います。

ぼくはラファエル前派の絵が好きなので、やはりそれらに関する本がいろいろあります。洋書や古書も含めて画集や資料がたくさん置いてあります。

ちなみに、ラファエル前派の中でも特にお気に入りなのが、エドワード・バーン＝ジョーンズです。バーン＝ジョーンズの作品といえば、イギリスのテートギャラリーが最も充実していますが、バーミンガムなどイギリス各地の美術館がなかなかの作品を揃えています。

（第七章本文より抜粋）

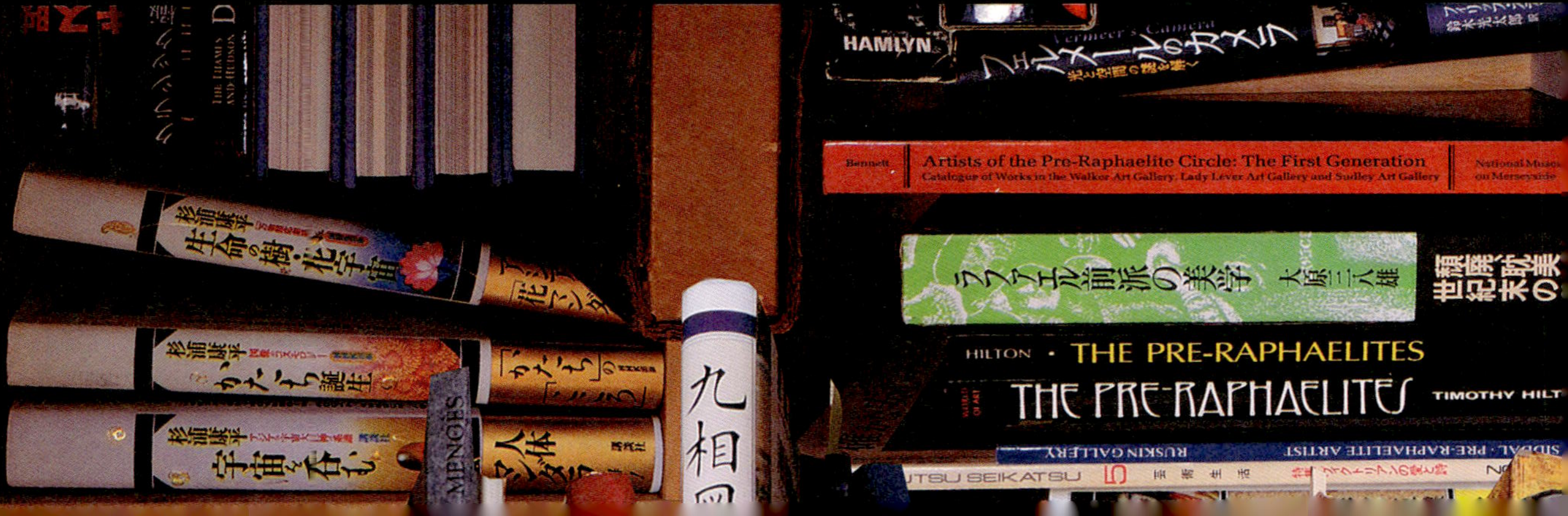

WILLIAM BLAKE
William Blake's Water-colour Designs for the Poems of Thomas Gray
アート・ライブラリー
ラファエル前派
The Pre-Raphaelites
Russell Ash
SIR EDWARD BURNE-JONES
Pre-Raphaelite Sculpture
Read and Barnes
Henry Moore Foundation / Lund
Christopher Wood
The Pre-Raphaelites
死体の美術と大学
山本聡美
西山美香
岩田書院
ラファエル前派展
Casteras
Pre-Raphaelite Portraits
Andrea Rose
The Pre-Raphaelites
ROSE
1990-1991
SIR JOHN EVERETT MILLAIS
Geoffroy Millais
世界の百万都市
藤岡謙二郎
谷岡武雄
編
画集
P.487　拡大◆絵画の入った本で注意すべき点として、印刷技術があります

二丁目　東棚

P.486 拡大 ◆ 何といっても一番の春画画家は葛飾北斎ですね

三丁目
南棚と東棚の角

現代美術逸脱史
BAROQUE
京都発見
原色版 国宝 5
原色版 国宝 6
原色版 国宝 7
原色版 国宝 8
国宝 7 工芸品 II

三丁目
中央机 南棚

P.494 拡大 ◆ これらは立教大学での授業をするために使った本です

DANTE'S DIVINE COMEDY

三丁目 西棚

L'ART BAROQUE
ON WITH THE SHOW
SCULPTURE
日本大歳時記
CHAGALL BY CHAGALL
CHAGALL DISCOVERED
EUROPEAN ART IN THE 14th CENTURY
THE METROPOLITAN MUSEUM
Odilon Redon
原色日本の美術 26

三丁目
手前別室
北棚

昭和史
昭和史
近衛文麿
憎悪の世紀

三丁目の書庫の入り口を入って右側の棚は、道元、良寛、寒山・拾得などが並んでいます。この辺りに固まっているものも、実はもともと本にする予定で集めたものです。

どこからいきましょうか。ここに、『ヒューマン・イメージ』という目録がありますね。これは、二〇〇一年に京都国立博物館が開催した「ヒューマン・イメージ」という大展覧会の目録です。ぼくはその記念シンポジウムで基調講演をしたのですが、これはなかなか面白い展覧会でした。

目録を開いてみると、非常に奇妙な仏像が掲載されていますね。木彫りの

仏像の真ん中がパカっと割れるようになっていて、その裂け目から別の顔面を覗かせている。実に立体的で、実に不思議な像です。これは、京都・西往寺にある「宝誌和尚立像」という仏像で平安時代の作品です。人間の表面的な姿の下に、その人の真実在が隠れているということを示すものでしょう。表面はただの人間だが、真実在はその下にあるホトケということではないでしょうか。その不思議さが、展覧会の副題としてつけられた「われわれは人間をどのように表現してきたのか」につながっています。人間は人間を表現するにあたって、どのような表現を編み出してきたかを考える、というのがこの展覧会の狙いでした。

（第七章本文より抜粋）

P.490 拡大◆良寛や一休についての本は、もともと本を書くための資料として集めたものでした

人間の愛欲について考えるのであれば、一休和尚と盲目で絶世の美女と言われた森女との関係は外せません。この二人の関係は、とても不思議な関係です。第一、森女と出会ったときには一休は七十八歳というかなりの高齢でした。常識的に考えると、もう男女関係は持つことはできないはずです。ぼくは今七十一歳だけれども、果たして七、八年後に「そういうこと」が可能かどうか。これは定かではありませんが、生きてるかどうかすら怪しいと思

P.490 拡大 ◆ 実は、この部屋全体に、性的なものがかなりある

っています。けれども、彼の『狂雲集』（中公クラシックス、二〇〇一）を読むと、どう考えても男女の関係があったとしか思えないようなことが書かれている。

この『名僧列伝一』（紀野一義著、講談社学術文庫、一九九九）の二〇七ページと二〇八ページにも、かなり露骨なことが書いてあります。「森美人の午睡を看る」。「発病玉茎の萌しを治す」と。この「玉茎」というのは男性器のことですね。そして「かつ喜ぶ我が会衿の衆」と続く。要は、玉茎が立たなくなっていたので股間の衿を合わせる必要がなくなっていたけど、森女の寝姿を見るうちにそこがムクムク持ち上がってきたということですね。

（第七章本文より抜粋）

日本国憲法制定の系譜
戦争終結まで
The Origins of the Japanese Constitution
Volume I
原 秀成
日本評論社
日本国憲法制定の系譜
戦後米国で
The Origins of the Japanese Constitution
Volume II
原 秀成
日本評論社
日本国憲法制定の由来
日本国憲法成立史
323.1 サ 1
日本国憲法成立史
323.1 サ 2
日本国憲法制定の過程 I
日本国憲法制定の過程 II
大友一郎 田中英夫 編著
憲法成立の経緯と憲法上の諸問題
入江俊郎論集
文献選集 日本国憲法 3
戦争の放棄
深瀬忠一編
三省堂
戦争放棄条項の成立経緯
佐々木髙雄著
日本国憲法を考える
西修
憲法は誰のもの
福島みずほ著
集団的自衛権と日本国憲法
浅井基文
集英社新書
50年前の憲法大論争
本当に憲法改正まで行くつもりですか?
日本国憲法
GHQ
竹前栄治著
新憲法の誕生
古関彰一
中公文庫
昭和天皇独白録
文春文庫
昭和天皇発言記録集成
中尾裕次編
芙蓉書房出版
憲法論争
白洲次郎の日本国憲法

P.498 拡大 ◆ 日本が近代国家として成立していく過程を追いかけるのに欠かせない資料

ガイトン
臨床生理学

三丁目 手前
別室 東棚

三丁目
手前別室
ラック表裏

三丁目
手前別室
南棚

三丁目
手前別室
西棚

三丁目
中央机

暗黙知の次元
意識する心
脳と精神の根本理論を求めて
高次脳機能の基礎
操作される脳
脳内物質が心をつくる
脳から心へ
脳は美をいかに感じるか
Descartes' Error
生存する
心脳問題の最終的な決着は？
先端脳科学が人を革新する。
心とは何か？
新曜社
視覚と記憶の情報処理
認知科学選書
5
読むということ
見る
眼の誕生はわたしたちをどう変えたか
サイモン・イングス
眼とその進化の物語
ヒトはなぜ絵を描くのか
中原佑介 編著
人間発達の認知科学
小島康次
小林好和 監訳
微小脳の研究入門

P.556 拡大◆まだまだ議論が活発なテーマが多い「脳」関係の本

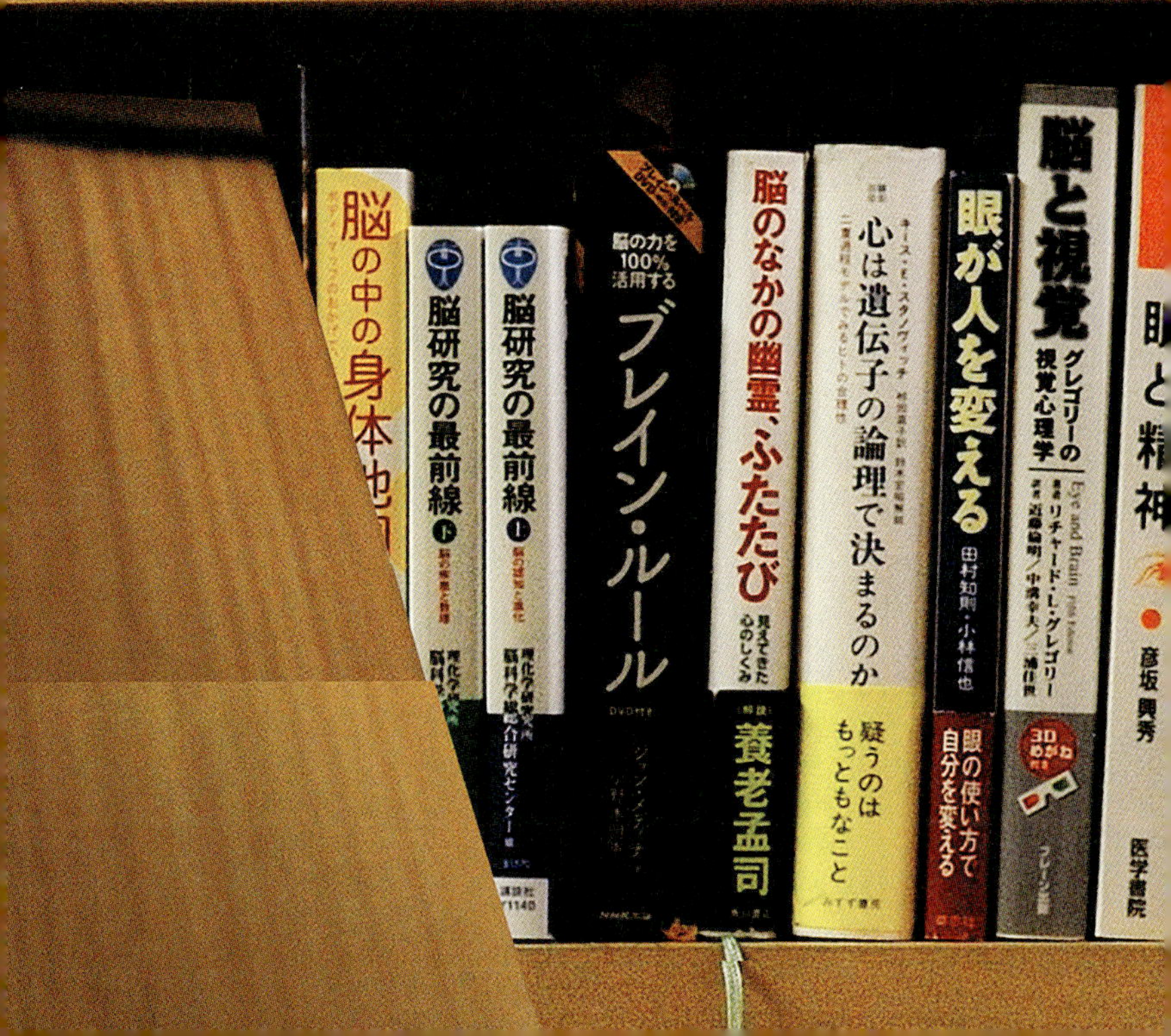

三丁目
東棚に直交する
棚1

三丁目
東棚に直交する
棚2

三丁目
東棚に直交する
棚3

三丁目
東棚に直交する
棚4

三丁目 北棚

P.519 拡大 ◆ ここは現代史の資料です。『天皇と東大』を書いたときの資料も混ざっていますね

現代史の資料といえば、みすず書房刊『現代史資料』（全四五巻＋別巻一、一九六二―八〇）シリーズが定番です。ただ、みすず書房の本以外にも必読書はたくさんある。例えば、八紘一宇という言葉を造語した国柱会の田中智学についての資料『日本の師表田中智学』（日本国体学会編、錦正社、一九六八）『田中智學先生の思い出』（田中香浦編、真世界社、一九八八）などは、現代史を知るためにぜひ読んでおいたほうがいい。国柱会というのは日蓮宗の一派なのですが、日蓮宗というのは、いつの時代も独特な人を輩出するので面白い。

（第七章本文より抜粋）

三丁目
入り口の棚

三丁目
東棚　隙間

三丁目
奥別室
東棚隙間

三丁目
中央机裏棚

FAX
20世紀

三丁目
ラック

P.521 拡大 ◆ 実はぼくの親戚には五・一五事件の関係者がいます。橘孝三郎といって、『神武天皇論』『天智天皇論』『明治天皇論』のいわゆる「三大天皇論」を書いた人物です

入り口を入ってすぐの左側の棚は基本的には水戸学関係の資料です。その他、明治維新関係の本もあります。この『開国五十年史』や『明治維新神仏分離史料』などがそうですね。明治維新は思想的には、神道中心の復古革命の要素がありましたから、明治維新政府が成ると、「神仏分離」が行われます。それまでは、本地垂迹の神仏習合説に基づいて、神道のカミも仏教のホトケも実は同じというのが、民衆レベルの日本の宗教思想のメインストリームでしたから、神仏が一緒に祀られた社や、神社に付属する形で建立された神宮寺が日本の至るところにありました。つまり、神と仏の両方が教義上でも物理的、礼拝的にも一緒になっていた。それをすべて強制的に分離したわけです。

（第七章本文より抜粋）

三丁目
奥別室 南棚

Spirited Away
THE ART OF NAUSICAÄ
THE ART OF LAPUTA
THE ART OF TOTORO
THE ART OF PORCO ROSSO

三丁目
奥別室 北棚

RATING THE MOVIES
'81 COMPONENTS LINE-UP
20世紀アメリカ映画事典
MECCA

アラーキーこと荒木経惟とぼくは、実は高校の同級生です。当時は特に親しくしていたわけではないのですが、大人になってからいろいろな仕事を一緒にすることになりました。本を出すと必ず送ってくれることもあって、彼の本は、普通の書店に並べても売れそ

P.531 拡大◆この辺は写真ですね。先ほど紹介したように土門拳さんの写真集は別のところに集めていますが、こちらは、アラーキーや篠山紀信のものが置いてあります

うにない実験的な本も含めてほとんど持っています。最近では、ネガにがちゃがちゃ傷をつけて作った本を送ってくれました。

この日記形式の写真集のページをちょっとめくってみると、ぼくとアートディレクターの石岡瑛子と荒木の三人が並んで写っていますね。三人で平凡社の太陽賞の選考委員をやっていた時期があるのですが、選考会が終わった後に新宿かどこかで飲んだときのカットでしょう。

一方、ぼくは篠山紀信とも一緒に仕事をしたことが多かったのですが、篠山と荒木はお互いにすごいライバル心を持っていて、必要以上にお互いをけなし合ったりして、とても間に入れない関係です。

（第七章本文より抜粋）

ここはジブリ関係の本が並んでいます。ぼくはジブリの宮崎駿さんともけっこう親しくしていて、いろいろな仕事を一緒にやってきましたので、宮崎さんの仕事もわりと揃っています。

宮崎さんと出会うきっかけを作ってくれたのは、プロデューサーの鈴木敏夫さんでした。鈴木さんから、「一度、三鷹のジブリに来て、何でもいいから何か面白いことをしゃべってください」というオファーをもらったんです。そこでスタッフ全員の前で、けっこう長い時間話をした。宮崎さんとの関係は、そんなことから始まりました。

宮崎駿についても書きたいことがたくさんあります。彼の作品はどれも面白いですが、その中でも最高傑作が、

P.530 拡大◆立教の学生たちからは、「ほんとだ、お父さんの声だ」と盛んにいわれました

この『風の谷のナウシカ』の漫画版ですね。『ナウシカ』というと、一般的に知られているのは劇場版アニメですが、あれは漫画版の本当に前半部分しか取り上げていません。宮崎駿の言いたかったことを知るには、漫画版を読むしかない。

宮崎さんに「後半はアニメにしないんですか」と聞いたことがあるのですが、宮崎さんはないと言っていました。どうも後半部分を納得のいくレベルでアニメにするのは不可能だと思っているようです。

宮崎さんの『耳をすませば』で、「お父さん」の役で声優をやったこともあります。

（第七章本文より抜粋）

P.530 拡大 ◆ 学生時代には、映画館に入り浸っていたものです

P.538 拡大◆日本の出版界には、昔は「表に出せない出版物」がありました

この辺には、わりとスケベな本を置いてあります。例えば、この『「わ印」名作集』（団鬼六編、イースト・プレス、一九九六）や『秘戯1・2』（高木祥男著、イースト・プレス、一九九七—一九九八）などは面白いので、ぜひ探してみてください。

（第七章本文より抜粋）

三丁目　奥別室
中央棚　裏表

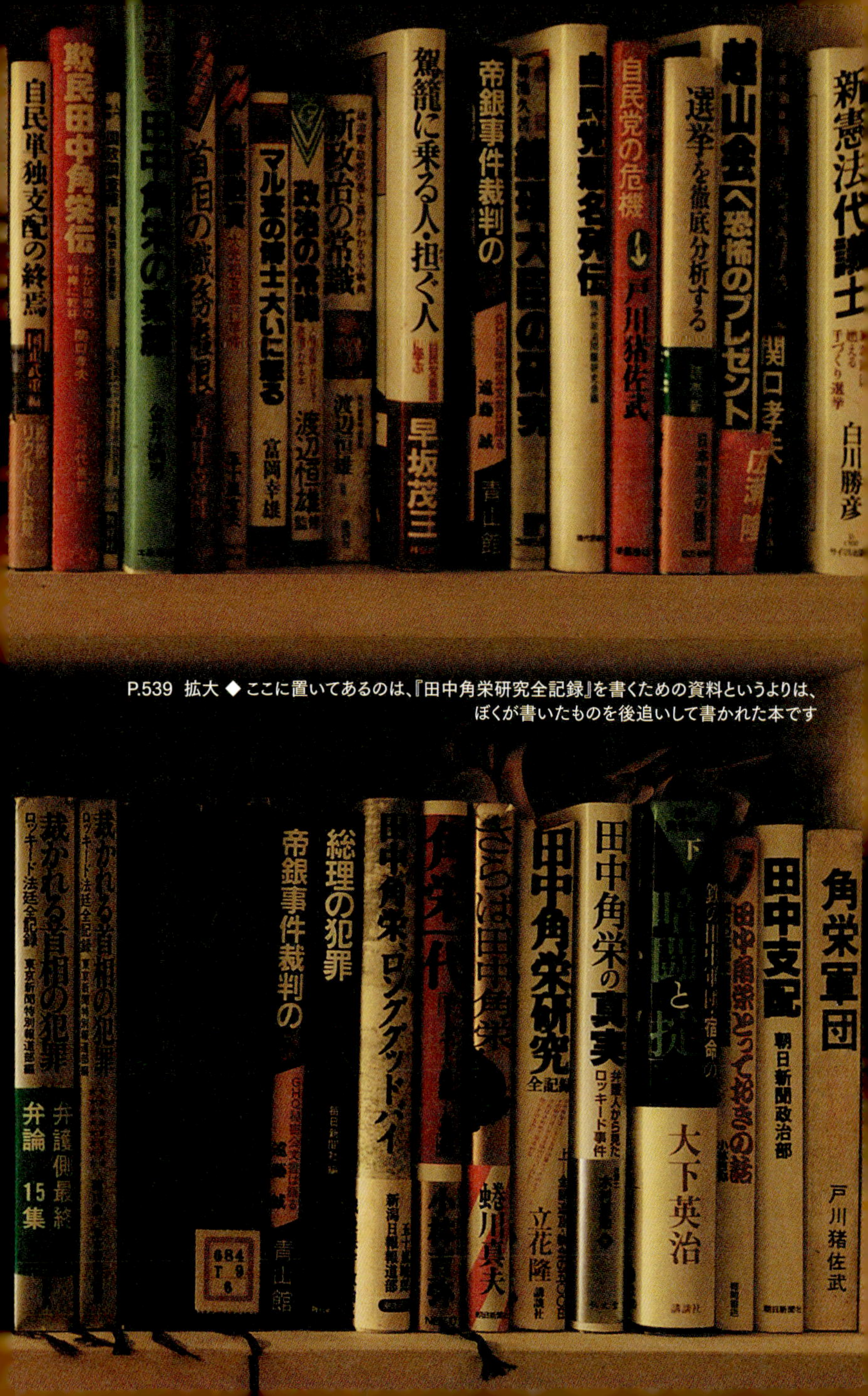

P.539 拡大 ◆ ここに置いてあるのは、『田中角栄研究全記録』を書くための資料というよりは、ぼくが書いたものを後追いして書かれた本です

吉原公一郎
抹殺
航空機疑獄の全容
田中角栄を裁く
実録 越山会
小林吉弥
ロッキード事件
疑獄と人間
朝日新聞東京本社社会部
角さんの鼻歌が聞こえる
岩見隆夫
角さんの鼻歌が聞こえる
PART4
岩見隆夫
オヤジとわたし。
早坂茂三
駕籠に乗る人・担ぐ人
早坂茂三
私の手も汚れていた
麻生良方
権力の司祭たち
早坂茂三
一寸先の闇
新・田中角栄は死なず
神谷紀一郎
角栄裁判のハイライト
角栄
今こそ真実の姿を
新潟3区
市民運動ノートから
失速
柳田邦男
裁かれる首相の犯罪
ロッキード法廷全記録
東京新聞特別報道部編
第3集
第4集
第5集
第6集
第7集
第8集
東京新聞連載
第9集
東京新聞出版局

P.538 拡大◆音楽の好みは幅広くて、クラシックに限らず、ジャズもロックも聴きます

この辺は音楽についての資料ですね。『音響学』のようなオーディオ関係の書籍もありますね。

また、『武満徹を語る15の証言』（岩城宏之、篠田正浩、林光他著、小学館、二〇〇七）、『武満徹著作集』（全五巻、新潮社、二〇〇〇）といった、武満さんに関わるものをまとめて置いてあります。ぼくは『文學界』に「武満徹・音楽創造の旅」という文章を連載していたことがあるのですが、これをまとめる前にというか、連載をしている最中に武満さんが亡くなってしまったので、本にまとめることができずに、中途半端に止まっているのです。これはぜひとも、時間を作って、まとめきらなくてはならない仕事だと思っています。

（第七章本文より抜粋）

P.545 拡大 ◆ みんな学生時代に買って読んだ本ですね

P.528 拡大 ◆ 司馬さんの本は、「ふと気づいたときにはこんなに溜まっていた」という感じでした

三丁目
奥別室　東棚

立教大学研究室
北棚

日本ファシズム史論
思想としての右翼
松本健一
超国家主義の心理と行動
満鉄 「知の集団」の誕生と死
小林英夫著
天皇制国家の支配原理
調査部の軌跡
総動員帝国
北一輝著作集 第二巻
竹中治堅著
戦前日本における民主化の挫折
海軍機動部隊全史
戦記シリーズ
私の二・二六事件
河野司
二・二六事件 青春群像
須山幸雄
芙蓉書房
西田税 二・二六への軌跡
須山幸雄著
芙蓉書房
その後の二・二六
獄中交遊録
池田俊彦
海軍
航空母艦 戦闘記録
アテネ書房
太平洋戦史シリーズ⑨
レイテ沖海戦
Gakken
秦郁彦

丸山眞男回顧談
二・二六事件
獄中手記・遺書
実録・日本陸軍の派閥抗争
五・一五事件

P.546 拡大 ◆ この『ヴァジラヤーナ・サッチャ』という雑誌は、教団による一連の出版物のうち、経済的に最も栄えていた時期に刊行されたものです。ですからレイアウトも工夫されているし、なかなかいい紙も使っていて、しっかりとした造本になっている

オウム真理教は「オウム出版」という出版社機能も持っていましたから、たくさんの本を出版しています。オウムが事件化する前、都内にはオウムの本や雑誌をたくさん置いてあるオウム系書店が何店もありました。事件化する直前、オウムに関する怪しいウワサがテレビなどでもどんどん取り上げられるようになり、オウムに手入れがあるかもしれない、という情報が流れ始めた時期ですが、オウムに関して書いたりコメントしたりする必要上、そういう書店を回って何冊か本を買っているうちに、こういう本や雑誌は、今のうちにまとめて全部入手しておいたほうがいいだろうと思って、書棚二つ半くらいドサッと大量購入しました。今となっては非常に貴重な資料となっています。

(第七章本文より抜粋)

P.552 拡大 ◆ 彼らにはたしかに「勢い」というものがあった。そのことは忘れてはいけないと思います

立教大学研究室

南棚

立教大学
三号館 書庫

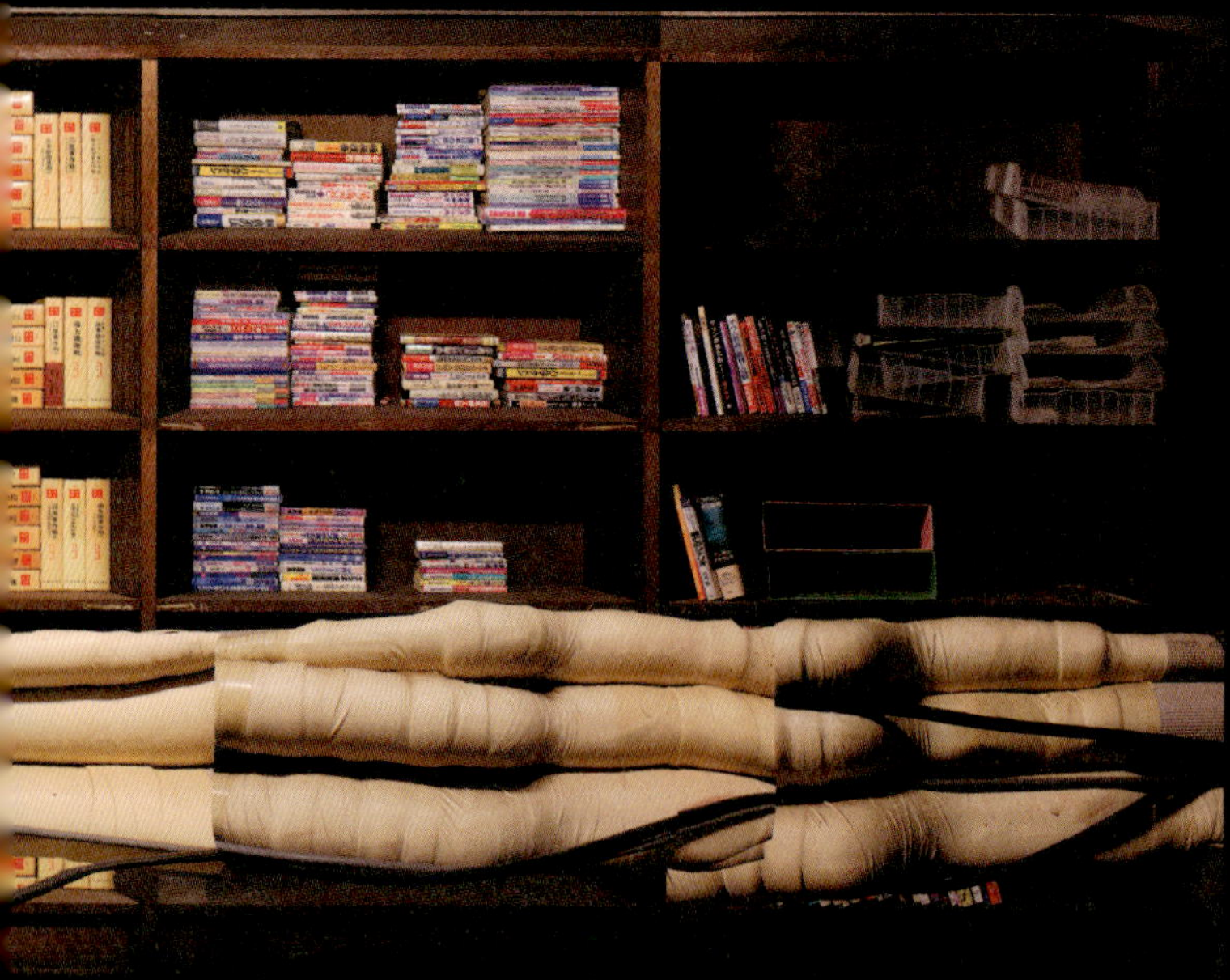

立教大学
三号館　書庫
配管裏

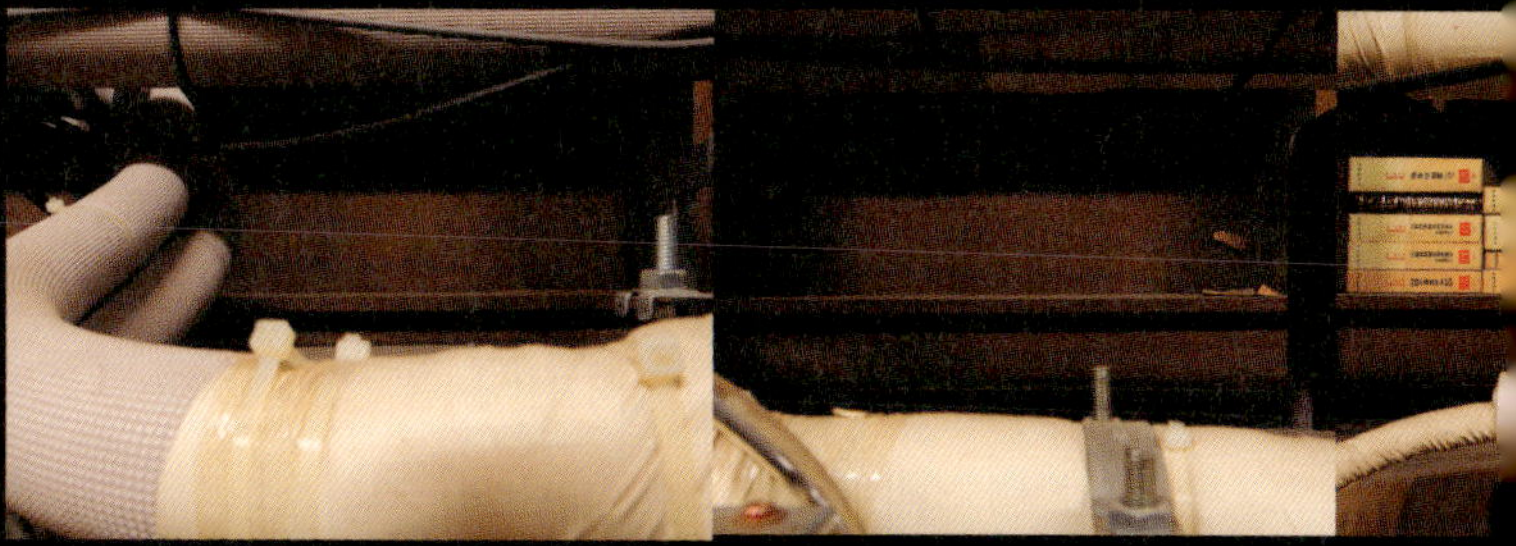

三丁目
中央机と左側の棚

お気に入りはバーン＝ジョーンズ

この三丁目には、美術や音楽そして映画についての資料や、ぼくが学生の頃に読みふけっていた小説類、それから『田中角栄研究全記録』や『天皇と東大』（上下、文藝春秋、二〇〇五）を書くために使った資料など、ネコビルから溢れてしまった本が収納されています。

順番に見ていきましょう。

まず、玄関を入り、左に曲がってすぐのところにあるこの棚には、美術書を集めています。この『Pre-historic』（Betascript Publishing）などのような有史以前の石器時代の美術に関する資料や、水墨画に伊藤若冲《じゃくちゅう》、浮世絵も美人画からエロティックなものまで、それなりに充実していると思います。

ぼくはラファエル前派の絵が好きなので、やはりそれらに関する本がいろいろあります。洋書や古書も含めて、画集や資料がたくさん置いてあります。ちなみに、ラファエル前派の中でも特にお気に入りなのが、エドワード・バーン＝ジョーンズです。バーン＝ジョーンズの作品といえば、イギリスのテートギャラリーが最も充実していますが、バーミンガムなど、イギリス各地の美術館もなかなかの作品を揃えています。ニューヨークのメトロポリタンもなかなかいい絵を持っています。「愛の歌」などは何度も見に行きました。また、有名なところでは、ハーバード大学附設のフォッグ美術館に所蔵されている「パンとプシュケー」や、リスボンのグルベンキアン美術館の「鏡のヴィーナス」、ニューカッスル・アポン・タインのレイング美術館所蔵の「ヴィーナス賛歌」がありますね。

実は昔、サザビーズのオークションでバーン＝ジョーンズの絵が売りに出されたときに、「一つ買ってみようかな」と思ったことがあります。もちろん油絵ではありません。バーン＝ジョーンズの油絵と言えば、確実に億の単位の金額になりますから、それはさすがに無理です。そのオークションに出品されたのは、たしかパステルを使って描かれた人物像だったと思います。それでも最低入札価格が一〇〇〇万円は超えていたという覚えがありますね。サザビーズのオークションは証拠金さえ積めば、電話で世界のどこからでも参加できます。結局、オークションに参加することはしませんでしたが、参加の方法などは一応調べてみました。そのくらいバーン＝ジョーンズは好きなんです。

この『The Pre-Raphaelite』は美術展の図録ですね。この辺りにまとまっているのは、みんな図録です。もちろんラファエル前派だけでなくて、印象派のコレクションで著名なバーンズ・コレクションの図録などもあります。この辺りには、海外で買った本もかなりあります。古本屋で見つけたものもありますが、最近はミュージアム・ショップの書店がものすごく充実していますから、パリのルーブルにしても、オルセーにしても、書店に入ると、すぐ一時間くらい経ってしまいます。本は重いけれど日本まで送ってもらえます。

この『Memorials of Edward Burne-Jones』（エドワード・バーン＝ジョーンズのメモリアル）は回想録です。和書では、『ラファエル前派の美学』（大原三八雄著、思潮社、一九八六）や、創元社の『ラファエル前派』（ローランス・デ・カール著、「知の再発見双書」、二〇〇一）などがあります。どれも面白いですよ。

絵画の入った本で注意すべき点として、印刷技術があります。印刷が上手くいかないと絵はまったく違う印象のものになってしまうんですね。絵画を印刷で再現するのは本当に難しい。もちろん色校正はするんですが、そのとき、何を参照して校正するかが問題なんです。現物を参照できればいいんですが、できない場合が多い。印刷に使ったフィルムとオリジナルの差が確認できない。写真原稿を作成するために絵画を撮影する時点でも、あるいは、実際に印刷機で刷る時点でも、どこかの過程で少しでも上手くいかないと、できあがりがまるでおかしなものになってしまう。画集だけでその絵を知っていた場合、オリジナルを見た途端、愕然とすることがある。頭の中の記憶とリアルに見ているものとにものすごい差があって、「自分はこれまでこの絵をどう認識していたのだろう?」と自分自身に不信感を持つことすらある。

ロンドン風俗のすべてが描かれている

その書棚の上のほうにあるのは、ネコビル三階で見た、トマス・マロリー『アーサー王の死』のフランス語版(『Le Morte d'Arthur』)ですね。ちょっと開いてみましょう。

この本はオーブリー・ビアズリーによる挿絵入りのバージョンですね。鉛筆では「四万五〇〇〇」と書かれています。そんなに古い本ではないのでしょう。六〇〇〇円と値段が書き込まれているので、もともとは四万五〇〇〇円だったものが値下げされて、六〇〇〇円で売られたのかもしれません。いずれにしても、この本は、リプリント、つまり復刻版です。本当に古い本は、このような紙は使っていませんから。

そして、この『Rossetti Papers』(University of California Libraries, 1903)は、ラファエル前

派で最も有名なダンテ・ガブリエル・ロセッティに関する本です。ロセッティについていろいろな人が書いた文章や、ロセッティ本人の手紙や日記など、さまざまな生資料がまとめられた本です。この本を読めば、誰が、どのような内容の手紙を、誰に送ったのかがわかるので、ロセッティ本人のことだけでなくて、ラファエル前派のメンバーの人となりまで知ることができます。

ロセッティ自身は、詩人、美術評論家、そして語学研究者に画家と、いろいろな才能に恵まれた四人のロセッティ兄弟姉妹の長男にあたる人ですね。ちなみに、最近の日本の出版物では、ダンテ・ガブリエル・ロセッティの名をゲイブリエル・ロセッティと書くようになりつつあります。たしかに、ガブリエルはイタリア語読みの表記で、イギリス英語の正式な発音ではゲイブリエルです。けれども、ロセッティ一家はイタリア出身ですから、ファミリー内ではガブリエルと呼んでいたはずなんです。ぼくはたまたまイギリスにいるイタリア人の友人がいて、ガブリエルを名前にしているので、いつも友人たちが彼をガブリエルと呼んでいるのを聞いていましたから、ゲイブリエルの発音にはすごく抵抗があります。ケース・バイ・ケースじゃないでしょうか。今は「ゲイブリエル」のほうが正当な読み方であるかのような流れになっていますが、そんなに単純な話ではないと思います。

そして、この本は、ローマ帝国の時代に活躍したギリシャ語作家であるルキアノスの復刻版です。限定発売の二五一番で、刊行は一八九四年と書いてあります。ルキアノス自身は紀元二世紀の人ですけれども、十九世紀に出版された復刻版なので、ビアズリーが絵を描いているわけです。「16 full pages of Beardsley」と書いてありますが、このドローイングはすべてオリジナルです。値段は八万五〇〇〇円。きっとこの頃は、ぼくもお金があったんですね（笑）。

こちらにあるのは、ギュスターヴ・ドレの手による挿絵入りの聖書です。紙から装幀、印刷の具合を見ても、相当にしっかりと造り込んである本ですね。これも復刻版です。刊行は崇文荘。崇文荘というのは、神保町の中ではわりと有名な洋書店です。ちなみにギュスターヴ・ドレが挿絵を手掛けた本は、聖書をはじめとしてたくさんあります。ギュスターヴ・ドレが旧約聖書に寄せた挿絵だけを集めて、ほんの少しだけテキストも添えてある……そんな体裁の本も出ています。ギュスターヴ・ドレの絵は、どれも本当にすごくいい。しかし、現在刊行されているバージョンには、彼の作品すべてが掲載されているとは思えない。おそらく抄録でしょう。

この聖書は二巻組になっていますが、一巻目が旧約聖書で、二巻目の途中からが新約聖書ですね。旧約聖書の冒頭ページには、天地創造のシーンに続いてアダムとイブが描かれています。ほれぼれするような素晴らしい画ですね。ところで、これは家庭に置いておくための大判の聖書ですので、前所有者の子どもが生まれた日の記録や、家族の結婚についての記録、あるいは誰かが死んだときの記録などが書き記されています。

こちらの『London』というのは、一八七六年にパリで出版された本で、ギュスターヴ・ドレが当時のロンドン風景を一七四枚の版画にして挿絵として入れています。これも挿絵だけを取り出して復刻したとしても、相当にシャレた面白い本ができると思います。

この時代の、ロンドン風俗が描かれています。大英帝国が、まさに帝国として最も繁栄していた時代のロンドンの風景が、「絵」になっている。先年イギリスの王子が結婚式を挙げたウエストミンスター寺院も、今とほぼ変わらぬ姿で描かれています。そして、貴族を描いた絵もあれば、庶民や貧民街を描いた絵もある。波止場労働もあれば、工場労働もある。中でも面白いのは、やはり貧民街の場面です。まさにディッケンズの『オリバー・ツイスト』の世界です。夏目漱石が留学でロンドンに滞在していたのは、日露戦争の少し前の一九〇〇年から〇三年ですから、時期は少しずれますが、漱石も同じような光景を見たことでしょう。

こうした古書をぼくはどこで買ったのか。ロンドンのテームズ川の川縁に、このような本を並べて売っている屋台の古本屋がいくつもあるんですね。パリの風物詩として、セーヌ河畔の古本屋台は有名ですが、ロンドンのテームズ河畔にも似たようなものがある。テレビ番組の取材でロンドンに行ったとき、取材の合間に覗いて、気になる本があったので、数点購入しました。テレビの撮影というのは、合間合間でものすごく待ち時間があります。テレビ業界で一番使われる用語の一つに、「今、何待ち?」という言葉があるくらいです。天気待ち、ディレクター待ち、カメラ待ち、照明待ち、役者待ち、インタビュー相手待ち、往来の人の流れ待ち、いろいろな「待ち」が、山のようにあります。ちなみにこの本は当時で二五〇ポンド。値段はいくらでもなかったのですが、大判で重いから日本まで持って帰ってくるのが大変でした。

日本にも大きな影響を与えたラファエル前派

ラファエル前派というのは、十九世紀の中ごろのヴィクトリア朝イギリスで、「古典主義(当時の主流)の美術界をラファエル以前に戻そう」をスローガンに活動した、若い耽美主義的作家の集団を指します。その中でも有名なのが、先ほども名前の挙がったダンテ・ガブリエル・ロセッティ、J・ハント、J・ミレー、次いでバーン=ジョーンズです。ラファエル以前とはいっても、独特の新しい写実主義で、しかもロマンチック。一枚の絵の中にたくさんの細部を描きこんだ大きな物語性のある不思議な絵です。

　このラファエル前派に集結した若い芸術家集団には、絵描きだけではなくて、詩人をはじめとする著述家もいました。そして、当時のイギリスに非常に独特な文化をもたらしました。そうした文化が、漱石をはじめとする若い日本人留学生を通して明治時代の日本に入ってきて、ものすごく大きな影響を与えることになります。ですから、当時、ロセッティ兄弟をはじめとする「ラファエル前派」の芸術家たちは、日本の文化人の間でも有名だったのです。その後は、流行の波もあって、忘れられた存在になった時代もありましたが、ぼくのような物好きになんとなく好まれ続けてきて、明治時代ほどではありませんが、現在でも日本には多くの愛好家がいます。

　面白いのは、この「ラファエル前派」のメンバーたちがみんな、モデルの女性とのさまざまな恋愛沙汰や、その延長上で事件を引き起こしてきたことです。例えば、ロセッティの最も有名な作品で、ぼくも生の絵を見て非常に感銘を受けた、テート・ギャラリー所蔵の「ベアタ・ベアトリクス」も、年若き友人であり、当時新進気鋭の美術評論家であったウイリアム・モリスの妻ジェーン・モリスとの不倫から生まれた作品です。この辺りの事情については、『ラファエル前派の女たち』（J・マーシュ著、平凡社、一九九七）に詳しく書かれています。

この『Pre-Raphaelities in Love』も、同じく彼らの恋愛事件を徹底的に書き記した本です。ロセッティの妻となったエリザベス・シッダールと、ウイリアム・モリスの妻ジェーン・モリス、この二人のモデルと彼をめぐる愛憎劇を背景にしながら、そこから生み出された作品の魅力について書かれた本で、すごく面白い。あまりにも面白い分野なので、ぼく自身も一度その辺りについて本を書こうと思って、意識的に資料を集めたことがあります。『Pre-Raphaelities in Love』もその一冊です。一九八四年にテート・ギャラリーのミュージアムショップで買った本です。

ファム・ファタールという言葉がありますね。日本語で言えば、「運命の女」。このロセッティという男は、人生で何度もこの「ファム・ファタール」に出会って、そのたびにいろいろな事件を引き起こしました。相手は、仲間の妻だったり、絵の先生の妻だったりする。こうしたロセッティのファム・ファタールへの偏執的な執着ぶりが、美術史的に果たした最大の貢献は、クリムト、ビアズリー、ムンクといった後世の画家に、彼ら自身のファム・ファタールを描かせたことでしょう。その背景には、みんなロセッティと同じようなリアルな恋愛事件を抱え込んでいたというわけです。

死ぬ前に見ておきたい絵

最近、この『フランドルの祭壇画』（岡部紘三著、勁草書房、一九九七）に取り上げられている祭壇画をこの目で見るために、ベルギーのフランドル地方の古都ゲントへ行ってきました。フラマン語（オランダ語のベルギー方言）では「ゲント」、ワロン語（フランス語のベルギー方言）では「ガン」と呼ばれるこの街にある祭壇画はとにかく素晴らしい。

ノルベルト・シュナイダーの『ヤン・ファン・エイク《ヘントの祭壇画》』（三元社、二〇〇八〔新装版〕）も同じ祭壇画について書かれた本です。ゲントはオランダ語ではヘントになります。日本語にない喉音なので、日本語の表記がいろいろになってしまうのです。この祭壇画は、パネルが蝶番で開閉できるようになっています。そして、パネルを広げたときと畳んだときでは、まったく異なる絵が見えるようになっている。閉じた際の左下にこの絵を描かせたパトロンが描かれていたりするのを見るのも面白いのですが、何といっても一番有名なのは、開いた際に画面中央に位置する「神秘の子羊の礼拝」です。この絵を見るためだけに、世界中から見学客が訪れます。ぼくも、自分の体にがんが見つかって、「もしかしたら体の自由がきかなくなるかな」と思ったときに、「死ぬ前にあの絵だけは見ておきたい」と思ってゲントに向かいました。ちなみにこの祭壇画はスペイン文化圏で特に有名なので、スペインから、観光客のために直通の特急列車（フランスのTGVとスペインのAVEが相互乗り入れ）が毎日出ているほどです。

ファン・エイクとは若干時代がずれるのですが、ぼくはファン・デル・ウェイデンという画家の絵も好きなんです。ファン・デル・ウェイデンもファン・エイクと同じく初期フランドル派の流れを汲む画家で、作品は世界各地に散らばっています。その中で最も有名な絵が、「最後の審判の祭壇画」で、「ブルゴーニュワインの首都」と呼ばれるボーヌにあります。

このボーヌの街の地下はすべてワイン蔵になっていて、街中のワイン業者のワインが保管されています。そしてすべての保管庫が地下でつながっている。ちょうど、街全体がワイン蔵の上に乗っかっている形なのです。中でも巨大なワイン蔵は、町の中央にある古い教会堂、カテドラルのワイン蔵です。ここでは、宗教もワインも一体なのです。

もともとここのワインは、修道僧たちが修道院で、ミサの聖体拝領式（キリストが、最後の晩餐で、パンをさき、弟子たちに与え、「取りて食せ、これは私の肉である」といい、また赤葡萄酒を杯に注ぎ、「取りて飲め、これは私の血である」といったという故事にならい、ミサの終わりに信者たちが司祭の前に並び、パンのかけらと赤ワインをちょっぴり分け与えられ、それを食すことで信仰を固める儀式）に用いるワインを自分たちで作ったことからきています。ブルゴーニュのワイン畑のど真ん中に、そのワイン作りをしてきた修道院がそのまま残っていて、その全体が巨大な博物館になっています。ブルゴーニュのワイン畑の相当部分がもともと教会領で、今でもかなり教会が持っています。

オテル・ド・デューという建物が街の中心部にあって、巨大な博物館になっています。前にも触れましたが、ブルゴーニュ地方は、ヨーロッパ中世のキリスト教文化を知るには一番いい場所です。オテル・ド・デューの中心の礼拝堂にあたるところが、さまざまの病気の患者たちが、修道女の世話を受け、神に祈りをささげながら死を待つところで、オスピス・ド・ボーヌです。このオスピスが、その運営費用を捻出するために、広大なワイン畑を持っていて、そこでとれたワインを毎年オークションにかけます。これはブルゴーニュの一級ワインですが、特に珍重されていて、せり落とす人は、教会へ寄付するつもりで、ちょっと高めの値をつけるのが慣例です。オスピス・ド・ボーヌのワインはラベルが独特で、食卓でも見栄えがしますから、フランスでは、小金がある人が特別の食卓を用意するときに利用するワインとしても知られています。ぼくも何度か飲んでいますが、おいしいです。ブルゴーニュの一級ワインはみんなおいしいですけど。

このオテル・ド・デューの奥の荘厳な礼拝堂に掛かっているのが、ファン・デル・ウェイデンの「最後の審判の祭壇画」なのです。

ブルゴーニュ公国の繁栄期から少し下った時代に、ベルギーからオランダ一帯に、当時の世界の金融資本が集中する時期がきます。そこからヨーロッパの近代が始まるのですが、美術史的に見ると、そういった経済的な発展の流れの上に、ヨーロッパの近代美術が確立されていきます。要するに、絵というのは、大金持ちが注文するものなのです。ある時代は、ローマ法王を頂点とする聖職者が大金持ちで絵画のクライアントであったけれども、時代が下るにつれて、今度は世俗的な権力者が大金持ちになって注文者となる。このように、常にその時代の金持ちたちの注文に応じて美術は発展してきたわけで、そう考えると、いろいろな意味で面白い。そうした大金持ちの集まるところには、いい酒もまた集まるんですね（笑）。

それから、この『十五世紀プロヴァンス絵画研究——祭壇画の図像プログラムをめぐる一試論』（西野嘉章著、岩波書店、一九九四）というのもすごい本です。著者の西野さんという方は、東大で西洋美術史を研究している方なのですが、この世界では、圧倒的に優秀な人です。この本は、版元が岩波書店で、価格が一万八〇〇〇円ということからも推し量れるように、およそ一般の人に知られているわけではありませんが、専門家の間では必読書になっている。西野さんは、東京大学の学内ミュージアムにあたる総合研究博物館の館長を務めていたこともあり、ぼくもいくつか仕事を一緒にしたことがあります。

絵画の中で、ぼくが最も好きな絵は何かと言われれば、ルーブル美術館にある「アヴィニヨンのピエタ」と答えます。お話ししたように、二年くらい前、もうそんなに長生きできないかもと思った時期があり、「死ぬ前にもう一度見ておきたい」と思える絵がいくつか浮かんできた。その一枚が先のゲントの祭壇画であり、もう一枚が「アヴィニヨンのピエタ」でした。それでヨーロッパに行って、ゲントの祭壇画と「アヴィニヨンのピエタ」をじっくり見てきたのです。

「アヴィニヨンのピエタ」は板絵です。写真にしてしまうと平面に写ってしまうのでよくわからないのですが、実物を見ると下地のデコボコがすごくよくわかります。画集ではわかりません。とにかくすごい絵で、ぼくが学生時代にヨーロッパに行ったとき、初めてこの絵を見たのですが、衝撃的でした。あの衝撃は今でもよく覚えています。

その後もフランスに行くたびに、これを見るためだけにでもルーブルに行きますから、もう何十回も見ています。それでも、もう一度見たいと思ったんです。

こうした好きな絵についても、いずれまとめて本にしたいと思っています。

今、アメリカで最も有名な中国人画家

この曹勇《ツァオヨン》という画家の絵はすごいですよ。ニューヨーク在住の中国人画家です。九・一一のシンボルとされる絵「フリーダム」を描いたことで、今やアメリカで最も有名な中国人画家として知られています。実はぼくはこの人のことを直接知っているんです。この本は、日本では出版されていませんが、本人が送ってくれました。ですからここに、直筆の手紙とサインが入っていますね。

中国にいたときには無名で、評価もされていなかったにもかかわらず、アメリカで評価されたことで、中国でもいきなり有名人になってしまう。日本でもよくある話ですね。とにかく、アメリカで絶賛された彼の作品を、本格的に集めた画集がこの本です。

曹勇自身はチベット系中国人ですが、奥さんは合田《ごうだ》彩さんという日本人です。彼女は、一九九

五年の講談社ノンフィクション賞を受賞したノンフィクション作家です。チベットの名もない画家が世界的な有名人へとなっていく過程を、『逃（Tao）——異端の画家・曹勇の中国大脱出』（文藝春秋、一九九五）という本に書いたんです。ぼくはノンフィクション賞の選考委員で、このとき彼女の受賞に一票を投じています。

曹勇の作品には、中国文化というか、チベット文化の神秘性が漂っていて、非常に独特な世界が息づいている。そんな画家が中国で作品を発表しながら、その名が少しずつ知られるようになっていく一方で、やはりチベット出身の人間として、迫害というか差別を受け続ける。後に、日本を経由してアメリカに向かい、そして、九・一一のテロの後に、「フリーダム」という作品で、一気にブレークする。世界的な成功を経て、今度は中国で本格的に出発することになる。そうした経緯を描いたのが、『逃』です。

人間が人間を表現するということ

三丁目の書庫の入り口を入って右側の棚は、道元、良寛、寒山・拾得などが並んでいます。この辺りに固まっているものも、実はもともと本を書く予定で集めたものです。

どこからいきましょうか。ここに、『ヒューマン・イメージ』という目録がありますね。これは、二〇〇一年に京都国立博物館が開催した「ヒューマン・イメージ」という大展覧会の目録です。ぼくはその記念シンポジウムで基調講演をしたのですが、これはなかなか面白い展覧会でした。

目録を開いてみると、非常に奇妙な仏像が掲載されていますね。木彫りの仏像の真ん中がパカっと割れるようになっていて、その裂け目から別の顔面を覗かせている。実に立体的で、実に不思議な像です。これは、京都・西往寺にある「宝誌《ほうし》和尚《わじょう》立像《りつぞう》」という仏像で、平安時代の作品です。人間の表面的な姿の下に、その人の真実在が隠れているということを示すものでしょう。表面はただの人間だが、真実在はその下にあるホトケということではないでしょうか。その不思議さが、展覧会の副題としてつけられた「われわれは人間をどのように表現してきたのか」につながっています。人間は、人間を表現するにあたって、どのような表現を編み出してきたかを考える、というのがこの展覧会の狙いでした。

展覧会全体は一〇章で構成されています。各章ごとに「人の絆」「恋と愛」「生業」「遊び」といった特徴的なキーワードを設定し、そのキーワードを表すような絵画や彫刻で各部屋を構成していました。第一章「人の絆」の冒頭に登場するのが、手形でした。

紹介された手形は、後鳥羽天皇宸翰《しんかん》御《ご》手印置文《しゅいんおきぶみ》というもので、国宝にもなっている非常に有名なものです。これは、後鳥羽天皇が、自らの手印、つまり手形を押した自筆の手紙です。手紙の上にベタっと押された天皇自身の大きな手形が、一種異様な存在感をかもしだし、リアルな天皇その人がその手紙の上にいるという感じさえ与えます。そして、文字を通じての単なるメッセージではなく、天皇が自分自身の存在そのものを通してメッセージを発しているということが伝わってきます。内容は、自分に仕えてくれた寵臣藤原親成に、「自分の死後の追善料所を与えよう」と記されているだけです。つまり、自分の持っていた領地の一部を与えるから、自分の死後の追善供養を頼むというのです。この内容自体も興味深いのですが、それよりも後鳥羽天皇の家臣への情の深さというか、そこにあらわれている一〇〇パーセントの信頼感の表現様式が何ともいえません。

後鳥羽天皇は、承久の乱を起こして、捕らえられ、隠岐《おき》の島に島流しになった人です。死ぬまで島から出られないかもしれない。だから、親成が約束を守ろうと守るまいと、それを担保するものは何もない。領地をもらっても、追善供養などまじめにやらなくても、誰もとがめないでしょう。しかし、親成が自分の願いを聞きとどけてくれることを、後鳥羽天皇は、毫《ごう》も疑いません。まさに「人の絆」を象徴的に表すものとして、第一章はこれを中心に構成されていました。

こうした構成の妙もあって、とても魅力的な展覧会でした。「なぜこの作品とあの作品が同じ章に入っているのか」と考えさせられるケースもたくさんありました。もちろんそれぞれの作品を見れば、「なるほど」と思わせる説明がついていたわけですが。

この目録も展覧会にならって一章ずつの構成になっています。第二章のタイトルは「恋と愛」。ここでは歌麿の「物思恋《ものおもりこい》」という有名な浮世絵とともに、春画が紹介されました。この展覧会は、国立博物館で春画が公式に展示された歴史上最初のケースになるそうです。それを、ぼくは週刊誌に書きました。これはもう本当に画期的なことだと高く評価しました。春画も日本の誇るべき文化遺産であることを堂々と示したからです。

この展覧会のオーガナイザーを務めたのが狩野《かの》博幸さんでした。苗字が狩野なので、もしかしてあの絵師の狩野の流れかと思ったら、たまたま苗字が同じにすぎないそうです。今はもう退官していますが、狩野さんは当時、館長ではなかったけれども、学芸員のトップのような立場で、大きなイベントは、だいたい彼が企画していました。

その狩野さんがこの目録の巻頭の文章を書いています。題は「岩佐又兵衛《いわさまたべえ》の精神的遍歴を論じ、展覧会の基本構想に及ぶ」。これはなかなか読ませる文章です。岩佐又兵衛の大いなるトラウマ体験から説き起こし、なぜ彼が武士たることをやめて一介の絵師になり、浮世絵という新しいジャンルを切り開くことになったかを語っていて、思わずうならされます。岩佐又兵衛関連では、『浮世絵師又兵衛はなぜ消されたか』（砂川幸雄著、草思社、一九九五）も併せて読んでおきたい本です。

この京都国立博物館の写真を担当しているカメラマンがまた面白い人です。金井杜道《かないもりお》さんというのですが、たまたまぼくの妹と早稲田の美術史の同級生だったということもあり、親しく付き合うようになっています。この事務所には彼が写真を撮った本がいくつもあります。

たとえば、京都国立博物館で伊藤若冲の特別展が開催されたことがありましたが、その特別展「没後二〇〇年記念　若冲」の図録『若冲、こんな絵かきが日本にいた』も、彼が写真を担当しています。ちなみに、今、日本にある若冲の図録としては、これが一番いい図録です。

ところで、この図録はいくらだと思いますか。これだけの水準の写真が大量に入っていて、若冲図録の古本価格でいうと、一万円以上の価格がついていてもおかしくないクオリティですが、実は奇跡的に安い。何と二五〇〇円です。ぼくは、『週刊文春』の「私の読書日記」で、「若冲について本を買おうと思ったら、これを買うのが一番いい」と書きました。

ぼくが「ヒューマン・イメージ」の開催初日のイベントで何を話したかというと、あの展覧会にならべられたそれぞれの絵が日本の絵画史において、どのような意義を持っているかといったことです。その際に話した内容を基本にしながら、もう少し深く掘り下げた内容の本を作る予定だったのです。ここにある良寛や一休和尚についての資料は、その本を書くために集めたものです。

一休と森女の謎

人間の愛欲について考えるのであれば、一休和尚と盲目で絶世の美女と言われた森女《しんじょ》との関係は外せません。この二人の関係は、とても不思議な関係です。第一、森女と出会ったときには一休は七十八歳というかなりの高齢でした。常識的に考えると、もう男女関係は持つことはできないはずです。ぼくは今七十一歳だけれども、果たして七、八年後に「そういうこと」が可能かどうか。これは定かではありませんが、生きているかどうかすら怪しいと思っています。けれども、彼の『狂雲集』（中公クラシックス、二〇〇一）を読むと、どう考えても男女の関係があったとしか思えないようなことが書かれている。

この『名僧列伝（一）』（紀野一義著、講談社学術文庫、一九九九）の二〇七ページと二〇八ページにも、かなり露骨なことが書いてあります。「森美人の午睡を看る」。「発病玉茎の萌しを治す」と。この「玉茎」というのは男性器のこと。そして「かつ喜ぶ我が会衿の衆」と続く。要は、玉茎が立たなくなっていたので股間の衿を合わせる必要がなくなっていたけど、森女の寝姿を見るうちにそこがムクムク持ち上がってきたというのです。

さらにはこんなくだりもあります。「森也が深恩若し忘却せば　無量億劫　畜生の身」。森也《しんや》というのは、森の也、すなわち女陰のことだとここでは解されています。つまり、彼女の女陰から受けた深い恩を自分がもし忘却したら、本当に未来永劫にわたって自分は畜生の身になる、と言っているわけです。何しろ彼女の森也のおかげで、「木しぼみ葉落ちて更に春を回す」、つまり春が還ってきたわけだから、その恩を忘れたらいかんと。森也をそこまでとらなくても、也を強調の助字と捉えるだけでも、「木しぼみ葉落ちて更に春を回す」ですから、彼女のおかげで、インポになっていた人がまた勃起するようになった喜びを歌ったとしか読めません。あらためて読んでみると、すごいフレーズです。

この棚には、『狂雲集』の他にも、『人間一休——天衣無縫な悟道とその生涯』(村田太平著、潮文社新書、一九七六)をはじめ、一休や明恵、良寛についての資料が揃っています。明恵については、河合隼雄さんがいくつか本を残していました。先の展覧会の第七章が、「夢」で、そこでは、明恵を描いた「明恵上人樹上坐像」がメインになっています。これは、日本の絵画史上有数の名画だと思います。樹上で座禅を組み、瞑想にふけっている明恵上人の姿で、これは日本人が理想とする自然観、自然の中で生きる人間の姿だと思います。それから『寒山拾得』もそうですが、禅に関する本がこの辺にいろいろあります。これ全部、「ヒューマン・イメージ」というテーマで書こうとしていた本の資料です。

こうした資料をあたっていくと、面白いことに気がつきます。というのは、一休と森女の関係はとても有名で、エピソードに事欠かないにもかかわらず、そのことにまったく触れずに本を書く人もいるということです。例えばこの本などは、一休と森女の関係について、「老いらくの恋」としか書いていませんね。『狂雲集』には、そんな恋慕の情が切々と綴られており」とあるけど、本当は「恋慕の情が切々」どころか、玉茎がウズウズ、ピンピンになって喜ぶ状況だったわけです。

こうして見ていくと、この部屋全体に、性的なものがかなりあることがわかります。後ほど紹介しますが、実は奥の部屋には、もっと直接的にスケベな本も置いてあります。

日本の三大バセドウ病患者

入り口を入ってすぐの左側の棚は、基本的には水戸学関係の資料です。その他、明治維新関係の本もあります。この『開国五十年史』や『明治維新神仏分離史料』などがそうです。明治維新は思想的には、神道中心の復古革命の要素がありましたから、明治維新政府が成ると、「神仏分離」が行われます。それまでは、本地垂迹《ほんじすいじゃく》の神仏習合説に基づいて、神道のカミも仏教のホトケも実は同じというのが、民衆レベルの日本の宗教思想のメインストリームでしたから、神仏が一緒に祀られた社や、神社に付属する形で建立された神宮寺が日本の至るところにありました。つまり、神と仏の両方が教義上でも、物理的、礼拝的にも一緒になっていた。それを強制的に分離したわけです。分かちがたく一体になっているところでは、仏教部分を破壊した。

そうした神仏分離を実行することによって世に出てきた資料を、辻善之助が中心となって東大の宗教学の研究者たちがまとめて本にした。それがこの『明治維新神仏分離史料』（名著出版、一九七〇）です。これは歴史的にも有名な資料となっています。ただ、そんなにどこにでもある資料ではないのですが、ぼくの場合は、たまたま近所の古本屋の書棚の奥で埃をかぶっているのを見つけて、意外と安く手に入れた覚えがあります。

また、この『歴代官僚伝』というのも、重要な同時代資料ですね。明治時代という近代官僚制が成立する上で非常に重要な時期に活躍し、名を成した、伊東巳代治《みよじ》、大木喬任《たかとう》、井上毅《こわし》や榎本武揚《たけあき》といった人たち、あるいは今となってはその存在すら忘れられている明治の高級官僚たちの資料を集成したもので、日本の官僚制を考えるときにたいへん役に立ちます。

その隣にあるのは、五・一五事件がらみの資料ですが、実はぼくの親戚には五・一五事件の関係者がいます。橘孝三郎《たちばなこうざぶろう》といって、『神武天皇論』『天智天皇論』『明治天皇論』のいわゆる「三大天皇論」を書いた人物です。この「三大天皇論」は、今でも右翼の必読書だといわれています。また、この『皇道哲学概論』（天皇論刊行会、一九六八）も彼の著作です。

続いては、第二次世界大戦以前に「戦闘的自由主義者」として、共産主義や社会主義を痛烈に批判した河合栄治郎関係ですね。『河合栄治郎全集』（社会思想社、一九六七―七〇）などが並んでいます。また河合から広がって、マルクス経済学者の河上肇や、無政府主義者の幸徳秋水についての資料もここに置いてあります。

ところで、この河合栄治郎という人は、実はものすごくスケべな人なんですよ。彼の日記が残されているのですが、留学先のあちこちで人妻に手をつけて……といった記述に溢れています。実は彼の日記は、「赤裸々なヰタセクスアリスの告白の書」としても有名なのです。

もちろん全集には日記も収められているのですが、そういう日記なので、全集に入っていない部分が相当ある。いつか発表されるかもしれません。というのも、実は遺族の手元には日記の原本がまだあるのですが、それは門外不出になっています。どうしてぼくがそんなことを知っているのかというと、知人に河合栄治郎の関係者がいる。それで、ぼくは一度彼に直接「日記を公開するつもりはないか」と訊いてみたことがある。彼は「これは、遺族としてはとても出せない」と言っていました。とにかくものすごく赤裸々な内容らしい（笑）。

河合栄治郎は、基本的に感情的な激しさを持った人だったようで、スケべ以外の部分でも赤裸々なところがありました。彼はバセドウ病を患っていたのですが、この「自分のエネルギーを使い果たしながらでも、激しい仕事をする」というのが、バセドウ病患者に特有の症状なんですね。

　ぼくが長年追いかけた田中角栄、過激派の永田洋子、それから河合栄次郎。この三人が日本の三大バセドウ病患者ですよ。この三人が、人生でこなした仕事量といいますか、活動の総量たるや、常人では考えられないほどすさまじいものです。いい意味でも悪い意味でも、三人は昭和時代の日本に大きな影響を与えた人物だと思います。

「汝の欲するところをなせ」というタイトルのビデオ

　入り口を入って少し進んで右側の棚には、ビデオが並んでいます。実は昔はもっと多かったのですが、本が置ききれなくなったこともあり、かなり処分してしまいました。今、残っているのは、ぼく自身が出演したり、監修したり、何らかの形で制作に関わったものがほとんどです。

　横文字のタイトルがついたものがありますね。「Fais ce que voudras」と書いてあるビデオのことです。このフレーズは、ぼくがかつて新宿ゴールデン街でガルガンチュアというお店をやっていたときに、そのお店の中にかけてあった手製のレリーフ掛け看板に記してあったものです。要するに「汝の欲するところをなせ」という意味です。中世フランス語の言葉なので、現代フランス語とちょっと違います。ラテン語に近い雰囲気があります。これはもともと、フランソワ・ラブレーが書いた『ガルガンチュア物語』に出てくるテレームの修道院の標語です。「汝の欲するところをなせ」というのは、テレームの修道院の掟でした。そしてこれは、『ガルガンチュア物語』全体のテーマにもなっているわけです。

そのようなタイトルがつけられたこのビデオには、いったい何が映っているのか。まず、このビデオを撮影したのは、日本人ではなくて、プリス・ペトロ・レッティというフランス人のビデオ作家です。フランス大使館でアタッシェ（大使館で軍事や経済など専門分野の研究をする職員）のような立場で働いていました。そんな彼が、ゴールデン街の中で起こっているさまざまな人間模様を撮った非常に珍しい自作ビデオなのですが、ぼくもどこかで出演しているはずです。

こうして見ていると、昔の仕事を思い出しますね。これはNHKの人間大学『知の現在』で放送されたぼくの講義です。これも本にする予定だったのに、結局、本にはできなかったのですが、音声をそのまま文章を起こせば今でも一冊くらいは作れそうです。

この辺りは、ぼくが出演した番組を録画したものです。「NEWS23」「クローズアップ現代」に、あとは、「NHKスペシャル」「サイエンススペシャル」などがメインです。

携帯の電波が届かない執筆スペース

この机とベッドのある部屋が執筆スペースです。この執筆スペースも含めて、実はこの書庫は携帯の電波がほとんど入りません。ドアを入ってすぐのところであれば、何とかつながりますが、少しでも奥に入ると圏外になる。担当編集者は困るかもしれませんが、ぼくとしては都合がよかったりもする（笑）。

この部屋には、がん関係の資料や生理学関係の資料、『国史大辞典』（全一五巻、吉川弘文館、一九七九―九七）が揃っているので、がんや歴史に関する原稿を書くときは、ここに籠ります。

さらに、明治維新から昭和のはじめくらいまでの、日本が近代国家として成立していく過程を追いかけるのに欠かせない資料もこの部屋にある。例えば、この『井上毅と明治国家』（坂井雄吉著、東京大学出版会、一九八三）です。『日本国憲法成立史』（佐藤達夫著、有斐閣、一九六二―一九四）も重要な資料です。

ＮＨＫの「プロジェクトJapan」というシリーズで、「天皇と憲法」というテーマを取り上げていましたが、ぼくも「憲法というものがどういった過程でできあがってきたか」ということについて話しました。この「憲法」というテーマについては、これまでまだ本としてまとめたことはないのですが、講談社の『月刊現代』にも相当な枚数を書きましたし、いくつかのシンポジウムや大学の講義でも触れていますので、いつかはしっかりまとめたいと思います。この辺りの資料はその仕事のために集めたものです。フランス憲法、ソヴィエト憲法など、普段はあまり注目されない国の憲法の資料も並んでいます。

奥の棚には、『日本右翼の研究』（木下半治著、現代評論社、一九七七）や、『日本のファシズム――形成期の研究』（早稲田大学社会学科研究所プレ・ファシズム研究部会編、早稲田大学出版部、一九七〇）などがありますが、これも憲法を知るための資料の一つです。戦後憲法ではなくて、明治憲法の世界に関わってくる資料です。

『国家と大学――東京帝国大学法学部の民主主義無国家思想に対する学術的批判』（松田福松との共著、原理日本社、一九三八）の著者の蓑田胸喜《むねき》については、『天皇と東大』でも触れましたけど、名の「胸喜」にひっかけて「狂気」と呼ばれた人で、著者同様この本も相当に狂気じみています。『天皇と東大』の資料として読み込んだので、付箋だらけになっています。

『天皇と東大』の執筆もこの部屋で行ったので、昭和天皇に関する本も相当揃っています。

さて、上の棚はガラリと変わって、素粒子関係のものが並んでいます。東大教授そして高エネルギー加速器研究機構（KEK）教授として、ノーベル賞に一番近いと言われながら、惜しまれつつ亡くなってしまった戸塚洋二さんの本を作る過程で集まった資料が中心となっています。その『大学院素粒子物理』（講談社、一九九七―九八）1と2のうち、2には戸塚さんも編著者の一人として名を連ねています。

ノーベル賞と言えば、小林誠・益川敏英の受賞前後に、『小林・益川理論の証明――陰の主役Bファクトリーの腕力』という本を出しましたが、その本を書くための資料もこの辺りに集められています。『クォーク狩り――自然界の新階層を追って』（M・リオーダン著、吉岡書店、一九九一）など、最先端の素粒子物理関係の資料は、だいたい揃っているはずです。

大学の教養課程で教えるべきは「脳」について

この辺は、現代史に関する本です。つい最近起きたリーマンショック、あるいは旧ソ連からロシアに移っていった共産主義関係、それからヒトラー関係もここにあります。連関がなさそうでありそう、そんな感じの並びになっていますが、実はほとんどが立教大学での授業のために使った本です。現代という時代がどういう時代なのかを多面的に分析するという授業でしたから、何でもあるんです。サイエンス的な内容もけっこうあります。

立教では授業を三コマ持っていて、それぞれ微妙にテーマを変えていましたが、主として「現代史、現代社会を扱う」という点では一本スジを通していました。

例えば、『ハイエク全集』（全一〇巻＋別巻一、春秋社、二〇〇七─〇八）、それからロールズの『正義論』（紀伊國屋書店、二〇一〇）などから、現代社会のおける「公共性」を学びます。もちろん、そのテーマで追いかけるならポパーの『自由社会の哲学とその論敵』（世界思想社、一九七三）も外せません。実際の授業では、このような政治、経済から、軍事関係、地政学関係をつなげてテーマを深掘りしていく形で進めていきました。その他、宇宙も取り上げたので、宇宙関係、天体物理関係の本もここには置いてあります。

立教大学ではいわゆる教養課程を「全カリ（全学共通カリキュラム）」という言葉で総括しています。東大では、最初の二年間は駒場の教養学部に属し、教養課程を修めてから専門学部に進学するという制度となっていますが、最近では、教養課程を修めなくても専門課程に進める大学が多いようです。立教の「全カリ」もそうでした。教養課程を最初の二年間に固めて勉強させるのではなくて、教養課程の単位は四年間にばらして自由に取得することができる。卒業までに必要な単位を満たせば「教養科目は修了」とする制度になっているんですね。それで、ぼくも何年間か「全カリ」の授業を毎年、一コマ担当していました。悩むのは、教養課程の学生にいったい何を教えるべきかです。ぼくの結論は、高校で、あるいは大学でもほとんど教えられてはいないけれども、本当は知っておくべき重要なテーマの一つ、「脳」についてできるだけ詳しく教えるべきだというものでした。ですから「全カリ」の講義では、切り口は毎年少しずつ変えながらも、一貫して脳の話を取り上げ続けたのです。

その「脳」についての本が固まっているのが、こちらの棚です。ただし、脳というのは幅が広いテーマですから、すでに紹介したようにネコビルの一階にもたくさん置いてあります。

この三丁目に置いてあるもので特に重要なものとしては、脳と視覚関係をつなげる資料です。例えば、『視覚性失認——認知の障害から健常な視覚を考える』（M・J・ファラー著、新興医学出版社、一九九六）、『見る脳・描く脳』（岩田誠著、東京大学出版会、一九九七）、『脳は絵をどのように理解するか——絵画の認知科学』（R・L・ソルソ著、新曜社、一九九七）、『見る——眼の誕生はわたしたちをどう変えたか』（S・イングス著、早川書房、二〇〇九）や、『視覚と記憶の情報処理』（平井有三著、培風館、一九九五）などは、脳について興味のある人は読んでみることをお薦めします。

世間一般の人は、人間がモノを見たり、聞いたり、読んだりするときに、脳がどのように働いているのかを知らずに生活しています。しかし、そこをしっかり理解しない限り、人間がモノを見たり、聞いたり、読んだりすることの本質を摑むことができません。こうしたことは、まさに大学で学ぶべきことではないか。そう考えたので、学生には教養課程として「脳」を教えることにしていたのです。

その流れの一環として、この棚には、『内臓感覚――脳と腸の不思議な関係』（福土審著、NHKブックス、二〇〇七）という本も置いてあります。この本の主旨は、人間にとって最も大事な器官である脳が担っている役割を、実は他の内臓も同じように担っているのだというものです。そうした理論から、この本の著者は、「脳と腸の不思議な関係」と謳いつつ、「シックス・センスの正体は腸にある」というのです。

すべての生物は、発生の初期状態のところで、原腸形成という消化管の基礎となる組織ができる過程を通過していきます。その意味で、すべての生物は腸から始まるといってもいい側面があるのです。そして、神経系の最初の発生の過程が、実は腸を基盤として作られていく。つまり、脳を本当に深く理解しようと思えば、腸のことを知らなくては駄目だというのが、この本の主旨です。

自分の身体感覚から考えても、腸の調子は、その日の気分や感情、すなわち脳の領域と影響しあっている気がします。こうして、脳から身体へと関心を広げる中で、『ラングマン人体発生学』（メディカル・サイエンス・インターナショナル、二〇一〇〈第一〇版〉）などの本を読んでもらうと、学生の学問への興味が開かれていくわけです。

そうした課題図書の一つに、『男の子の脳、女の子の脳――こんなにちがう見え方、聞こえ方、学び方』（L・サックス著、草思社、二〇〇六）という本があります。これは実に面白い本です。田中冨久子による『女の脳・男の脳』（NHKブックス、一九九八）にも同じような主旨のことが書かれていますが、どうやら男の子の脳と女の子の脳というのは、根本的に作りが違うようです。立教という大学はわりと女の子が多いから、こういう話をすると、すごくウケたものです。ただ、男の子の脳と、女の子の脳は違うなどというのは、当たり前のことですよ（笑）。そんなことは、女の子と付き合ってみれば、すぐわかります。実際、考え方がもうまるで違う。でも、「違う」

と言うと、怒る女の子もいます。フェミニズムに熱中している人たちは、女と男は絶対に同じだと思っていますから。しかし、どうも、科学的にも「男と女は違う」ということがわかってきたと、『女の脳・男の脳』の著者は書いている。この著者は女性で、もともとはフェミニズム的な考え方の持ち主だったのですが、自分自身が男の子と女の子を両方生んで育ててみたら、これはもうはっきり違うことがわかったそうです。そういう体験的実感の話が面白いのです。男と女では人差し指と薬指の長さの割合が違うといった、丹念に調べた科学的な統計の話もあり、そういうエピソードも読めます。

ただ、この『女の脳・男の脳』の主張に異を唱える本もあります。それも学生に読ませました。大学で学ぶことは「結果のわかったこと」だけではありません。ある主張があれば、それに反対する主張がある。議論というのは、そうした主張の対立の中で深まっていくものです。そうしたことを体感する意味でも、まだまだ議論が活発なテーマが多い「脳」というのは、取り上げるに値するものと言えます。

それから、この『第三の脳』(傳田光洋著、朝日出版社、二〇〇七)もとても面白い。この本に掛かっているオビの一カ所は一見、エンボス加工でまるで凹んでいるように見えるのに、実際に触ってみると平面でしかない。これは、「触覚」にも錯覚があることを利用して作られた帯なのです。つまり、ぼくらは、人間というのは皮膚の神経回路が具体的な対象物を感知して初めて「触った感覚」を持つものだと考えがちですが、実際の人間の感覚世界というのは、脳やその他もろもろの神経回路がある感覚を感じさせているだけなのです。ですから、その感覚と現実はズレが生じることが、いくらでもあるわけです。

つまり、人間が「こうに違いない」と思っていることも、実は脳、あるいはその他の神経回路が、人間にそう誤解させているだけなのかもしれない。そういう視点を持てるか持てないかで、学生の学習レベルは大きく変わるはずです。

どうしようもない人のどうしようもない本

ここのメインは、最近の政治と経済についての本ですね。小泉純一郎に関する本、『イスラエル・ロビーとアメリカの外交政策』『マネー資本主義』といったごく新しい本に、トクヴィルの『アメリカのデモクラシー』のような古典が少し混ざっている。

『世界と日本の絶対支配者――ルシフェリアン』（講談社、二〇〇八）のような怪しい本もありますね。このベンジャミン・フルフォードという人は、一言で言って、どうしようもない人です。この人の書いていることのほとんどは、信じてはいけません。ぼくはそういう人の本も資料として持っているんです。どうしようもない人のどうしようもない本でも、一応見ておかねばいけない場合もあるから。

そしてこれは、二〇一〇年七月に逮捕された、木村剛の本ですね。彼もこの『粉飾答弁』（アスキー・コミュニケーションズ、二〇〇三〔第二版〕）が刊行された二〇〇二年頃はもてはやされていましたが、今はひどい言われようです。他にも何人か似たような仕打ちを受けた人がいるようですから、金融や投資というのは、一時持ち上げられて、駄目になるとボロクソに言われる世界のようです。

特別な写真家土門拳

ここには、現代美術や写真についての資料が揃っています。写真集は奥の部屋にも置いてありますが、ここは主に土門拳に関するものが並んでいます。土門拳は、ぼくにとって特別な写真家で、ある意味では学生時代からお世話になっています。ぼくは大学生のときに、原水爆禁止のための会議に出席するため、ヨーロッパに行ったことがあります。その際に土門さんの写真集『ヒロシマ』（研光社、一九五八）の写真をたくさん貸してもらって向こうで展示会を開いてきたのです。そういう関係で土門さんのお宅には何度もうかがって、けっこう深い付き合いをしてきました。そういう経緯から、土門さんに関しては何本か文章を書いてきましたし、土門拳関連の本は、出版されたら必ず買うようにしています。

その他、さまざまな分野の芸術家についての資料も並んでいます。『ダダ大全』（R・ヒュルゼンベック編、未知谷、二〇〇二）があるかと思えば、セザンヌ関連の本もある。先ほど取り上げたラファエル前派の資料は、ここにも散ってきていますね。ジャスパー・ジョーンズや、ヨーゼフ・ボイス、そしてジャクソン・ポロックといった現代美術家についての資料もあります。

春画でも最高峰の葛飾北斎

それから、この辺にはお待ちかねの春画と発禁本関係の資料が集められています。ざっと見渡しても、別冊太陽の『発禁本』シリーズなどが目に入ってきます。この『地下本の世界』（平凡社、二〇〇一）もそのシリーズの一冊です。

春画で外せないのは、まず渓斎英泉《けいさいえいせん》の『英泉』（福田和彦編著、河出書房新社）です。この本はなかなか豪華な造本をしていて、英泉の絵もすごく見応えがあります。

でも、やはり何といっても一番の春画画家は葛飾北斎です。画家として非常に幅広いジャンルを描いただけでなく、北斎は、晩年の八十代になっても春画を描き続けて、九十歳近くまで精力的に生きたという、ものすごく活動的な人でした。

ただ、どの春画が北斎の描いたものかは、謎のままになっているものもあります。というのも、春画は、その絵の性格上、画家が普段とは別のペンネームを使って描くことが多いからです。北斎の場合も、春画のときだけ使う別の号があって、ややこしい。

また、浮世絵というのは、まず画家が原画を描き、次に彫り師がその原画を版木に彫って、それを刷り師が紙に刷って初めて作品ができあがります。つまり、一つの作品ができるまでに、いろいろな人間の手が介在するものなのです。ストーリーはストーリーで別の戯作者が作ったりすることもある。ところが北斎は、それらの工程をすべて一人でやってのけました。自分で絵を書くのは当然として、ストーリーも書くし、彫りと刷りにも関わっていた作品がある。その一方で、ストーリーだけを作ったものや、絵だけを描いたものもあって、どこからどこまでが北斎の仕事だったのかがはっきりしないものもある。北斎の晩年期は、実の娘が、父北斎からストーリーを譲り受けて、それに合わせて絵を描いていたこともあるそうで、一口に北斎作といっても、実際にはどのような経緯を経て完成したものか、判別するのが本当にややこしいのです。

さらに、北斎の娘は英泉と男女の仲になってしまいます。そのことについて研究していたのが、春画の研究で独自の業績を挙げた在野の研究者、林美一《よしかず》です。彼は一九九九年にパーキンソン病で亡くなってしまいましたが、英泉の絵とされているものが、実は北斎の娘の絵だった可能性もあるといったことを研究していました。最近復刻された『林美一〈江戸艶本集成〉』（河出書房新社、二〇一一）の第一巻は葛飾北斎が取り上げられているのですが、まさにそうした疑いについて分析している。この論考については、『週刊文春』の「私の読書日記」で紹介しています。林美一は生涯を通して非常に多作で、とてもいい本も残していますが、残念ながらこの手の本は、書籍市場で生き残ることはほとんどありません。たいていのものは初刷りのみで、あっという間に消えてしまう。ところが、今、春画ブームに乗っかって、林美一の本が次々と復刻されているので、興味のある方はぜひ手にとってみてください。

浮世絵や春画が注目されているのは、日本だけではありません。特に、北斎は二〇〇四年に

『HOKUSAI』という大版画と肉筆をまとめた洋書も出版されています。リチャード・レインの『浮世絵――消された春画』（新潮社、二〇〇二）もいい本でした。最近は、このリチャード・レインによる監修でいくつか春画集が刊行されましたが、そのいくつかは、日本人の手によるものより詳しい。

浮世絵全盛期だった江戸後期の版画の精巧さというのは、現代の最高の印刷でも敵わないほどの水準に達していました。つまり、浮世絵のすごさというのは、絵そのもののすごさもさることながら、印刷や造本のレベルもとても高かったのです。ページをめくってみると、肉筆よりも版画のほうが断然いい。これは髪の毛の一本一本を、きちんと彫る技術に裏付けされているのです。

そういえば、先ほど挙がった、林美一の新しい復刻本のシリーズの中に出てくる歌川豊国の巻に、仰天するような素晴らしい一枚があります。現代最高の印刷技術をもってしても、ここまではできないだろうといった、超絶技巧の彫りと刷りの結晶です。細部までくっきりと見える。このように、春画の世界というのは、侮れない世界なのです。

錦絵なしに歴史は語れない

この辺りは、取材の資料です。これまでありとあらゆる取材をしてきましたから、資料もおかしなものが相当あります。例えばこれは、人間の肉体をばらばらにして売るという臓器売買や人体売買について、ロシアで取材したときの資料です。

そしてこちらに並んでいる箱に入った本は、歴史全集です。『世界の歴史』や『二〇世紀の現代史』などの定番ものから、一般的にはあまり売られなかったものまで、ひと通り揃っています。学研から出版された『日本と世界の歴史』は、たぶん書店で売られずに、外商など直接販売でのみ売られたシリーズだと思いますが、なかなか充実した内容でした。ぼく自身は古本屋で買った覚えがあります。

このシリーズの利点は、世界史と日本史が両方入っていることです。たとえば十九世紀を見れば、日本の明治維新もあればドイツのビスマルクもあって、中国のアヘン戦争もある。このように、一つの世紀というものの全体像を東西にわたって眺めるのには非常によい本なのです。

また、講談社の『錦絵——幕末明治の歴史』(小西四郎著、一九七七—七八)もなかなかの全集でした。日本の文化史において、錦絵は独特の世界を築いてきました。特に歴史の資料として、すごく有用なのです。特に幕末から明治初期から中期ぐらいまでにかけては、錦絵なしに歴史を語ることはできません。この時代には、事件や世相、そういったものはみな錦絵を通して語られた。要は錦絵がメディアだったのです。いわば後の写真のような。とにかくその時期について何か調べようと思ったら、錦絵を抜きには語れない。実際に、東大や立教での授業で、ずいぶん紹介したので、あちこちのページに付箋がついています。

同じように過去の時代の世相を知るのに有用なのが、筑摩書房の『明治大正図誌』(一九七八—八〇)です。

原書房の独特なラインナップ

さて、ここからは三丁目の奥の小部屋へと入っていきます。

まず、小部屋の奥の書棚はすべて文学の棚になっています。古い本ばかりですが、みんな学生時代に買って読んだ本です。

ドイツ文学、ロシア文学、フランス文学……と、基本的には国別に分かれています。ただ、すべてがきれいに区分けできているわけではありません。こちらには、集英社から新しく刊行されたマルセル・プルーストの『失われた時を求めて』一式があり、その隣にはスペインの中世文学があり、そうかと思えば、ジェイムズ・ジョイスがあり、カミュがあり、サルトルがあり……といったように、少しずつズレたものも並んでいます。

こちらの棚は、怪しげな本が固まっていますね。署名をざっと眺めてみても、カニバリズムとかアナルとか……。いわゆる「この手の本」で欠かせないのが、『図説　児童虐待全書』『図説　ハエ全書』（ともにM・モネスティエ著、一九九九）といったものを出している原書房のシリーズです。これは本当に独特のラインナップになっていて、とても面白い。完全に「狙って」企画・編集されているのでしょう。

こちらの棚は、ノンフィクションがまとめられています。ただ、きちんとまとめたというよりは、ネコビルのさまざまなフロアーから溢れた本の中で、ノンフィクションっぽい内容のものを押し込んだというのが正確でしょう。グリコ森永事件関連や三億円事件関連の本などが並んでいます。

一冊、素通りできない本を見つけました。この『モア・リポート』（集英社、一九八三）という本は、歴史的に有名な本ですが、とても面白い。いわゆる昔の「キンゼイ報告」のモダン版です。モダン版といっても、今からもう何十年も前のものですが。とにかくさまざまな人の「性」に関する話を徹底的に聞くわけです。そしてその結果を、例えば「歯科医○○の場合」「眼科医○○の場合」といった具合に赤裸々に綴っていきます。それを延々と八〇〇ページ近くも続ける。『婦人公論』で人気の読者手記企画の前身です。『モア・リポート』には続編の『モア・リポートｎｏｗ』もあります。この手のリサーチについては、いつの時代にも最新バージョンにアップデートしようとする人はいますから、タイトルは変わっても、まだまだ同じような企画は生き残り続けるでしょう。

角栄について新しいことが書かれた本はもう出ない

この辺は、ほぼすべて田中角栄関係の本です。ここに置いてあるのは、『田中角栄研究全記録』を書くための資料というよりは、ぼくが書いたものを後追いして書かれた本ですね。それから、日本の政治、永田町政治に関する本です。石原慎太郎についての本など、雑誌も含めてかなり新しい本が多い。角栄についてはほぼすべて書き尽くされていますから、今後、ぼくが読むべきだと思うようなことが書かれた本は、もう出ることはないでしょう。

こちらの書棚には、司馬遼太郎と大江健三郎の本が並んでいます。司馬さんの本に関しては、「ふと気づいたときにはこんなに溜まっていた」という感じでした。

野間宏の本もありますが、ぼくは野間さんをそれほどきちんとは読んでいない。ただ、野間さんの奥さんとぼくは実はご近所のよしみで親しくしていたんです。その関係で奥さんが本を送ってくれたのです。

中央公論から出た『現代の詩人』（全一二巻、一九八三―八四）はなかなかいい本です。今は詩集を出すのはとても難しい。売れませんからね。

この辺は写真です。先ほど紹介したように土門拳さんの写真集は別のところに集めていますが、こちらは、アラーキーや篠山紀信のものが置いてあります。

アラーキーこと荒木経惟《のぶよし》とぼくは、実は高校の同級生です。当時は特に親しくしていたわけではないのですが、大人になってからいろいろな仕事を一緒にすることになりました。本を出すと必ず送ってくれることもあって、彼の本は、普通の書店に並べても売れそうにない実験的な本も含めてほとんど持っています。最近では、ネガにがちゃがちゃ傷をつけて作った本を送ってくれました。この日記形式の写真集のページをちょっとめくってみると、ぼくとアートディレクターの石岡瑛子と荒木の三人が並んで写っていますね。三人で平凡社の太陽賞の選考委員をやっていた時期があるのですが、選考会が終わったあとに新宿かどこかで飲んだときのカットでしょう。

ぼくは篠山紀信とも仕事をしたことが多かったのですが、篠山と荒木はお互いにすごいライバル心を持っていて、必要以上にお互いをけなし合ったりして、とても間に入れない関係です。

ここはジブリ関係の本が並んでいます。ぼくはジブリの宮崎駿《はやお》さんともけっこう親しくしていて、いろいろな仕事を一緒にやってきましたので、宮崎さんの仕事もわりと揃っています。宮崎さんと出会うきっかけを作ってくれたのは、プロデューサーの鈴木敏夫さんでした。鈴木さんから、「一度、三鷹のジブリに来て、何でもいいから何か面白いことをしゃべってください」というオファーをもらったんです。そこでスタッフ全員の前で、けっこう長い時間話をした。宮崎さんとの関係は、そんなことから始まりました。宮崎駿についても書きたいことがたくさんあります。彼の作品はどれも面白いですが、その中でも最高傑作が、この『風の谷のナウシカ』の漫画版ですね。『ナウシカ』というと、一般的に知られているのは劇場版アニメですが、あれは漫画版の本当に前半部分しか取り上げていません。宮崎駿の言いたかったことを知るには、漫画版を読むしかない。宮崎さんに「後半はアニメにしないんですか」と聞いたことがあるのですが、宮崎さんは、しないと言っていました。どうも後半部分を納得のいくレベルでアニメにするのは不可能だと思っているようです。

宮崎さんの『耳をすませば』で、「お父さん」の役で声優をやったこともあります。立教で教えたときにちょうどあの映画を見て育った世代の学生たちだったので、「ほんどだ、お父さんの声だ」と盛んにいわれました。

もう一度音を鳴らしてみたい

この辺は音楽についての資料です。『音響学』のようなオーディオ関係の書籍もあります。オーディオ関係の資料はもっとたくさんあったのですが、かなり処分してしまったはずです。

また、『武満徹を語る15の証言』（岩城宏之、篠田正浩、林光他著、小学館、二〇〇七）、『武満徹著作集』（全五巻、新潮社、二〇〇〇）といった、武満さんに関わるものをまとめて置いてあります。ぼくは『文學界』に「武満徹・音楽創造の旅」という文章を連載していたことがあるのですが、これをまとめる前にというか、連載をしている最中に武満さんが亡くなってしまったので、本にまとめることができずに、中途半端に止まっているのです。これはぜひとも、時間を作って、まとめきらなくてはならない仕事だと思っています。

ところで、「音楽」と一言で言っても、ジャズもあれば、クラシックもあります。ぼくの音楽の好みは幅広くて、クラシックに限らず、ジャズもロックも聴きます。ビートルズも聴けば、クラプトンも聴く。資料としては、民族音楽大集成、民族音楽コレクションなども持っています。

この三丁目の部屋には、大型スピーカーをはじめとして、かなりいいオーディオ機器が揃っています。これはマルチアンプシステムといって、デバイダーで、音域を四分割して、それぞれ別のスピーカーを別のアンプで鳴らしています。特にこの高音域のＴＡＤのホーンスピーカーはいいですね。これは真空管のアンプで鳴らしています。その下の中音域はアルテックのユニットをＪＢＬの箱に入れて鳴らしています。これは人の声で絶妙な響きを出します。低音域は、ＪＢＬのウーファーの超特大のものです。この箱が、人間が乗れる大きさで、作りもしっかりしていてすごいんです。もうこんなものＪＢＬも作っていません。そしてこれが周波数分割器です。これは、ＣＤやレコードをかけたときに、この周波数帯はこのアンプに、あの周波数帯はあのアンプにと、それぞれの周波数帯別に異なるアンプに分配してくれます。つまり、分配された周波数帯がそれぞれ異なるアンプを流れ、それぞれ周波数帯の異なるスピーカーを鳴らすのです。こういう仕組みで音を鳴らしているので、周波数帯ごとにアンプが必要となる。だから電気もたくさん食うし、パワーアンプも複数必要になる。ちなみにツイーターはさほど電気を食いません。振動する部分が小さいですからね。一方、ウーファーは電気を食う。何といっても、振動板自体が大きいですから。

このような大掛かりな装置があるのに、今は使っていません。これはもったいないと思っています。何とかもう一度音を出してみたいのですが、なかなかその時間もなくて、ほったらかしになっています。

学生時代は映画館に入り浸っていた

ここは映画のビデオやDVDですね。小津安二郎があり、ヴィスコンティがあり、さまざまな作品が並んでいますから、ちょっとやそっとでは語り尽くせません。学生時代には、映画館に入り浸っていたものです。

まず、好みから言えば、キューブリックやフェリーニは好きですね。ヴィスコンティは作品によってまちまちです。『若者のすべて』は、原題を『ロッコとその兄弟たち』(Rocco e i suoi fratelli) といいますが、俳優アラン・ドロンの若き日の姿を見ることができます。彼はこの作品で初めて役らしい役をもらったのです。

フランシス・コッポラの『Apocalypse Now　地獄の黙示録』については、ぼくは『解読「地獄の黙示録」』という本を書いているくらいで何度も見返しています。その際の資料の一つが、この『ノーツ――コッポラと私の黙示録』(ヘラルド・エンタープライズ、一九八〇)です。コッポラは、あの映画を作るときに、ロケ地に奥さんと一緒に行ったのですが、その奥さんが映画のメイキングの過程を書いたのがこの本です。著者のエレノア・コッポラというのは、フランシス・コッポラの奥さんなのです。

河出書房の意外な姿

そしてこの辺には、わりとスケベな本を置いてあります。例えば、『幻の性資料』シリーズの『「わ印」名作集』(団鬼六編、イースト・プレス、一九九六)や『秘戯1・2』(高木祥男著、イースト・プレス、一九九七―九八)などは面白いので、ぜひ探してみてください。ぼくの知り合いにイースト・プレスの編集者がいるのですが、あらためて見回してみると、このスケベな棚はイースト・プレスの本だらけです。その知り合いに頼まれて、一度一緒に仕事をすることになっているのだけれど。こういう本を出す会社だったとは意識していませんでした（笑）。何しろ、キリスト教について書かないかという企画だったものですから。

日本の出版界には、昔は「表に出せない出版物」がありました。しかし、ある時期から、そういうものが一斉に出回るようになった。それをきちんと意識的に刊行してきたのが、意外にも河出書房新社です。河出は、かたい本ばかり出版している会社のようなイメージもありますが、実はこの手のものを文庫や漫画などを含めてたくさん出版しています。ここに、『医者見立て――幕末の枕絵師』（田野辺富蔵著、一九九七）という本がありますが、この『医者見立て』という一連のシリーズも秀逸です。著者の田野辺富蔵という人は、実際に医者なのですが、渓斎英泉をはじめとする浮世絵や春画のコレクターでもあります。そしてぼくが一時期『アメリカ性革命報告』の仕事の関係で、けっこうスケベなものを調べる必要があったときに、田野辺さんから資料をお借りしていたことがあります。

ところで、女性には「潮吹き」という現象がありますよね。その女性の潮吹きについて、田野辺さんが医者の知識と、民間伝承やその筋の秘伝などを混ぜ合わせながら、論じたものがあります。でも結局、この「潮吹き」については、今でも諸説が並び立っていて、現象として何が起きているのか、結論はないようです。

以前、『スコラ』という雑誌で、この「潮吹き問題」に関する一大記事が載ったことがありました。当時の『スコラ』はスケベな企画を盛んにやっていたのですが、その中にはとんでもない馬鹿げた企画がありました。例えば、バイブやローターを女性の中に入れたまま街を歩かせて、それを写真で撮ってレポートするとか。

そうした馬鹿げた企画の一つとして、必ず女から潮を吹かせられるというAV男優の加藤鷹が登場して、実際に「潮吹き」をさせて、そのシーンを連続写真で撮るというものがあった。しかも連載でしたから、ある時期の『スコラ』では、ぴゅーっと本当に潮を吹いている現場の写真が次々と登場したことがあった。その出方にもいろいろな種類があると解説までついていました。「潮吹き」現象は実際にあって、それはある一定の物理的刺激を与えれば、どんな女でも必ず吹くということを立証しているのです。今であれば、とてもそんな企画は通らないと思いますけどね。ただ最近、『週刊現代』がこれとそっくりの企画をやってましたから、好きな人はどこにででもいるものだなと思いました。

ヨーゼフ・ボイスの不思議な仕事

ここは美術関係です。ヨーゼフ・ボイスという人がいます。『ヨーゼフ・ボイス　よみがえる革命　BEUYS IN JAPAN』（水戸芸術館現代美術センター編、フィルムアート社、二〇一〇）といった本が出されているように、モダンアートの世界では非常に有名なアーティストで、非常に不思議な人です。「人間は誰でも芸術家である」といった言葉を残していて、フェルトや玄武岩など、普通では使わない素材を元にして作品を作っていました。実際、作品を見ても、ほとんどがわけのわからないものになっています（笑）。

ヨーロッパにはそういった前衛的な美術品を精力的に揃えている現代美術館がいくつかありますが、そういう美術館では、ヨーゼフ・ボイスの作品は必ず置いてあります。日本では、青山のワタリウム美術館が、ヨーゼフ・ボイスを重点的に取り上げています。

ところで、どうしてこの棚につげ義春が入っているのだろう。ぼくは、つげ義春が好きだったので、筑摩書房が『つげ義春コレクション』（全九巻、ちくま文庫、二〇〇八―〇九）の刊行を始めたときには、端から買っていったんですね。ただ、美術書の棚に置く本ではありませんね。

日記からわかる明治維新

ここは現代史の資料です。『天皇と東大』を書いたときの資料も混ざっています。現代史の資料といえば、このみすず書房刊『現代史資料』（全四五巻＋別巻一、一九六二―八〇）シリーズが定番です。ただ、みすず書房の本以外にも必読書はたくさんある。例えば、八紘一宇という言葉を造語した国柱会の田中智学《ちがく》についての資料『日本の師表田中智学』（日本国体学会編、錦正社、一九六八）、『田中智学先生の思い出』（田中香浦編、真世界社、一九八八）などは、現代史を知るためにぜひ読んでおいたほうがいい。国柱会というのは日蓮宗の一派なのですが、日蓮宗というのは、いつの時代も独特な人が輩出するので面白い。

奥には集英社の『日本美術絵画全集』（全二五巻、一九七六―八〇）のような日本美術関係の大型本も置いてあります。手前には右翼関連の資料が集められています。それから五・一五事件関係、二・二六事件関係の資料と明治維新関係の資料もここにあります。

その明治維新関係で面白いのは、この『保古飛呂比――佐佐木高行日記』（全一二巻、東京大学史料編纂所編、東京大学出版会、一九七〇―七九）ですね。『保古飛呂比』は「ホゴヒロイ」と読みます。保古とは紙くずのこと。佐佐木は旧土佐藩士で、維新後は岩倉使節団の一員として洋行経験もある明治政府の高官でした。そんな佐佐木が残した日記である『保古飛呂比』は、明治政府の上層部と宮中の動きなどについての超一級資料です。

でも、このような本の存在は、知っている人は知っているけれども、知らない人はまるで知りませんね。また、知っていたとしても、そう簡単に手に入るものでもない。読みたいと思えば、蔵書のしっかりした大学の図書館や国会図書館に行かないとならないので不便です。これからはインターネットでこうした資料にもあたることができるようになるのかもしれませんが。

蓑田胸喜の『学術維新原理日本』（原理日本社、一九三三）もここにあります。

新聞凋落!?

ここはロボット関係など科学技術の資料です。それもコンピュータが普及する以前の時代のものです。ＯＨＰで投影して使うフィルムの形で保管されています。今ならみんなパワーポイントでしょうが、昔は、授業でも講演会でも、ＯＨＰが使われていました。

続いて、メディア関係です。情報といっても、新聞やテレビといった、コンベンショナルなメディアについての資料がメインです。中でも重要な資料は、この『幕末明治新聞全集』（全五巻、明治文化研究会編、大誠堂、一九三四－三五）です。あらん限りの新聞を集めているので、四巻になっても「慶應四年から明治三年まで」と、そこでようやく明治に入る。古い新聞をここまで丁寧に集めたものは他にはありません。それにしても昨今の新聞の地位の凋落はひどいものがありますね。この『週刊ダイヤモンド』の特集タイトルも「新聞没落」です（笑）。『週刊ダイヤモンド』のこの手の特集はなかなか力が入っていて面白い。

そしてここは、現代イスラムについての基本資料です。ネコビル三階でも少し紹介しましたが、イスラムというのは、奥深いだけでなく、とにかく人口が多いので、テーマも多種多様です。イラク戦争にテロ、それにカダフィに関する資料もひと通り揃えていますが、すごい量です。

彼らにはたしかに「勢い」があった

（立教大学の研究室へ移動して）この研究室は今、ぼくともう一人の教員で共同利用しています。以前は、ぼくが一人で使っていたのですが、二人で使うことになったときに棚の整理をしたので、中身もかなり入れ替わりました。

この窓際の本は、みんな変色してしまっている。この本などは特に色が落ちている。日当たりがいい部屋を使わせてもらっているのはありがたいことですが、やはり本に日を当ててはいけない。ぼくはどんな部屋でも密室として使うのが好きで、昼間でも窓は開けないで、外気を入れません。遮光カーテンとシャッターを下ろし、室内を真っ暗にして、終日、電気の光だけで過ごすのが普通なんですが、相部屋の人は正反対の性格で、いつも窓を開けてカーテンもシャッターも開けたままにするのが普通でした。ぼくが大学に来ない日の方が多いから、本に日が当たって焼けてしまった。

棚を見ていきましょう。ぼくの集めたオウムに関する資料は、半分くらいここにあります。オウム真理教は「オウム出版」という出版社機能も持っていましたから、たくさんの本を出版しています。オウムが事件化する前、都内にはオウムの本や雑誌をたくさん置いてあるオウム系書店が何店もありました。事件化する直前、オウムに関する怪しいウワサがテレビなどでもどんどん取り上げられるようになり、オウムに手入れがあるかもしれない、という情報が流れ始めた時期ですが、オウムに関して書いたりコメントしたりする必要上、そういう書店を回って何冊か本を買っているうちに、こういう本や雑誌は、今のうちにまとめて全部入手しておいたほうがいいだろうと思って、書棚二つ半くらいドサッと大量購入しました。今となっては非常に貴重な資料となっています。

この『ヴァジラヤーナ・サッチャ』という雑誌は、教団による一連の出版物のうち、経済的に最も栄えていた時期に刊行されたものです。ですからレイアウトも工夫されているし、なかなかいい紙も使っていて、しっかりとした造本です。内容は、彼らの肥大化した妄想がそのまま誌面にあらわれていて、普通の人ではとてもついていけません。当時は、教団内部で麻原彰晃《しょうこう》がカリスマ的に支配を強め、信者は麻原を神か仏か麻原かというくらい神格化してあがめていた時期ですから、信者はその内容をわけもなく信じたと思いますが。

『キリスト宣言』(全四冊、オウム出版、一九九一―九三)という本があります。これは、タイトルの通り、麻原が「自分はキリストでもある」と宣言した本です。つまり、自分はすべての宗教のトップをさらに超越した存在である、と主張したものです。一方、『マハーヤーナ・スートラ――大乗ヨーガ経典』(全二冊、オウム出版、一九八八―九一)を読むと、若い頃の麻原の考え方がわかります。この頃の麻原は、「おれこそが世界で唯一の悟りを開いた人間なのだ」と得意になっていた。この写真は有名です。麻原が浮いている空中浮揚の写真です。この写真をもって、麻原は自分が超能力を持っていることの証拠としました。そして実際に信者たちはみんな「尊師はすごい」と思ってしまった。この写真を見て信者になった人が少なからずいる。彼らは、ある時期まで、「裁判が始まれば法廷で尊師が空中浮揚をする」と言っていました。そのこと一つで裁判はひっくり返るはずだと。心底そう信じていた。冷静に考えれば、あれくらいの写真は、簡単に撮れます。まずあぐらをかいて座り、一瞬だけ腿の辺りにグイッと力を入れて床面をヒザで蹴るようにする。するとぴょんと跳ねる。その瞬間にシャッターを下ろせば、それで空中浮揚写真のできあがりです。

それにしてもみんな若いですね。麻原自身もですが、麻原のまわりで一緒に写っている連中がみんな若い。彼らは、教団内で位の高かった連中だから、今ではほとんどが死刑囚になっています。ミラレバ大師、リクラー大師、ウパーリ大師、アーナンダ大師……と。このアーナンダ大師というのが、地下鉄サリン事件の首謀者として死刑が確定した井上嘉浩です。麻原の子どもを生んだ石井久子も写っています。奥付を見ると、これは一九八八年の本です。翌八九年には、昭和が終わって、天安門事件があって、ベルリンの壁が壊れるけれども、日本経済はやたらと調子がよかった。そんな時期でした。オウムもその頃は日本経済と同じように調子がよくて、ニューヨークやモスクワ、ボンなど、世界中に支部があったわけです。

見方を変えれば、オウムが最も元気だったのが一九八九年（平成元年）前後ということは、今このキャンパスにいる大学生（立教大学生）たちは、その当時まだ生まれていないわけですね。だから彼ら平成生まれの学生にとって、オウムなどほとんど興味の持てない存在になっているのも不思議ではありません。ぼく自身も、オウムとは一貫して距離を置いていました。人間が浮遊するとはとても思えませんでしたからね（笑）。でも、麻原をはじめ信者たちが衆議院選挙に立候補したり、中沢新一からエールが送られたりしていた時期、彼らにはたしかに「勢い」というものがあった。そのことは忘れてはいけないと思いますね。

古書店の在庫目録

これは古書店の在庫目録です。この目録にも載っている『中世思想原典集成』（全二〇巻＋別巻一、上智大学中世思想研究所編訳・監修、平凡社、一九九二―二〇〇二）という全集は、なかなか他所では見つからないテキストが収められていて、全部揃えておくととても便利です。もちろんぼくも全巻持っていて、ネコビルの三階に入ってすぐの左側、二つ目の書棚の上から数段目に並んでいるはずです。とにかく一冊一冊が厚い。そして全部で二一冊もある。この目録によると、どうやら、その『中世思想原典集成』が売りに出ているのですが、全巻揃いで一一万円する。もう古い本ですが、けっこういい値段がしますね。このような特殊な本というのは、今後もそう簡単にできるわけがないので、価値がそう簡単には下がらないものなのです。このようなカタログは、頼んでいるわけでもないのに、定期的にぼくのところに送られてきます。

昭和史の資料と戦闘詳報

この棚の一番上には、昭和史関係の資料が集まっています。

まず、外せないのが、この講談社の『昭和　二万日の全記録』全一九巻（一九八九—九一）です。これは、昭和の初めから終わりまでを、day by day で記録しているのですが、とても便利な本です。要するに、昭和という時代の、約二万日の一日一日、「その日に何があったか」を日録形式で記録したものです。これが実に面白い。これを手にしたら並の年表が欠陥商品に見えてきます。歴史は細部を見ないと駄目だということが文句なしにわかります。昭和の歴史を細かく調べようと思えば、まずはこのシリーズを入手することをオススメします。

　この本の左には、『昭和日本史』（全一六巻＋別巻二、一九七六―八三）があります。版元は暁教育図書です。この『昭和日本史』の中に、ぼくが編集に関わった巻があります。第一四巻の『昭和史の謎』がそうです。タイトルの通り、昭和史の隠された謎に相当深く突っ込んだものになっています。ぼくが中心となって目次立てを作り、高野孟《はじめ》や山川暁夫、それから半藤《はんどう》一利さんや室伏《むろぶし》哲郎さん、山本七平《しちへい》さんに協力してもらいました。このときは、ぼくが誰に何を書いてもらうか決めただけでなく、当時東大の助教授だった伊藤隆と矢次一夫との鼎談で司会まで務めています。

　昭和史関係では、この「疑獄の構造」「戦後の疑獄一覧」のような、一般の書店売りにはなっていない資料も重要です。実際、この二つは今でも十分読む価値があると思います。こういうものこそ、電子書籍にしてしまえばいい。ただ、写真が入っているから、権利関係の処理が意外と大変かもしれません。著作権も、今は基本的に死後五十年ということになっていますが、アメリカを中心により延ばそうという主張が力を持ってきていますから。電子書籍も普及するまでに乗り越えなくてはならない課題が多い。

それから、戦争ものでは、大和と武蔵の戦闘記録『戦艦大和・武蔵戦闘記録』や『海軍航空母艦戦闘記録』が面白い。相当に細かな戦闘記録です。『海軍航空母艦戦闘記録』（アテネ書房、二〇〇二）は、戦闘ごとに、何時何分に、艦隊ならびに個々の艦がどのように行動したか、そのすべて記録した、手書きの「戦闘詳報」をスキャンしたものが元になっています。この「戦闘詳報」は本当にすごくて、航空母艦別に、赤城、加賀、蒼龍、飛龍、一隻ごとの戦闘から撃沈までの経緯がすべて書いてある。日本軍は負けてしまいましたが、記録はしっかりつけていました。ちなみに定価は九五〇〇円ですから、一般書店に配本できるギリギリのラインですね。

伏字だらけの日本改造法案

この辺りは、三丁目に置いてあったものとは別の角度からの、五・一五事件と二・二六事件に関する資料です。

例えば、『二・二六事件――獄中手記・遺書』（河野司編、河出書房新社、一九七二）です。ちなみに、この著者の弟は河野寿大尉です。河野大尉が事件に連座して死刑になった。そこで、兄が遺書や手記を集め始めた。遺書の書き手の中に村中孝次という人がいます。この人は、二・二六事件の首謀者の一人ですが、首謀者は他の人の公判の証人にならなくてはならないので、仲間のほとんどがすでに死刑になっているのに最後まで残されるんです。だから、遺書を読んでも、これ以上ないいくらい天皇への恨みが高まっています。他にも北一輝《いっき》の遺書なども掲載されていますが、一番有名なのが、磯部浅一《あさいち》の遺書です。磯部も首謀者として最後まで死刑にならなかった人で、とりわけ感情が激しい人だったから、村中以上に天皇への恨みの気持ちが直截的に表現されています。

三島由紀夫の有名な小説に『英霊の聲』(河出書房新社、一九六六)というものがあります。二・二六事件の将校に成り代わって書いたというものです。この作品の相当な部分は、磯部浅一の遺書から引っ張ってきたものです。この二八三ページ辺りを読んでみてください。政府に対して「今に見てろ、必ず転覆してやる」と言ったり、天皇に対して「日本の神様はみんな眠っているのか」と書いたり。すごい迫力です。

それにしても、河出書房もよくこんな本を作ったものですね。初版二〇〇〇部。そのうち四〇〇部を著者の遺族が買い上げているから、外売りしたのは一六〇〇部なのですが、昭和四十年代とは言え、よくこれで商売になったなと思います。ただ、この本を読んだ人と読んだことのない人で、二・二六事件というものに対する印象がまったく変わってくるはずです。

それから、二・二六事件と言えば、忘れてはいけないのが、みんなタイトルは知っているけれども、中身を読んだことのある人がほとんどいない、北一輝の『日本改造法案大綱』(改造社、一九二三)です。『北一輝著作集』(全三巻、みすず書房、一九五九—七二)にはもちろん載っています。しかし、全集を買った人はそんなにいないはずです。今、古本の価格も相当上がっていると思います。実際にページを開いてみると、「何行削除」の文言だらけです。しかも、版ごとに削除のポリシーが違っているようで、版によっては大雑把に「ここを削除」としているものと、どの文章のどの語句をどのように削除したかを、目視できるようにしているものもあります。全集には、その違いがわかるように、いくつか違う版が収められています。刊行当初の版には読める部分がほんの少ししかない。一ページほとんど、もしくはまるごと伏字です。当時、一般の人が入手可能なのはこれでした。伏字だらけの『日本改造法案』だけだったのです。だから、改造法案を考える際にも、どの版のものを見たかによって、まるきり印象が違ってしまったりしていたようです。結局、当時の人は、この「無削除版」をどこからか借りてきて筆写したのです。あの岸信介も回想録で、自分も「無削除版」を借りてきて筆写をしたと書いています。

盗聴と二・二六事件

この『盗聴――二・二六事件』（中田整一著、文藝春秋、二〇〇七）も本当に興味深い本です。二・二六事件が起きたとき、帝都中枢部の電話回線は、制圧する側の戒厳司令部によってすべて盗聴されていました。電話局に入り込んで、通話内容をその場でレコードの音盤に記録したのです。それがレコード盤として残ったわけです。

北一輝から安藤輝三大尉へ電話をした内容なども記録されている。その音盤を元に、当時NHKのディレクターだった中田《なか》整一《た》という人が特番を制作します。ところが、当時は「こうに違いない」と信じて作っていた番組の内容が、後になって実は間違いだったということがわかってくる。つまり、音盤として残っている北一輝と安藤大尉が電話で話した記録というのは、実際には、鎮圧を目論む、軍もしくは特高警察が、決起部隊を騙すために、北一輝を装ってウソの電話をかけたものだったのです。だから、安藤と北一輝は本当は話をしていない。

そのとき北一輝を装った男は、「もしもしどなたですか？」と返した決起部隊の安藤大尉に対して、「北」と応える。その名を聞いて、安藤大尉は「え、北?」と驚く。その後「はあ」「え」「何とか大丈夫ですか」というやり取りに続いて、「え?」「金、金」「え?」「金は要らんかね」という非常に有名なくだりが続きます。

しかし、これは北一輝と安藤大尉の会話ではなかったのです。その間違いに気づいた中田さんが、ずっと後になって間違いを正そうとして書いたのが、この『盗聴――二・二六事件』です。だから、この本に書かれている内容は、これまでの定説とはかなり違うものになっています。

ところが、昭和史の本でもいい加減なものは、いまだに中田さんが以前制作した間違った番組の内容をベースにして、「これが二・二六の真相だ」みたいなことが書かれていたりする。つまり二次情報、三次情報みたいな形で、間違いが再生産されている状況なのです。

松本健一も『評伝北一輝』(初版は大和書房、一九七六。新版は全五巻、岩波書店、二〇〇四)を、「北と安藤大尉との電話でのやり取りは真実だ」という思い違いの下に書いてしまっています。松本さんはしっかりした人だから再版するときには修正したと思いますが、初版では間違っていましたね。たしかに、あの番組には、すごくインパクトがありました。インパクトがあり過ぎたから、多くの人が間違うことになってしまった。中田さん自身は、間違いがわかった時点で、すぐに同じようにＮＨＫで番組を作って放送しようとしたけれども、それが叶わなかったので、本の形で公にしたわけです。

ちなみに、この中田整一さんは、『トレイシー――日本兵捕虜秘密尋問所』（講談社、二〇一〇）で、講談社ノンフィクション賞を受賞しています。アメリカ軍には、日本人の捕虜を尋問して、その捕虜たちが知っている情報を集める秘密基地があったのですが、この本はその基地の話を詳細に書いています。これもいい本です。

あとは、日記類もここにまとまっています。『木戸幸一日記』（上下巻＋別巻一、東京大学出版会、一九六六―八〇）や、日米開戦時の陸軍参謀総長だった杉山元《はじめ》の日記、それから近衛文麿のブレインの一人矢部貞治《ていじ》の日記などですね。

続いて、この『昭和思想集１・２』（『近代日本思想大系』35、36、筑摩書房、一九七四―七八）も少し古い本ですが、マルクス主義から橋川文三《ぶんぞう》まで昭和を代表する思想がまとまっていて、大した本になっています。

ブーガンヴィルと啓蒙思想

このブーガンヴィルの『世界周航記』(『17・18世紀大旅行記叢書』2、岩波書店、一九九〇)は、どうしても見つからなくて、ずっと探していたものです。この本の第七章は、パラグアイの布教区について詳しく書かれています。ネコビル二階でも説明しましたが、今のパラグアイは、南米で唯一の「インディオの国」です。イエズス会士がインディオたちを指導して作った独立国家です。他は、スペイン人の植民地か、ポルトガルの植民地かなんです。

ネコビル二階の書棚の上には、南米探険の本がたくさん置いてありますが、それらはその本を書くために読んだ本です。『世界周航記』もそうした資料の一つです。

このブーガンヴィルの『世界周航記』は世界的に有名な本です。ヴォルテールなどが、いわゆる啓蒙思想を打ち出して、それが大衆に広まり、フランス革命の元を形作った時代があります。実はこの『世界周航記』が、啓蒙思想の核となる考えを形成する材料になっている。つまり、この『世界周航記』が読まれることで、海の向こうに住んでいる「野蛮人」が、優れた文化を持っていることが、ヨーロッパで広く知られるようになった。そうして初めて「高貴なる野蛮人

(Noble savage)」という概念が生まれる。これが人類はみな平等という考えを生み、自由・平等・博愛というフランス革命のスローガンの元になる。もちろん、ブーガンヴィルの仕事だけで、そうした概念が出てきたわけではありませんが、少なくとも最も大きな影響を与えた契機の一つであったことは間違いありません。

『世界周航記』には、別にその『ブーガンヴィル航海記補遺』(『ユートピア旅行記叢書』11、岩波書店、一九九七)なる本があるのですが、これを書いたのがまさに啓蒙思想家のディドロなのです。これは、文化史的にも非常に面白い事柄だと思います。この本はネコビルに持って帰ろう、重要な本だから。

キリスト教の歴史を知るための基礎資料

ここには、ナチスやヒトラー関係、それから丸山眞男がまとまっています。そして、『キリスト教大事典』『神学事典』『カラー版聖書大事典』『キリスト教神学事典』といったキリスト教関係の事典が並んでいます。

いくつか見てみましょう。『A History of the Councils of the Church』全五巻は、キリスト

教公会議の歴史を詳細に記録した本です。キリスト教は、教義が成立する過程で、公会議を何度も開いています。その公会議を英語では「Council」というわけです。この五巻を読めば、教義がどのような議論を経て成立していったかが、全部わかる。これは銀座の教文館というキリスト教書籍の専門店の洋書売り場で買ったものです。値段は五万円です。これはいずれキリスト教の本を書こうと思っていたので買った資料です。これもネコビルへ持って帰ることにします。

三二五年に最初の公会議（プロテスタントでは総会議という）が開かれたのは、ニカイア（イスタンブール〔旧コンスタンチノープル〕の近くの町）で、ここで定められたキリスト教の基本的教義をニカイア信条といいます。結局、キリスト教とは何なのか、キリスト教徒とはどういう人々なのかと言えば、その人の信仰内容をもってのみ決められます。ある人が（神の前で）キリスト教徒と認められるか否かは、教会に毎日曜日行って、ある一連の典礼（儀式）に参加するか否かとか、洗礼を受けたことがあるとかないといった形式的なことによって決まるのではなく、その人が何を信じるかという信仰内容によってのみ決まるというのがキリスト教の基本的考え方です。そして、キリスト教徒とそうでない人々を分ける箇条書きの信仰内容を、ひとまとまりの告白文の形（各文の頭が「我信ず……」で始まる）にしてまとめたものが、信条（creed）と呼ばれます。

信条の内容は時代や信者集団によって微妙に変化していきますが、ときどき、大きく変化することがあります。大きく変化すると、これまで真理だと信じられていたことが、突然、まったくの偽りとみなされるようになったりする。それは信仰内容のパラダイムチェンジがそこで起きたということで、キリスト教の歴史においては、ときどき起こりました。その結果として、その変化についていける人と、ついていけずに、これまで通りの信仰内容のほうが正しく、新しい教えは偽りないし悪魔の教えと見る人々が出て、両者が分裂してしまった。例えば、十六世紀の宗教改革の時代に起きたことがそれで、信仰内容でカトリックとプロテスタントは、根本的に対立して大分裂します。それ以来、こんにちにいたるまで、両者は分裂したままです。これ以外にも、大中小の分裂は無数にあり、キリスト教の歴史は、分裂抗争の歴史といってもいいほどです。

分裂のたびに、正統と異端が分かれていきます。考えの違う者同士が分裂したあと、互いに自分を正統とし、他を異端として、組織的に相手を破滅させようとします。場合によっては、暴力的衝突から殺し合いに及び、さらには、国家同士の戦争にまで至りました。宗教改革の場合、信仰上の分裂が神聖ローマ帝国内の覇権争いに結びつき、ついにはヨーロッパ全土を長期にわたる戦乱の渦に巻き込んだ「三十年戦争」が起こります。ヨーロッパの近代というのは、ここから始まったと考えられています。

何が正統で何が異端かの争いが起きたとき、最終決着の場となるのが、世界の教会代表者（主教、司教など）を集めて開かれる公会議です。第一回の公会議が、ニカイア公会議（三二五年）で、ここでの主たる話題は、アリウス派を異端として排除することにありました。アリウス派は、キリストの神性を必ずしも認めない教派です。キリスト教の正統信仰は、いわゆる三位一体信仰で、父なる神、子なる神、聖霊なる神の三つが同格で一体となっている神であるとします。三者は、その本質においては同一だが、位格《ペルソナ》において違うと考えるわけです。位格というのがわかりづらいが、顕現様式の違いといってもいい。本質においてまったく同一の神が、違うあらわれ方をするといってもいい。同じ樹木に根があり、幹があり、実があるが、その「すべてが同一の樹木のあらわれ方の違い」といってよいことが三位一体のたとえとしてよく用いられます。

しかし、このように言うと、それでは、一人三役の三位一体論にしかならないという批判もある。真実の三位一体論は、三人格一本質の三位一体であり、一人格三役割だと、子なる神（キリスト）の受難死も実は天父自身が死んだことになり、天父受難説という異端思想になってしまうという批判です。

アリウスが唱えていたのはまさにそれで、アリウスは神はあくまで一人であるとする唯一神の立場に立ちました。神だけが神であり、神の子であろうと、子は神ではなく、子と神とは異質であるとしました（正統派は神と子を同質とする）。子はあるときをもって生まれたのであり、それ以前は存在しなかったとしました（存在の有始性＝存在が始まりを持つ）。子は天父の意志によって、無から創造された被造物であるとされたのです。それに対し、正統派は、天なる神も子なる神（キリスト）も、まったく同質で、被造物ではなく、この世のありとあらゆるものを創り出した創造神であり、存在の始まりを持たない永遠の存在であるとしています。ここは正統信仰に立つクリスチャン以外にはちょっとわかりにくいところです。ちょっと聞くと、アリウスの主張のほうが正しい気がするかもしれません。キリストはマリアから生まれたのだから、そのときをもって存在を始めたのであり、それ以前から、つまり生まれる以前から実はキリストが存在していたのだという主張は、常識的にはちょっとわかりにくい。しかし、聖書に従えば、この常識に反する主張のほうが正しいのです。

「初めに言《ことば》があった。言《ことば》は神と共にあった。言《ことば》は神であった。この言《ことば》は、初めに神と共にあった。万物は言《ことば》によって成った。成ったもので、言《ことば》によらずに成ったものは何一つなかった。言《ことば》の内に命があった。命は人間を照らす光であった。光は暗闇の中で輝いている。暗闇は光を理解しなかった」。ここで「言《ことば》」とされているのは、ギリシア語ではロゴスです。ロゴスは「ことば」以外に、「言語」「理性」「法則」などとも訳されます。先のヨハネによる福音書の言（ことば）を全部ロゴスに置き換えてみてください。ロゴスがキリストなのです。はじめにことばがあって、ことばは神とともにあり、ことばは神なのです。そしてすべてのものはこれによってできたのです。

旧約聖書によれば、神の最初の行為である「天地創造」は、「光あれ」の一言で始まるのです。その一言によってすべてが始まるのです。その一言がロゴスなのです。すべてのものはこれによってでき、できたものは一つとしてこれによらないものはなかったのですから、ロゴスがすべてなのです。ロゴスは神の被造物ではなく、はじめから存在しているものなのです。それがキリストですから、キリストは神の創造物ではなく、神と同格の存在ということになるわけです。これをロゴス・キリスト論といい、三位一体論の重要な柱になります。

『Profiles in Belief』は全三巻です。これは、プロテスタント諸派の教義が成立していく過程の歴史がそれぞれ書かれている事典です。それから『宗教改革著作集』（教文館、一九八三―二〇〇三）は一五巻もある長大な全集で、非常によい資料です。

歴史は「今」から逆戻りで学ぶべき

『図説　世界の歴史』（J・M・ロバーツ著、創元社、二〇〇二－〇三）の第一〇巻「新たなる世界秩序を求めて」は、ぼくが監修を務めているだけでなく、後半はぼく自身が書いています。

原著は全三巻ですからそれほど長いものではありませんが、内容はしっかりしています。特に、日本語版の八巻、九巻、一〇巻、つまり、帝国主義の時代から、第二次世界大戦、戦後の世界、そして新たなる世界秩序の形成といった最近の歴史についての記述は、出色といっていい。

そしてこの辺りの歴史については、日本の歴史教育がまるで駄目なところでもあります。日本の歴史教育では、新しい時代についてまともに教えようとしていません。だから今の若い人から大人まで、ほとんど何も知らない。でも、本当に教えるべきは、現代の歴史です。

高校の世界史では、一年生の夏休みまでずっとギリシア・ローマを教えて、三年生の最後に第二次世界大戦までたどり着けるかどうかといったところです。日本史でも同じように古いことばかり教えているから、みな縄文時代・弥生時代はよく知っている（笑）。でもそれでは駄目なのです。高校の教育改革の一つとして、「現代史」という教科を立ち上げるべきだと主張している人もいますが、これはぜひ導入するべきだと思います。現代史がわからないと、現代そのものがわからない。ぼくが歴史を教えるときは、新しい時代から順番に教えます。まず、今の世界の状況を教える。次に、その少し前の状況を伝えて、なぜ今のような事態になったのかを教える。これを繰り返して、少しずつ歴史を逆戻りしていくのです。それで、ぼくとしてはフランス革命辺りまで戻れば、十分じゃないかという気がしています。もちろん歴史が好きな人はいくらでも戻ればいい。でも縄文時代から始めてフランス革命まで進めるよりも、「今」からフランス革命まで戻るほうが、ずっと意味がある。過去二〇〇年がわかれば、「今」がわかるのです。

ここに、ヴィクトリア女王を囲むヨーロッパ王侯貴族最後の記念写真も載っていますね。ヴィクトリア女王を中心に、ドイツ皇帝ヴィルヘルム二世やロシア皇帝ニコライ二世が囲んでいる。つまり、彼らはみんな親戚なのです。もう一枚のこの写真は、ヴィクトリア女王が死んだ後のお葬式に、この連中が全員馬車に乗って集まってきた様子が写されています。これらの写真を見れば、今のヨーロッパの様子がなんとなくわかる。逆にこの写真を見ていないと、いつまで経っても、「一体としてのヨーロッパ」が全然イメージできません。こうした写真に目を通すことこそ、本当の意味での「歴史を学ぶ」ということだと思います。

時代が変われば、本を置く場所も変わる

（立教大学3号館、屋根裏部屋に移動）この屋根裏部屋には、矢内原忠雄と大川周明《しゅうめい》が多少あるくらいです。その他、朝雲新聞から刊行された、防衛庁の戦史ものがけっこうな量で並んでいます。その奥には『石原莞爾《かんじ》全集』（全七巻＋別巻一、石原莞爾全集刊行会、一九七六―七七）と、キリスト教関係の『藤井武全集』（岩波書店、一九七一―七二）が続きます。今は大した本が並んでいません。

ここは、すべての棚に本が詰まっているときは、まるで本に囲まれた隠れ家のような非常に独特な雰囲気があって、ぼくは好きだったんです。大学の脳みその中に入ることができたような、そんな印象だったことを覚えています。でも、今は消防法などの関係で、ほとんど本を置けなくなりました。

時代が流れれば、読むべき本も変わるだろうけれど、本を置く場所も変わる、ということでしょう。

〔終わり〕

【わ】

【　や　】

【　ら　】

【ま】

【は】

【な】

【た】

【さ】

【か】

書名索引

【あ】

立花隆の書棚《たちばなたかしのしょだな》

二〇一三年三月一〇日　初版発行
二〇二一年二月二八日　三版発行

著者◆立花隆　**写真**◆薈田純一
発行者◆松田陽三　**発行所**◆中央公論新社
〒一〇〇—八一五二　東京都千代田区大手町一—七—一
電話◆販売　〇三—五二九九—一七三〇　編集　〇三—五二九九—一七四〇　**URL**◆https://www.chuko.co.jp/
印刷◆三晃印刷　**製本**◆大口製本印刷

Published by CHUOKORON-SHINSHA, INC.
Printed in Japan　ISBN978-4-12-004437-3 C0095

立花隆（たちばな・たかし）
1940年、長崎県生まれ。64年、東京大学仏文科卒業。同年、文藝春秋社入社。66年に退社。67年、東京大学哲学科に学士入学。その後、ジャーナリストとして活躍。83年、「徹底した取材と卓抜した分析力により幅広いニュージャーナリズムを確立した」として、第31回菊池寛賞受賞。98年、第1回司馬遼太郎賞受賞。著書に『田中角栄研究全記録』『日本共産党の研究』『農協』『サル学の現在』『宇宙からの帰還』『青春漂流』『脳死』『天皇と東大』『小林・益川理論の証明』『二十歳の君へ』ほか多数。

薈田純一（わいだ・じゅんいち）
写真家。兵庫県神戸市生まれ。小、中学校時代を米国で過ごす。外国通信社勤務後、人物ポートレートや、〝突然よみがえる日常では忘却された記憶〟というべき「偶景」をテーマに撮影を始める。主な作品に夜の街路樹をテーマとした「Visions of Trees」、偶景を自身が通った小学校の風景にさがした「Primary Days」など。近年は、さまざまな「書棚」を対象に創作活動に取り組んでいる。